AF544003

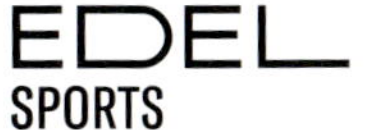

Deutschland, dein Fußball!

EINE KULTURGESCHICHTE IN 44 OBJEKTEN

Edel Sports
Ein Verlag der Edel Verlagsgruppe

Neumühlen 17, 22763 Hamburg
www.edelsports.com

Projektkoordination und Lektorat:
Dr. Marten Brandt

Layout: schaefermueller publishing GmbH
Satz: Datagrafix GSP GmbH, Berlin
Umschlaggestaltung: Groothuis.
Gesellschaft der Ideen und Passionen
mbH | www.groothuis.de
Lithografie: Frische Grafik, Hamburg
Druck und Bindung: optimal media GmbH,
Glienholzweg 7
Alle Fotos wurden durch das Deutsche
Fußballmuseum Dortmund zur Verfügung
gestellt.

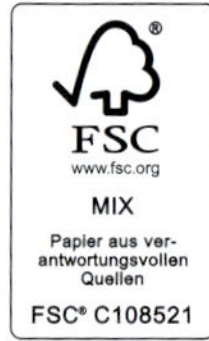

Printed in Germany

ISBN 978-3-98588-026-3

INHALT

VORWORT

Als mir Horst Eckel sein Endspieltrikot für das Deutsche Fußballmuseum überreichte, sprach er wenig. Er wich meinen Blicken aus und fixierte das weiße Stück Stoff. Irgendwann sah er mich an und sagte fast vorwurfsvoll: »In diesem Trikot steckt mein Leben!« Unvorstellbar für ihn, dass sein Hemd aus dem epochalen Spiel gegen Ungarn von 1954 den vertrauten Platz in seinem Haus verlassen sollte. Immer wieder stand er vor der heimischen Vitrine und betrachtete sein Heiligtum. Dann war er seinen verstorbenen Mannschaftskameraden ganz nah, und manchmal hat er zu ihnen gesprochen, vor allem zu Fritz Walter, der wie ein großer Bruder für ihn war. Der epochale Sieg im Weltmeisterschaftsendspiel im Berner Wankdorfstadion hat das Leben von Horst Eckel von einem auf den anderen Tag verändert. Der Werkzeugmacher aus Vogelbach bei Kaiserslautern hatte mit den anderen Berner Helden Nachkriegsgeschichte geschrieben. Millionen Deutsche nahmen sich an den Mannen von Bundestrainer Sepp Herberger ein Beispiel. Das unglaubliche Aufbäumen der Mannschaft, der nicht mehr für möglich gehaltene Umschwung gegen die scheinbar übermächtigen Ungarn, das 3:2 durch Rahn. – Das alles gab den Menschen im Nachkriegsdeutschland Mut. Elf Fußballer hatten es vorgemacht: So kann es gehen im beschwerlichen Neuanfang. Der 4. Juli 1954 als emotionaler Gründungsakt der Bundesrepublik.

Das weiße Baumwollhemd mit dem Adler auf der Brust und der Nummer sechs auf dem Rücken war für Eckel zum persönlichen Code geworden, der ihm das Tor zur Vergangenheit öffnete. Ein dünnes, weißes Stoffhemd baute für ihn eine Brücke zu den verstorbenen Mannschaftskameraden. Er war der Letzte, der von diesem verschworenen Haufen übrig geblieben war. Und jetzt sollte er nach 60 Jahren das Insigne seines Lebens dem Deutschen Fußballmuseum als Dauerleihgabe übergeben. Plötzlich fasste mich Horst Eckel fest am Arm, wie einer, der es gut mit einem meint. »Im Deutschen Fußballmuseum«, sagte er, »sollen die Kinder und Jugendlichen lernen, dass sie niemals aufgeben dürfen, selbst wenn die Lage noch so hoffnungslos erscheint wie uns damals, als wir gegen Ungarn schon mit zwei Toren hinten lagen.« Seine

Stimme klang jetzt so energisch wie damals auf dem Platz, als er, der rechte Außenläufer, den sie »Windhund« riefen, den magyarischen Spielmacher Nándor Hidegkuti zur Bedeutungslosigkeit degradierte. »Immer weitermachen, immer weitermachen. Zeigt den Kindern mein Trikot und erzählt ihnen diese Geschichte.« Und mit einem Augenzwinkern sagte er noch ganz nachdrücklich: »Ja, ja, das hätte Herberger so gefallen.«

Vielleicht hatte Horst Eckel erst in diesem Moment begriffen, dass sein persönlichstes Erinnerungsstück vom Höhepunkt seiner Laufbahn eine übergeordnete Bedeutung besitzt. Sein Trikot war nicht länger nur Chiffre seiner eigenen Vergangenheit, sondern auch Träger der nationalen Erinnerungskultur. Der deutsche Philosoph und Kulturkritiker Walter Benjamin sprach in seinem bekannten kunsthistorischen Aufsatz *Das Kunstwerk im Zeitalter seiner technischen Reproduzierbarkeit* (1936) von jener »Aura« und »Authentizität«, die auch von Eckels Endspieltrikot wie von jedem der 44 Objekte ausgehen, über die ich in diesem Buch erzähle. Für Benjamin ist die Originalität, als Referenz für die Einzigartigkeit, das Qualitätsmerkmal und das Gütesiegel für museale Objekte und Exponate, die als sonderbare Gespinste aus Raum und Zeit zu Zeugen der Geschichte und zu Transporteuren historischer Wirklichkeit werden. Die Aura hat immer auch mit uns, den Betrachtern zu tun: Wir nehmen Exponate als besonders wahr, weil wir in ihnen den Geist des Tatsächlichen spüren. Wie beim Endspieltrikot von Horst Eckel. In diesem Stück Stoff wurde Deutschland zum ersten Mal Weltmeister, »wir alle hätten Sepp Herberger und die Spieler umarmen können«, sagte mir Hans-Dietrich Genscher, der deutsche Außenminister der Wendezeit, in einem Zeitzeugeninterview kurz vor seinem Tod. Als 27-jähriger Rechtsreferendar hatte er das Endspiel in seiner Einzimmerwohnung mit seiner Mutter am Transistorradio verfolgt. Der 4. Juli 1954 markierte für ihn wie für Millionen Deutsche Veränderung und Aufbruch.

Der ästhetische Augenblick beim Betrachten des Originals macht etwas mit uns: Es weckt persönliche Erinnerungen und Gefühle wie bei Horst Eckel, löst Assoziationen aus wie bei Hans-Dietrich Genscher, erzeugt historisches Bewusstsein bei der jüngeren Generation und führt zur Würdigung und Verehrung außergewöhnlicher sportlicher Leistungen. Das Trikot von Horst Eckel besitzt eine Wirkung, die von der Vergangenheit bis ins Heute reicht.

Ein Stück Stoff ist nicht einfach nur ein Stück Stoff; wie das Trikot von Horst Eckel erzählen 44 Objekte in diesem Buch von der Zeit, aus der sie stammen, waren Teil des unterhaltsamen, nachdenklichen oder auch bedrückenden Geschehens. 44 Objekte stellen den übergreifenden Zusammenhang des Fußballs her. Dreidimensionale Gegenstände, Dokumente oder Fotografien ordnen Fußball sportlich, kulturell, gesellschaftlich und zeitgeschichtlich ein und verknüpfen dabei die Gegenwartserfahrungen mit den Perspektiven früherer Generationen. Eine Karikatur, eine Illustration, ja sogar ein Kaffeeservice, eine bloße handschriftliche Notiz, ein gusseiserner Kanaldeckel, ein Gipsverband oder ein Schlagzeugbecken: Es sind Relikte, die Vergangenes gegenwärtig halten, es sind kulturhistorische Symbole, die Geschichte widerspiegeln.

Ich möchte die Leserinnen und Leser auf eine Reise durch die Jahrzehnte mitnehmen, ausgehend vom Ende des 19. Jahrhunderts, als der verpönte Fußball so gar nicht mit den wilhelminischen Idealen vereinbar war, hinein ins 20. Jahrhundert, in dem sich der bürgerliche Fußball zunächst schwertat, dann aber rasant an Popularität gewann und zum proletarischen Massenphänomen wurde. In der Weimarer Republik wurde Fußball zum Ausdruck des neuen, freiheitlichen Zeitgeistes. Welches Gesicht hat der Fußball im Nationalsozialismus gezeigt? Welche Rolle spielte er im Nachkriegsdeutschland? Auch in der ehemaligen DDR wurde leidenschaftlich Fußball gespielt, im Wettstreit der politischen Systeme avancierte er zum Spielball der Macht. Dann der Mauerfall. Die Weltmeisterschaften 1990 und 2006 erzählen von der deutschen Wiedervereinigung, und der WM-Titel 2014 spannt den Bogen ins neue Jahrtausend. Aufbruch, Vertreibung, Flucht und Exil, Migrationsgeschichte, emanzipatorische Gleichberechtigung, nationale, regionale und persönliche Identitäten, die Faszination des Spiels, unvergessene Persönlichkeiten und Begegnungen, die zu Merksteinen unserer Erinnerungen geworden sind – die Erzählstoffe und die Themen der 44 Objekte in diesem Buch sind so vielfältig wie der Fußball selbst. Der Fußballsport ist eine besondere Spielart unserer nationalen Gedächtniskultur. 44 Objekte stemmen sich gegen die Zeitverfallenheit der Dinge.

Das Endspieltrikot von Horst Eckel hat im Deutschen Fußballmuseum einen Stammplatz gefunden. Seit 2015 nehmen Tausende Besucherinnen und

Besucher das Original generationsübergreifend in Augenschein. Auch an jenem diesigen Dienstagvormittag im Dezember finden sich zahlreiche Schulklassen zur Entdeckungstour in der Dauerausstellung ein. Mit lautem Getöse nähern sich 20 Kinder im Alter von zwölf, dreizehn Jahren dem Deutschlandtrikot in der großen Wandvitrine. Sie sehen den weißen Baumwollstoff. Die kurzen Ärmel und der Kragen sind jeweils schwarz abgesetzt. Auf der Brust das kreisrunde Emblem des DFB. Eine dünne, weiße Kordel, durch acht Ösen gezogen, ziert den Kragenausschnitt. Neben dem Trikot ist auf einer Plakette, die hinter dem Vitrinenglas angebracht ist, vermerkt: »Endspieltrikot von Horst Eckel aus dem Weltmeisterschaftsfinale 1954«. Die Kinder werden still, als sie vor der großen Wandvitrine stehen. Sie merken, etwas ist anders an dieser Station. An der Vitrine mit dem Trikot lehnt ein großer Trauerkranz mit gelben Gerbera und roten Rosen, auf der weißen Schleife steht: »In Gedenken an Horst Eckel«. – In den Morgenstunden des 3. Dezember 2021 war der letzte verbliebene und jüngste Spieler aus Herbergers Weltmeistermannschaft mit 89 Jahren gestorben. In die Stille hinein gehe ich zu den nachdenklichen Jungen und Mädchen, die der Totenkranz, zum Greifen nahe, überrascht. Ich erzähle ihnen über das Trikot hinter dem Glas und über den rechten Außenläufer, der nun im Himmel mit seinen Mannschaftskameraden wieder vereint ist. Wie gebannt schauen die Kinder auf das Baumwollhemd. Und mit seinen eigenen Worten lasse ich Horst Eckel gegenwärtig werden: »Immer weitermachen, niemals aufgeben, selbst wenn die Lage noch so hoffnungslos erscheint wie damals, als Deutschland gegen die große ungarische Mannschaft schon mit zwei Toren hinten lag und doch noch gewann.« Ich denke daran, wie mir dieser großartige Fußballer und Mensch vor sieben Jahren bei der Trikotübergabe väterlich seine Hand auf meinen Arm gelegt hatte, beobachte die immer noch staunenden Kinder und sage zu mir: Ja, ja, das hätte Horst Eckel so gefallen.

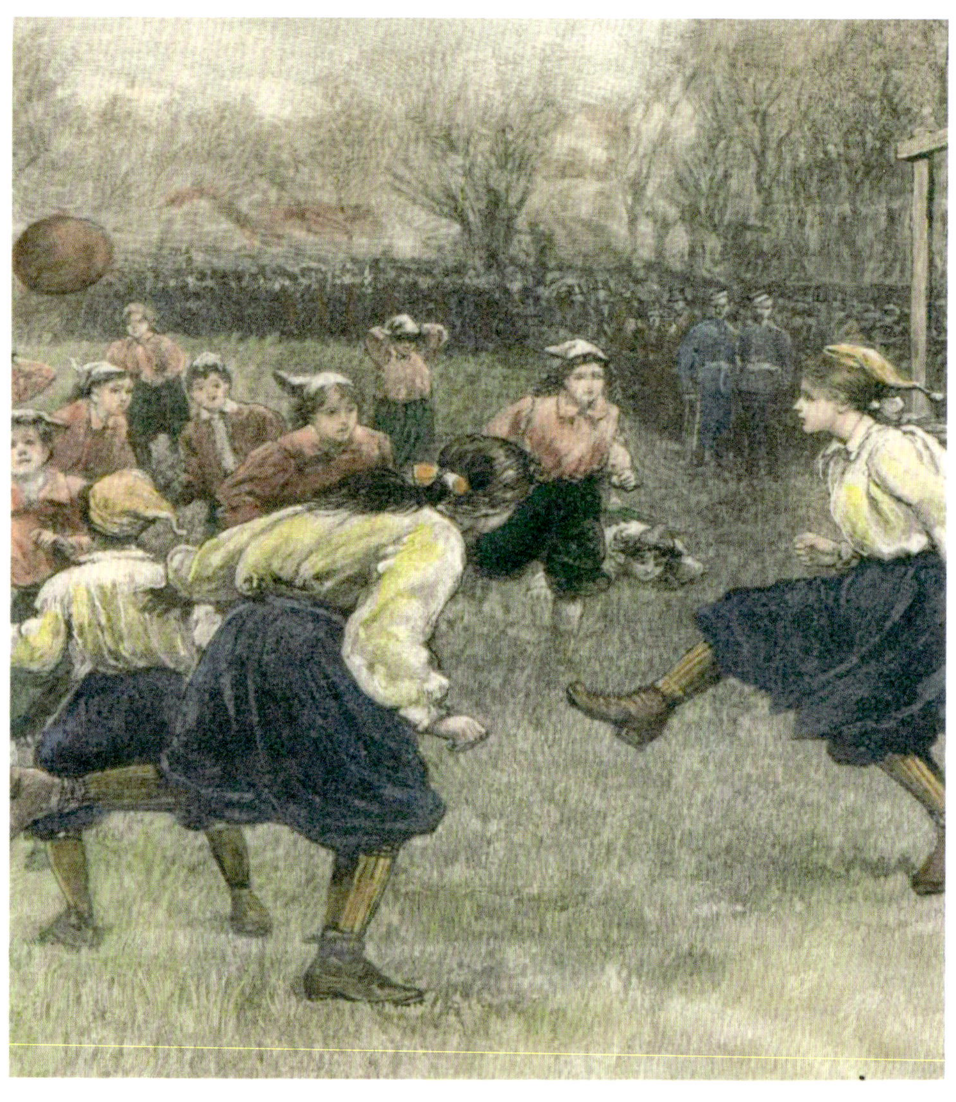

Henry Marriott Paget zeichnete das epochale
Frauenfußballspiel für die Wochenzeitschrift *The Graphic*.
(Holzstich, 30 x 22 cm)

01 PREMIERE IN CROUCH END

Illustration des ersten Frauenfußballspiels der Geschichte 1895

Das kleine, beschauliche Örtchen Crouch End, acht Kilometer von der pulsierenden City of London entfernt, hatte einen solchen Trubel noch nicht erlebt. Am frühen Nachmittag des 23. März 1895 tauchten Tausende aufgeregte Menschen unvermittelt in ihrem Stadtteil auf. Wie ein bedrohlicher schwarzer Lindwurm bewegte sich die Masse, die in großer Erwartung und mit Getöse aus den Waggons der Sonderzüge geklettert war, vom Bahnsteig zum nahen Sportplatz. Hunderte Kutschen und respektable Automobile verstopften die Straßen, verursachten Lärm und Chaos, den die Vorstädter in ihrem Idyll fernab des hektischen Londoner Finanzbetriebs noch nie zuvor erlebt hatten. Nur einmal noch sollten die Anwohner in vergleichbare emotionale Aufruhr geraten – als Stephen King in den 1980er-Jahren eine seiner Gruselgeschichten in Crouch End spielen ließ und sie auch noch nach dem kleinen Städtchen benannte.

Aber was war schon diese Verunglimpfung gegen das erste offizielle Frauenspiel der Fußballgeschichte, das den Ort bereits 85 Jahre vor Stephen King weit über die Insel hinaus ins Gerede brachte. Mary Hutson hatte unter dem Pseudonym Nettie Honeyball eine Zeitungsannonce veröffentlicht, in der sie nach Frauen suchte, die Fußball spielen wollten. 30 Gleichgesinnte im Alter zwischen 15 und 26 Jahren meldeten sich bei ihr. Gemeinsam gründeten sie in Crouch End den British Ladies' Football Club. Unter der Anleitung des Mittelläufers Bill Julian von Tottenham Hotspurs trainierten die jungen Frauen zweimal in der Woche. In ihrem ersten offiziellen Match traten die Fußball-Pionierinnen dann unter sich gegeneinander an, weil es schlicht keine anderen Frauenmannschaften gab. Nettie Honeyball, die Kapitänin und Managerin der Mannschaft, teilte den Kader in »South« und »North«. Gespielt wurde nach den von Männern gemachten Regeln der englischen FA, der Football Association, von 1863. Das »North«-Team gewann in roten Blusen mit 7:1 – vor unfassbaren 10.000 Zuschauern, die Crouch End an diesem denkwürdigen Samstagnachmittag geradezu in einen Belagerungszustand versetzten.

Der bekannte Zeichner und Portraitmaler Henry Marriott Paget, der 1874 in die Royal Academy of Arts aufgenommen wurde und dort von 1879 bis 1894 seine Werke ausstellte, war einer von denen, die nach Crouch End gekommen waren. Er schuf mit seiner Illustration vom ersten regelkonformen Frauenfußballspiel als Titelmotiv für die Wochenzeitung *The Graphic* ein spätviktorianisches Sittengemälde. Im Vordergrund sind die Fußballerinnen zu sehen, wie sie in Knickerbockern und weiten Blusen um den Ball, der im Vergleich zum etablierten Männerfußball kleiner und leichter war, kämpfen. Zum Schutz der Frisuren tragen sie Fischerkappen, die sich im Spielverlauf als Hindernis erwiesen. Verrutschten die Kopfbedeckungen oder fielen zu Boden, etwa bei einem Kopfball, wurde das Spiel so lange unterbrochen, bis die Haarnadeln gerichtet und die Hauben wieder aufgesetzt waren. Das Spiel dauerte 60 Minuten, auf Korsetts und hohe Schuhe musste verzichtet werden. Bedrohlich wirkt die Szenerie im Bildhintergrund: Die Menschenmenge beobachtet als gesichtslose, anonyme, dunkle Masse das Geschehen, uniformierte Schutzpolizisten halten sie in Schach – die grausame, unerbittliche Großstadtmeute wittert Spektakel und Sensation. Die Illustration wurde für den Nachdruck in Deutschland koloriert und erschien noch im gleichen Jahr in der *Illustrierten Chronik der Zeit*.

Henry Marriott Paget hatte für das immer drängendere Emanzipationsbestreben im ausklingenden 19. Jahrhundert den trefflichen Ausdruck gefunden: Fortschrittliche Frauen brechen in die Männerdomäne Fußball ein. »Ich habe den Verein mit dem festen Entschluss gegründet, der Welt zu beweisen,

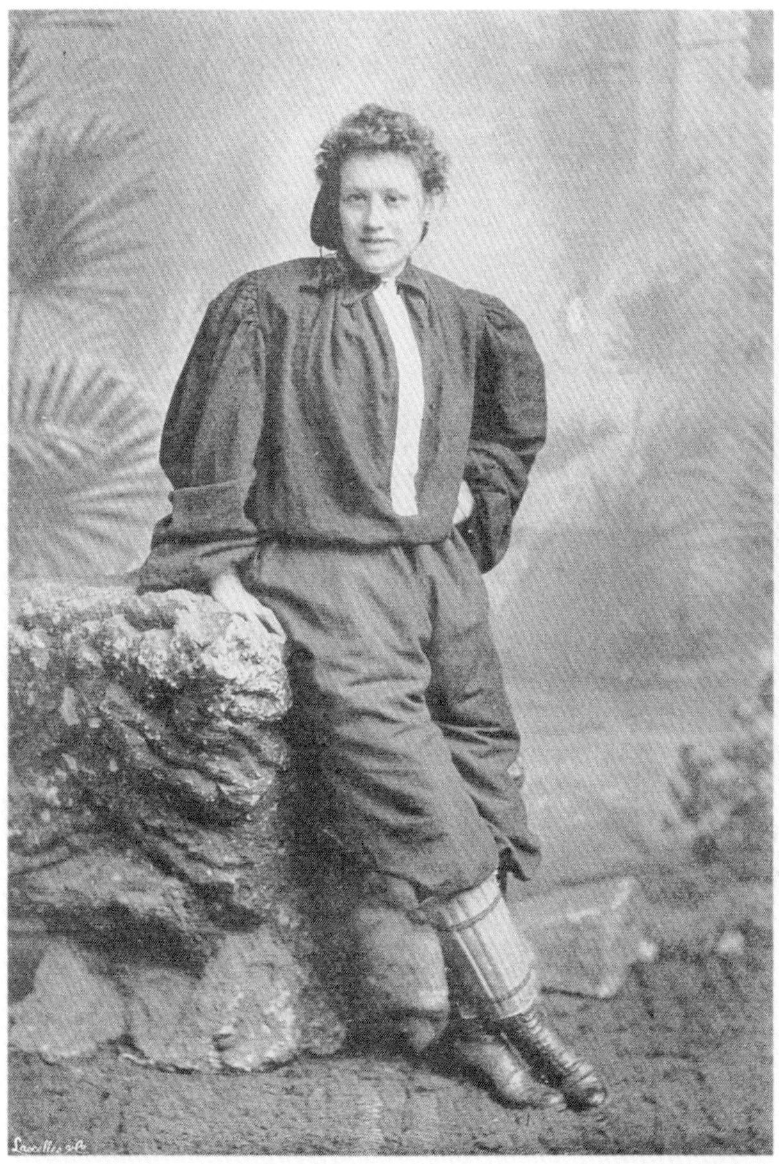

Nettie Honeyball gründete den ersten Frauenfußballclub in England.

dass Frauen nicht die dekorativen und nutzlosen Kreaturen sind, die Männer sich vorgestellt haben«, sagte Nettie Honeyball der Zeitung *The Sketch*. Der *Jarrow Express* hielt dagegen: »Es wird immer interessant sein, Frauen zu sehen, die unweibliche Dinge tun, und es ist daher nicht verwunderlich, dass dieses Spiel mehrere tausend Zuschauer besuchten, von denen vermutlich nur sehr wenige ihre eigenen Schwestern oder Töchter auf dem Fußballplatz sehen möchten. Es ist bezeichnend, dass ein beträchtlicher Teil der Zuschauer das Feld aber schon zur Halbzeit wieder verlassen hat. Das Lachen war leicht und die Unterhaltung plump.«

Der Mut von Nettie Honeyball und ihren Mitstreiterinnen wurde indes belohnt – der Frauenfußball eroberte in England seinen festen Platz, noch bevor sich in Deutschland der Männerfußball organisierte. Ab den 1920er-Jahren hatte jede größere Ortschaft auf der Insel ihre eigene Frauenfußballmannschaft. Die Begegnung zwischen den Dick Kerr's Ladies und den St. Helens Ladies in Everton sahen etwa 53.000 Eintritt zahlende Zuschauer – und dies ganz ohne Häme. In Deutschland bildeten sich Frauenclubs nach englischem Vorbild erst ab den 1930er-Jahren, bis der Deutsche Fußball-Bund (DFB) Frauenfußball 1955 untersagte und ihn erst 1970 wieder zuließ.

Neben Nettie Honeyball zählte vor allem die schottisch-aristokratische Feministin, Journalistin und Schriftstellerin Lady Florence Dixie zu den Vorkämpferinnen des Frauenfußballs. Sie hatte auf Bitten von Nettie Honeyball die Präsidentschaft des British Ladies' Football Club übernommen. Die Frauenrechtlerin schwärmte – ausgerechnet – für den extravaganten Schriftsteller und Dandy Oscar Wilde, der noch wenige Wochen vor dem legendären Match in Crouch End mit seiner Meisterkomödie *The Importance of Being Earnest* eine rauschende und viel bejubelte Premiere gefeiert hatte. So sehr sich Lady Florence Dixie und Oscar Wilde seelenverwandt miteinander verbunden fühlten – für Fußball hatte der skandalumwitterte Exzentriker so gar nichts übrig. Der Dichter gab der angehenden Fußballpräsidentin mit auf den Weg: »Dieser Sport mag ein durchaus passendes Spiel für harte Mädchen sein, als Spiel für feinsinnige Knaben ist er wohl kaum geeignet.«

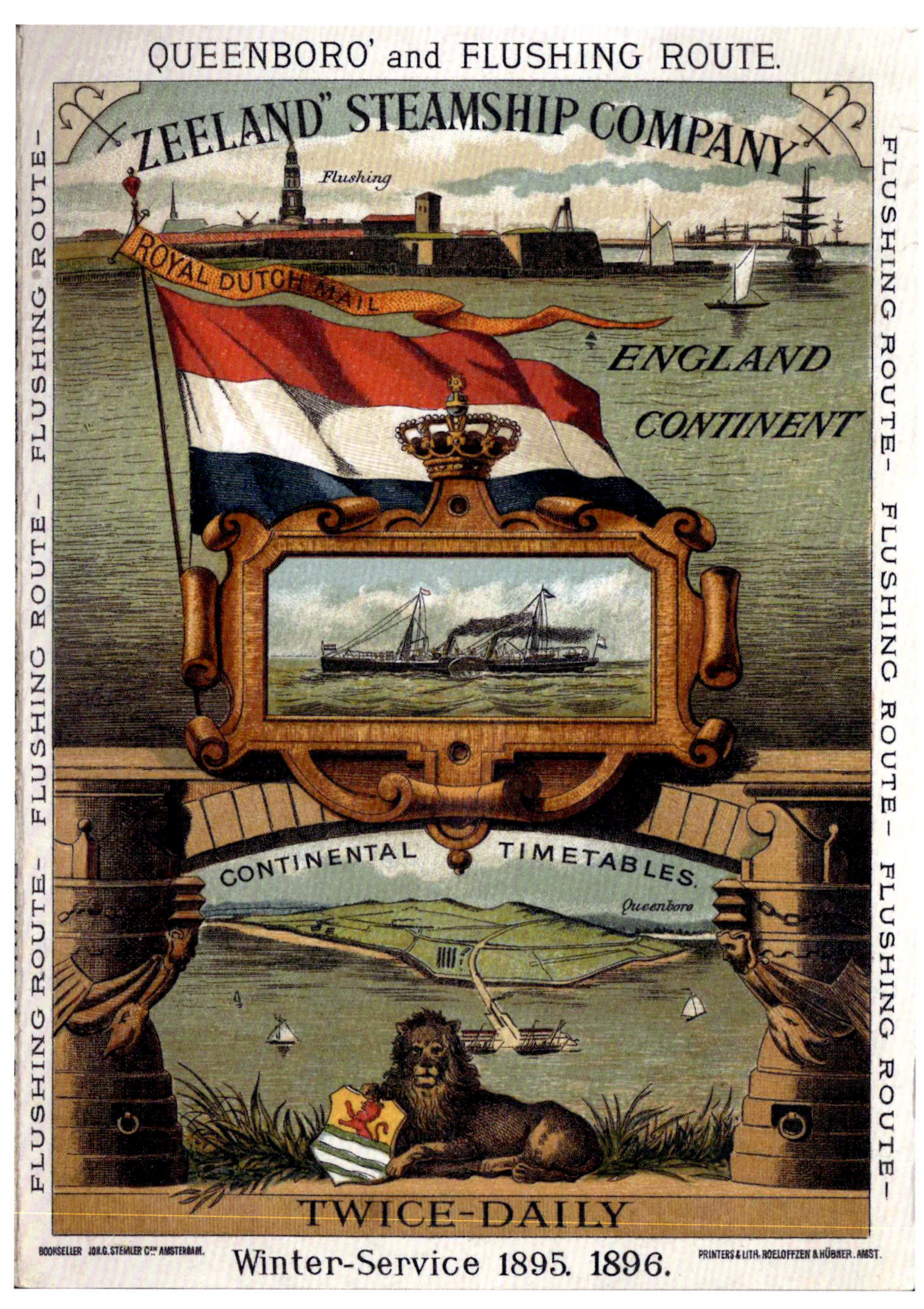

Die Reisebroschüre für die Schifffahrt nach England versprach Luxus für die bürgerlichen Fußballer des Duisburger Turnvereins von 1848.
(Papier, 22,3 x 15,6 cm)

02 ERSTER SKANDAL IM DEUTSCHEN FUSSBALL

Reisebroschüre der Zeeland Steamboat Company 1896

Mit dem Zug ging es für die Fußballer des Duisburger Turnvereins von 1848 zunächst über Venlo in die niederländische Hafenstadt Vlissingen. Von dort aus steuerten sie mit dem nagelneuen Nachtdampfer *Koningin Regentes* der niederländischen Zeeland Steamboat Company den Queenborough Pier westlich von London an. Die Herren waren im Sommer 1896 zur allerersten Auslandsreise einer deutschen Fußballmannschaft aufgebrochen. Sie reisten auf eigene Kosten und vor allem standesgemäß. Der Luxusdampfer besaß einen »imperialen Empfangssaal«, wie die Reisebroschüre versprach, »sechs Deckkabinen und einen Rauchsalon«. Der fürstliche Speisesaal war mit Bildtafeln niederländischer Maler gestaltet, die Betten waren mit patentierten Federkernmatratzen versehen. Die vom Deutschen Fußballmuseum entdeckten Reisedokumente bringen ans Licht und belegen: Es waren Studenten, Ingenieure, Kaufleute und Lehrer aus Duisburg, die im Kaiserreich den ersten großen Impuls für die neu entdeckte Sportart setzten. Dabei galt hierzulande lange Zeit das Proletariat als Geburtshelfer für die englische »Fußlümmelei«, die am Ende des 19. Jahrhunderts von der Insel überall nach Europa schwappte. Der Mythos sitzt tief. Noch immer. Auch wenn die Arbeiterschaft seit den 1920er-Jahren den Fußball für sich entdeckt hatte – die Anfänge des Fußballs waren bürgerlich!

Rückenwind bekam der aufstrebende Fußball in Deutschland durch englische Unternehmer, Techniker und Kaufleute, die es im Zeitalter der

Industrialisierung auf den Kontinent verschlug. Sie brachten das Fußballspiel gleich mit. Wie die Ingenieure Bass und Barton, die für das Siemens Kabelwerk in Woolwich in London arbeiteten und zeitweise im Kabelwerk in Duisburg eingesetzt wurden. Sie schlugen ihren deutschen Kollegen aus der Fußballmannschaft des durch und durch bürgerlichen Duisburger Turnvereins von 1848 eine Gastspielreise auf die Insel vor. Die Fußballtournee, die prompt den ersten großen Eklat im deutschen Fußball auslöste, fiel dann aber weniger erfolgreich aus: vier Spiele gegen eher unterklassige Mannschaften, vier Niederlagen. 0 zu 46 Tore! Welche Schmach! War es nur ein dummer Übersetzungsfehler oder doch tollkühnes Kalkül, dass die Duisburger als »Association« ins Mutterland des Fußballs gereist waren? – »Association« kann als »Verein« oder »Verband« verstanden werden. Die englische Presse machte sich jedenfalls lustig, der Londoner *Evening Standard* schrieb: »So wie die Dinge liegen, dürften die Deutschen wohl stark entmutigt worden sein, uns in nächster Zeit wieder einen Besuch abzustatten.« Die Heimat schäumte vor Wut. Der Deutsche Fußball- und Cricket-Bund, einer von mehreren Verbänden, die um den Alleinvertretungsanspruch des deutschen Fußballs konkurrierten, ließ in seinem Verbandsorgan am 29. August 1896 verlautbaren: »Hier in Deutschland weiß man in Fußballkreisen nichts über diese Spieler, obwohl wir die Idee haben, dass ein fast unbekannter und nie gehörter Club vom Rhein, der sich selbst *Association* nennt, aller Wahrscheinlichkeit nach die gemeinte Mannschaft ist.« Die eifrigen Verbandsfunktionäre

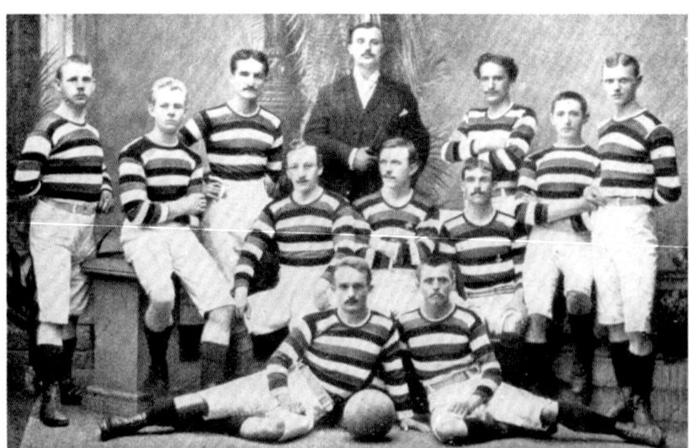

Die Duisburger Fußballer kehrten erfolglos von ihrer Englandreise zurück.

fühlten sich in ihrem Stolz so tief verletzt, dass einer von ihnen, ein Herr namens Schlechta, inkognito auf die Insel übersetzte. Er reiste mit dem Auftrag, die Hintergründe des Skandals um die erste Englandreise einer deutschen Fußballmannschaft aufzudecken. Am 15. September 1896 distanzierte sich der Deutsche Fußball- und Cricket-Bund in einer Stellungnahme von der »Association« aus Duisburg und schickte die Übersetzung an 50 englische Zeitungen. »Wenn die Zeit kommt, und wir hoffen, dass es sehr bald sein wird, wo eine legitimierte deutsche Elf den Kanal kreuzt, wird sie eine ganz andere Vorstellung von deutschem Fußball abgeben.« – Das erste offizielle Länderspiel England gegen Deutschland wurde dann am 13. März 1909 ausgetragen. Es endete 9:0 für England.

Die Funktionäre des Deutschen Fußball- und Cricket-Bundes hätten nicht schlecht gestaunt, hätten sie damals gewusst, dass neun Jahre nach der Englandreise der Torwart des skandalumwitterten Duisburger Turnvereins zum dritten Präsidenten des Deutschen Fußball-Bundes gewählt werden würde. Von 1905 bis 1925 führte Gottfried Hinze nach Ferdinand Hueppe und Friedrich-Wilhelm Nohe in zwei schwierigen Jahrzehnten den am 28. Januar 1900 in Leipzig gegründeten DFB. Für die Vereine wurde »Papa Hinze« zum Anwalt in der beschwerlichen Gründerzeit des Fußballs. Er setzte sich zur Wehr, als der Fußball zunächst noch gesellschaftlichen Ressentiments ausgesetzt war. Der Lärm beim Wettkampf entheilige den Sonntag, hieß es, die leichte Sportbekleidung sei unsittlich, der Kampf um den Ball beeinträchtige die Lernbegierde der Kinder. Schließlich versuchte mancher Amtsschimmel, durch Erhebung von Umsatz-, Einkommens-, Lustbarkeits- oder Körperschaftssteuern auf Kosten der Fußballer die Behördenkassen zu sanieren. Noch vor dem Ersten Weltkrieg wurde der Fußball dann aber allmählich salonfähig – mit königlicher Weihe. Das *Deutsche Fußballjahrbuch 1913* zeigt auf der ersten Bildseite Seine Königliche Hoheit, den Prinzen Friedrich Karl von Preußen – im gestreiften Trikot. Hinze hielt den DFB in schweren Zeiten auf Kurs, als der Krieg und seine Folgen dem Fußballbetrieb zusetzten. Auf dem DFB-Bundestag 1925, im 20. Jahr seiner Präsidentschaft, trat Hinze von seinem Amt zurück und wurde zum ersten DFB-Ehrenvorsitzenden ernannt. Als ihm zur Feier des Tages Reichspräsident Hindenburg und Außenminister Stresemann gratulierten, waren seine 46 Gegentore von England längst vergessen.

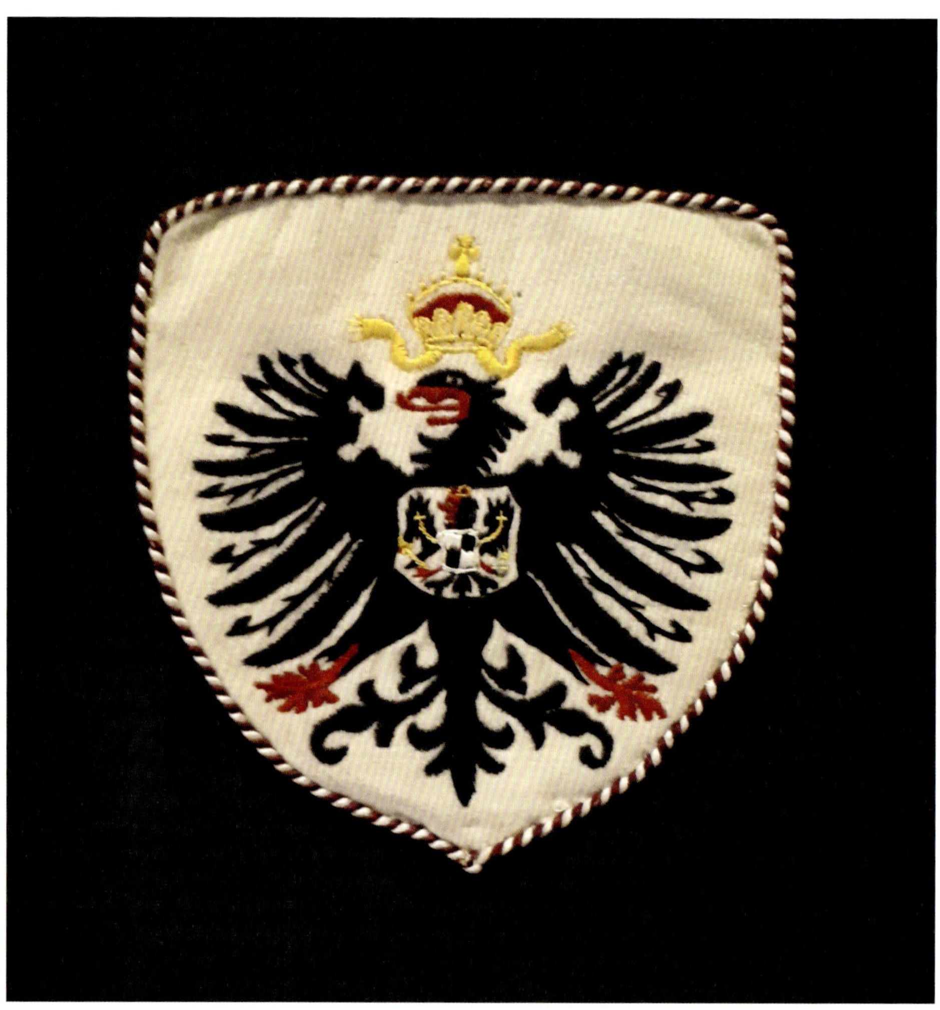

Beim ersten Länderspiel der Nationalmannschaft zierte dieser Reichsadler mit ausgebreiteten Flügeln, Krone und einem Wappen auf der Brust die Trikots der Spieler. Der beigefarbene Stoff, mit rot-weißer Kordel umrandet, ist das erste Trikotemblem der Nationalmannschaft von 1908.
(Beigefarbener Stoff mit rot-weißer Kordel umrandet, auf einen grünen Samtschal genäht, 15 x 12cm)

03 VOM KARZER IN DIE GESCHICHTSBÜCHER

Trikotemblem der deutschen Nationalmannschaft vom ersten Länderspiel 1908

Dem Primaner Fritz Becker schwante nichts Gutes, als ihn die Sekretärin zum Rektor rief. Der Schuldirektor war berüchtigt und die Arrestzelle der Klinger Oberrealschule in Frankfurt am Main gut besucht. Als ob er zum Schafott geführt werden sollte, schlich »das Beckerle«, wie ihn der oberste Schulwächter zu nennen pflegte, den langen Flur entlang. Dabei war er am Morgen noch mit breiter Brust in die Schule gekommen – seine beiden Tore für die Frankfurter Stadtauswahl am Vorabend gegen Newcastle United auf dem Hermannia-Platz im Frankfurter Ostpark hatten sich überall herumgesprochen. Zwei Treffer bei der respektablen 2:6-Niederlage gegen den amtierenden englischen Ligameister, darauf konnte er wahrlich stolz sein. Aber jetzt rief der Rektor. »Beckerle, was sage ich euch immer?«, begann er seine Standpauke mit einer rhetorischen Frage und fuhr mit erhobenem Zeigefinger fort: »Mens sana in corpore sano«, und das »Beckerle« musste die lateinische Redewendung übersetzen: »Ein gesunder Geist in einem gesunden Körper.« Dann holte der Rektor weiter aus: »Diese hohen Ideale, Beckerle, erreichen Sie nicht, indem Sie, inmitten eines Haufens von Rohlingen, mit den Beinen gegen einen Ball treten. Schlagen Sie sich dieses englische Rabaukenspiel ein für alle Male aus dem Kopf.« Als erzieherische Maßnahme für seine Tore gegen Newcastle wurden drei Stunden Karzer angesetzt. Offizielle Begründung: Teilnahme an einer öffentlichen Zurschaustellung ohne Erlaubnis der Schule.

Aus dem Kopf hatte sich Fritz Becker die englische Krankheit nicht geschlagen, wie er später erzählte, auch wenn er für einen Moment ins Grübeln geriet, als er kurze Zeit später in der Frankfurter Lokalzeitung von seiner Berufung für das erste Länderspiel der Nationalmannschaft gegen die Schweiz in Basel erfuhr. Doch der 19-Jährige war ein unerschrockener Bursche und auf Abenteuer aus. Wer zweimal gegen den englischen Ligameister getroffen hatte, war gut genug für das erste Vergleichsspiel der neuen DFB-Auswahlmannschaft. Diese Chance wollte sich der Angreifer der Frankfurter Kickers nicht nehmen lassen. Was waren schon ein paar Stunden Schulkarzer gegen den Ruhm der großen Fußballwelt? Am Freitagnachmittag, keine 24 Stunden vor der Abfahrt vom Frankfurter Hauptbahnhof nach Basel, erhielt Becker mit der Zugfahrkarte ein knappes Schreiben vom DFB: Er solle bitte seine Fußballschuhe und einen Smoking nicht vergessen. Der verdatterte Pennäler suchte sofort einen Kostümverleiher auf – zwölf Mark kostete ihn das noble Kleidungsstück, vorausgesetzt, er brächte den Smoking bis Montagabend unversehrt zurück.

Am Sonntag, dem 5. April 1908, durfte Fritz Becker erst einmal in die Kluft der Nationalmannschaft schlüpfen: schwarzes Hemd mit weißen Ärmeln, auf der Brust der Reichsadler auf beigem Wappenschild, schwarze Hose, schwarze Stutzen. DFB-Schatzmeister Wilhelm Behm hatte sich das Recht erkämpft, die Ausrüstungsgegenstände auf seinem Hotelzimmer im Metropol am Vormittag des Spieltages höchstpersönlich auszugeben. Die Spieler waren stolz, zum ersten Mal offiziell den Reichsadler auf der Brust für ihr Land tragen zu dürfen. Es folgte die kurze Mannschaftsansprache. Das war Aufgabe des DFB-Spielausschuss-Vorsitzenden Hugo Kubaseck, einen Trainer gab es noch nicht. Über das Spiel sprach er wenig, sein kurzer Auftritt wurde vielmehr zum Anstandsunterricht, wie sich die besten deutschen Fußballer beim Bankett nach dem Spiel zu verhalten hätten. Um halb drei dann endlich Abfahrt zum Landhof-Stadion Basel, umgezogen hatten sich die angehenden Nationalspieler schon im Hotel. Auf der Sportplatzanlage hatte der Schweizerische Fussballverband eine Zusatztribüne errichten lassen, 4.000 Menschen

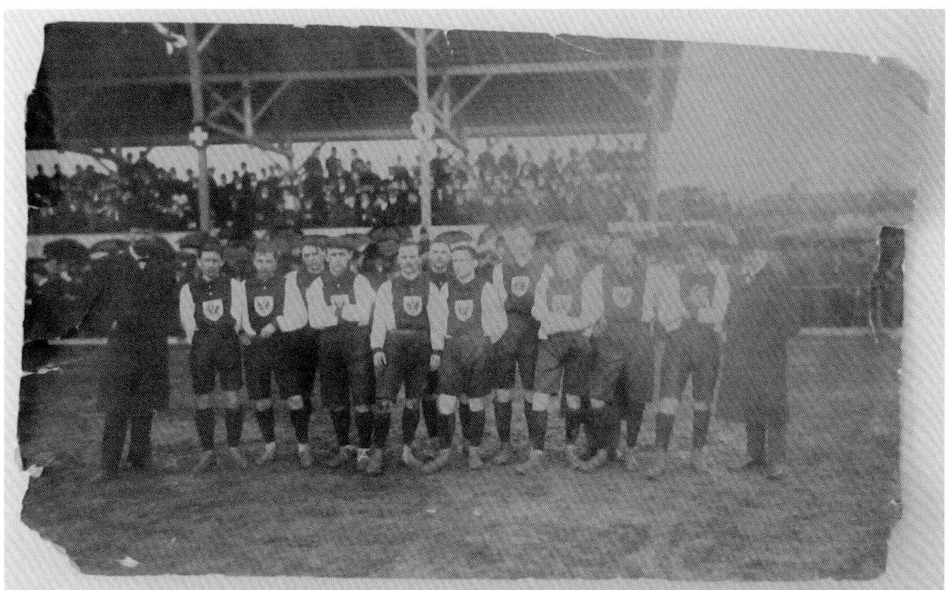

Fotografie von der ersten Elf (von links): Willy Baumgärtner (Düsseldorfer FV), Fritz Becker (Kickers Frankfurt), Gustav Hensel (1. Kasseler FV), Fritz Baumgarten (Germania Berlin), Arthur Hiller (1. FC Pforzheim), Walter Hempel (Leipziger Sportfreunde), Fritz Förderer (Karlsruher FV), Ernst Jordan (Cricket Magdeburg), Karl Ludwig (Kölner SC 99), Eugen Kipp (Stuttgarter Sportfreunde), Hans Weymar (Viktoria Hamburg). Im Frack links und rechts die DFB-Funktionäre Max Dettinger und Hugo Kubaseck.

empfingen die elf deutschen Fußballpioniere, die elf verschiedene Vereine repräsentierten und mit einem Durchschnittsalter von 21 Jahren Aufstellung zum historischen Spiel nahmen.

Die Begegnung begann furios – und in der 6. Spielminute markierte ausgerechnet der Oberprimaner der Klinger Oberrealschule den ersten Treffer in der Nationalmannschaftsgeschichte. In der 21. Minute, mit einsetzendem Gewitterregen, glichen die Schweizer aus, sieben Minuten später unterlief Jordan gar ein Eigentor. Zur Pause stand es 3:1 für die Schweiz, die durch Förderers Anschlusstreffer kurz nach der Halbzeit wankte, aber nicht fiel und nach gut einer Stunde sogar mit 4:2 in Führung ging. Dann aber meldete sich wieder Fritz Becker zu Wort – sein 3:4 zwanzig Minuten vor Schluss hätte fast die Wende herbeigeführt, bevor Sekunden vor dem Abpfiff nach einem unglücklichen Abwehrversuch der deutschen Hintermannschaft der letzte Treffer fiel. Sein erstes offizielles Fußball-Länderspiel verlor Deutschland gegen die Schweiz mit 3:5. Ein Ergebnis für die Geschichtsbücher.

Am Abend saßen die Spieler und Funktionäre beider Mannschaften in geselliger Runde im Metropol zusammen. Endlich konnten der Smoking und die guten Ratschläge des weltmännischen DFB-Spielausschuss-Vorsitzenden zum Einsatz kommen. Draußen wurde es schon hell und drinnen die Stimmung immer besser, als der schweizerische Torwart Dreifuß unmittelbar vor dem Schüler aus Deutschland seine Husarenstücke aus dem Spiel nachstellte. Den Ober mit dem Tablett hatte er zu spät gesehen. Worcestersauce, Essig und Senf hinterließen eine gefährlich einfressende Essenz auf der schicken Abendgarderobe unseres jungen Helden. Mit zwei Treffern, einem ramponierten Smoking und gemischten Gefühlen im Gepäck trat der Jungspund die Heimreise nach Frankfurt an. Für die Wiederherrichtung des Abendanzuges mussten die verärgerten Eltern beim Kostümverleiher 48 Mark berappen. Ob der Schuldirektor für den ersten Torschützen der Nationalmannschaft wieder eine Arrestzelle herrichten ließ, bleibt bloße Mutmaßung. Belegt ist aber, dass Fritz Becker kein weiteres Spiel mehr für die deutsche Fußballnationalmannschaft bestritten hat.

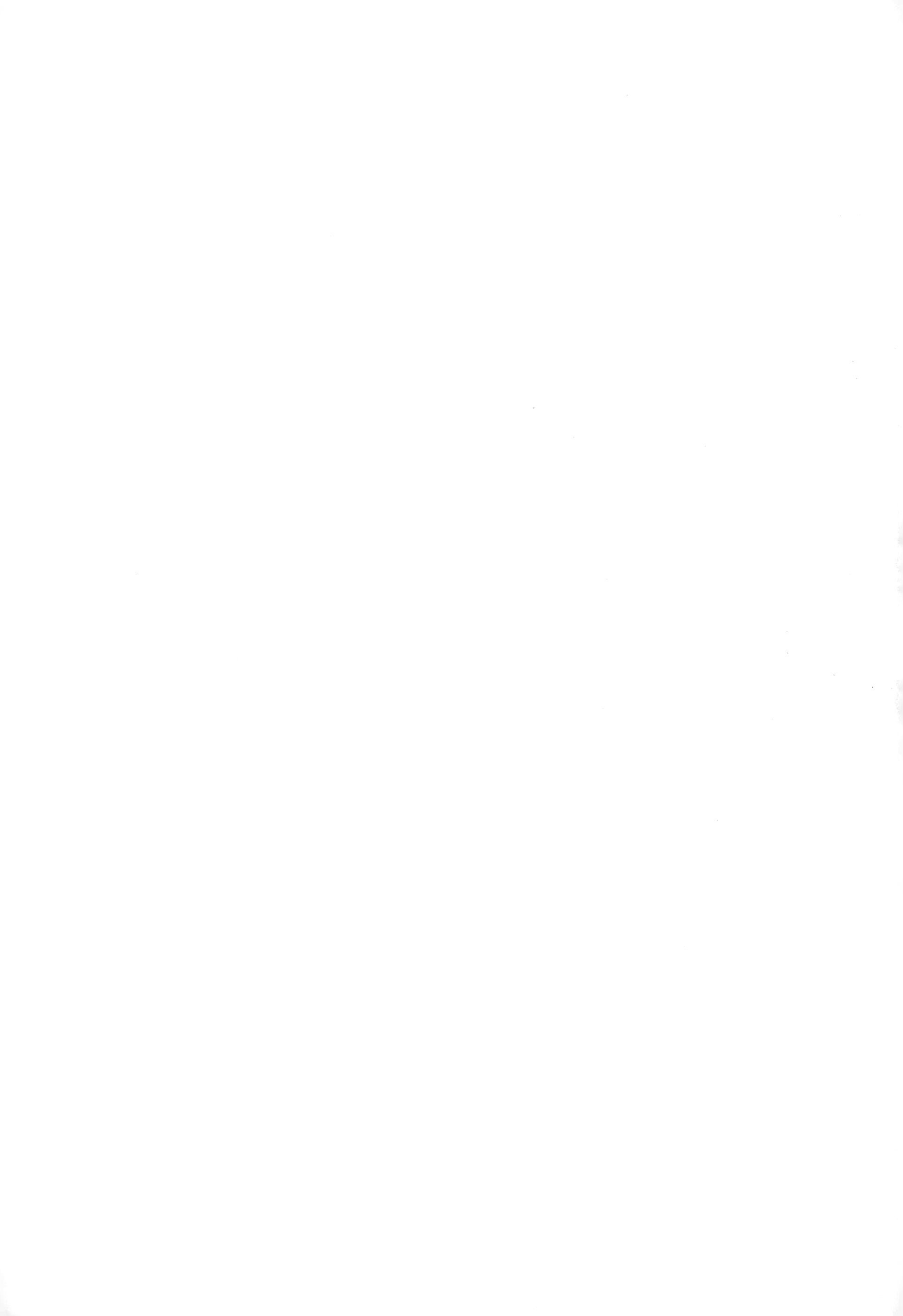

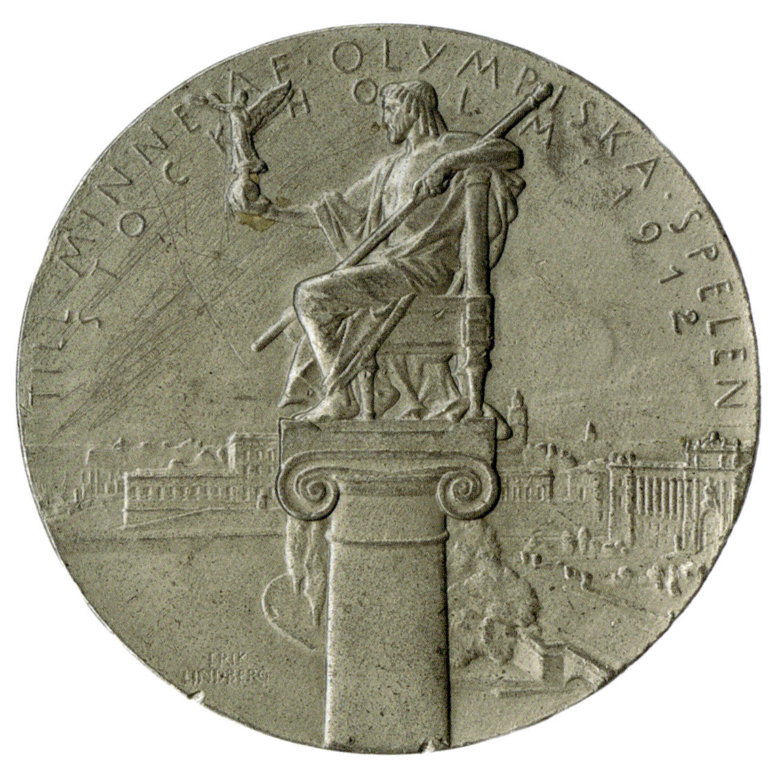

Medaille für die erste Olympiateilnahme eines deutschen Fußballteams 1912,
bei der Gottfried Fuchs zehn Tore gegen Russland erzielte.
(Metall, 5,1 x 0,2 cm)

04 GETILGT AUS DEN ANNALEN

Teilnehmermedaille von den Olympischen Sommerspielen 1912

Die Deutschen lieben ihre Rekordhalter. Vor allem im Fußball. Im Gedächtnis der Nation haben sie ihren unverrückbaren Platz. Gerd Müller – mit 365 Treffern Bundesliga-Rekordtorjäger! Oder Miroslav Klose – mit 16 Toren WM-Rekordtorschütze! Fußballnostalgiker würden in ihren Stammtischrunden aber in Bedrängnis geraten, wenn sie gefragt würden: »Welcher deutsche Nationalspieler erzielte die meisten Tore in einem Länderspiel?« Neben Gerd Müller und Miro Klose würden vielleicht noch die Namen von Uwe Seeler oder Klaus Fischer fallen. – Aber Gottfried Fuchs? »Gottfried … wer?«, würde es heißen. Sie würden dann ungläubig vom Torjäger des Karlsruher FV erfahren, der bei den Olympischen Spielen 1912 in Stockholm mit legendären zehn Treffern beim 16:0 gegen Russland Fußballgeschichte geschrieben hat. Zehn Tore in einem Länderspiel – in Deutschland ist das bis heute einmalig.

1889 in Karlsruhe geboren, war Gottfried Fuchs bis in die 1920er-Jahre einer der besten Spieler seiner Zeit. Sein Tor-Weltrekord wurde erst 2001 eingestellt, als der Australier Archie Thompson gegen Amerikanisch-Samoa 13 Treffer markierte. Gottfried Fuchs weist mit seinen 13 Toren in sechs Länderspielen zudem die beste Trefferquote eines deutschen Nationalspielers auf. Dennoch war er über ein Jahrhundert hinweg im deutschen Fußballgedächtnis nicht existent. – Gottfried Fuchs war Jude. Er floh entrechtet und ausgegrenzt vor dem nationalsozialistischen Terror ins Exil, zunächst in die Schweiz, dann nach Frankreich und schließlich nach Kanada. Und nach dem Zusammenbruch des Dritten Reichs wurde er – wie tausende jüdische Pioniere aus der beschwerlichen Anfangszeit des deutschen Fußballs – vergessen.

Beim Karlsruher FV bildete Gottfried Fuchs mit Julius Hirsch und Fritz Förderer ein legendäres Sturmtrio. Gemeinsam wurden sie Süddeutscher Meister und besiegten mit ihrem KFV im Endspiel um die Deutsche Meisterschaft 1910 Holstein Kiel mit 1:0. Am 26. März 1911 debütierte Fuchs dann als erster Fußballer jüdischer Herkunft in der deutschen Nationalmannschaft. Deutschland gewann gegen die Schweiz mit 6:2, Fuchs erzielte einen Treffer. Bei der ersten Olympiateilnahme einer deutschen Fußballmannschaft ein Jahr später schied die Nationalmannschaft nach einem 1:5 gegen Österreich im Achtelfinale aus. Unvergessen bleiben diese Spiele durch den höchsten Sieg, den die Nationalmannschaft jemals erzielt hat, mit den zehn Fuchs-Toren gegen Russland. Wie so viele Juden kämpfte Gottfried Fuchs im

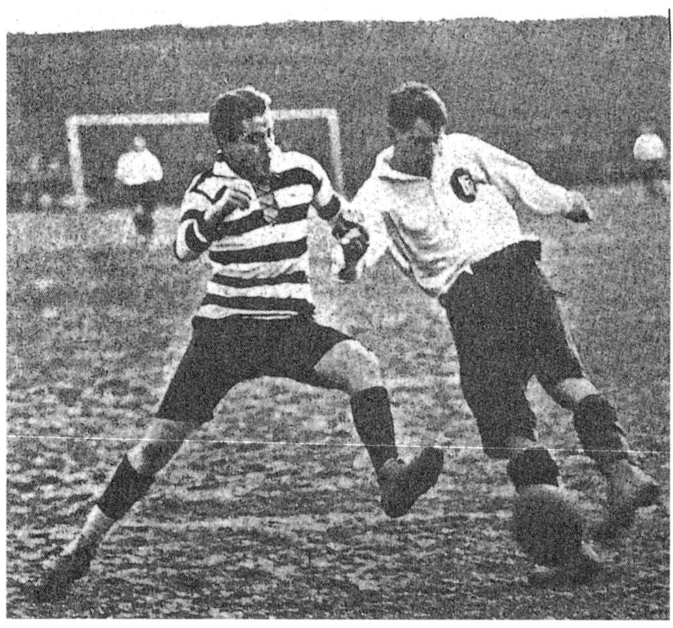

Gottfried Fuchs (rechts) zählte in den 1910er-Jahren zu den besten Spielern in Deutschland.

Ersten Weltkrieg als Artillerieoffizier, wurde mehrfach verwundet und mit dem Eisernen Kreuz ausgezeichnet. Nach dem Krieg kam er fußballerisch nicht mehr in Schwung, wechselte die Sportart und erlebte dann im Tennissport Demütigung und Verachtung in Zeiten des aufkommenden Nationalsozialismus. Gottfried Fuchs und sein kongenialer Sturmpartner Julius Hirsch sollten bis heute die beiden einzigen jüdischen Spieler in der deutschen Nationalmannschaft bleiben.

Als der *Kicker* 1939 sein beliebtes Sammelalbum mit allen deutschen Nationalspielern auflegte, fehlten zwei Gesichter. Fuchs und Hirsch waren ausradiert worden, getilgt aus den Annalen, als hätte es sie nie gegeben und als hätte es die zehn Treffer gegen Russland nicht gegeben. Als hätte das Stürmerduo Fuchs/Hirsch in 16 Länderspielen nicht den deutschen Adler auf ihrer Brust getragen. Als hätten sie ihre 17 Treffer für die deutsche Mannschaft niemals erzielt. Als der *Kicker* 1988, 43 Jahre nach der Befreiung der Vernichtungslager, sein beliebtes Sammelalbum mit den aktualisierten Portraitbildern aller deutschen Auswahlspieler in einer Neuauflage aufleben ließ, fehlten die Gesichter von Fuchs und Hirsch noch immer. Gottfried Fuchs und Julius Hirsch stehen beispielhaft für zehntausende jüdische Fußballer, die nach ihrer Ausgrenzung, Verfolgung und Ermordung in Deutschland zunächst demonstrativ, später dann unbedacht von den Verbänden, Vereinen und Medien aus dem Erinnerungshaushalt des deutschen Fußballs verbannt wurden. Selbst verdienstvolle Spieler, die vor 1933 verstorben waren, wurden von den Vereinen aus den Klubannalen posthum verdammt. *Damnatio memoriae* – die Vertreibung der Juden aus dem deutschen Fußballsport und die Verdammung ihres Andenkens sind die Geschichte eines großen Verlustes.

1972 wollte Altbundestrainer Sepp Herberger sein Jugendidol offiziell über den Deutschen Fußball-Bund zur Einweihung des Münchner Olympiastadions zum Länderspiel gegen die Sowjetunion einladen. 35 Jahre nach seiner Flucht aus Nazideutschland sollte Godfrey Fochs, wie sich der einstige Torjäger in seiner neuen Heimat Kanada nannte, das erste Mal nach Deutschland zurückkehren. Herberger schrieb wie beseelt an das DFB-Präsidium, dass diese Geste »als ein Versuch der Wiedergutmachung willfahrenden Unrechts sicherlich nicht nur im Kreis der Fußballer und Sportler, sondern überall in

Deutschland ein gutes Echo finden würde«. Sein Wunsch fand kein Gehör. Es bestehe »keine Neigung, im Sinne Ihres Vorschlags zu verfahren«, hieß es im Antwortschreiben. Und weiter: Der DFB wolle »keinen Präzedenzfall schaffen, der auch für die Zukunft noch erhebliche Belastungen mit sich bringen könnte«. Herberger, der für Fuchs schon einen Fernsehauftritt im *Aktuellen Sportstudio* arrangiert hatte, war am Boden zerstört. »Eine einzigartige Enttäuschung«, schrieb er an Fuchs nach Kanada, »und ein Anlass, wieder einmal festzustellen, dass in dieser heute so verdrehten Welt auf niemanden mehr Verlass ist«. Herbergers Worte sollten Deutschlands vergessenen Rekordhalter nicht mehr erreichen. Gottfried Fuchs war noch vor Eintreffen der Zeilen in Montreal mit 82 Jahren an einem Herzinfarkt verstorben.

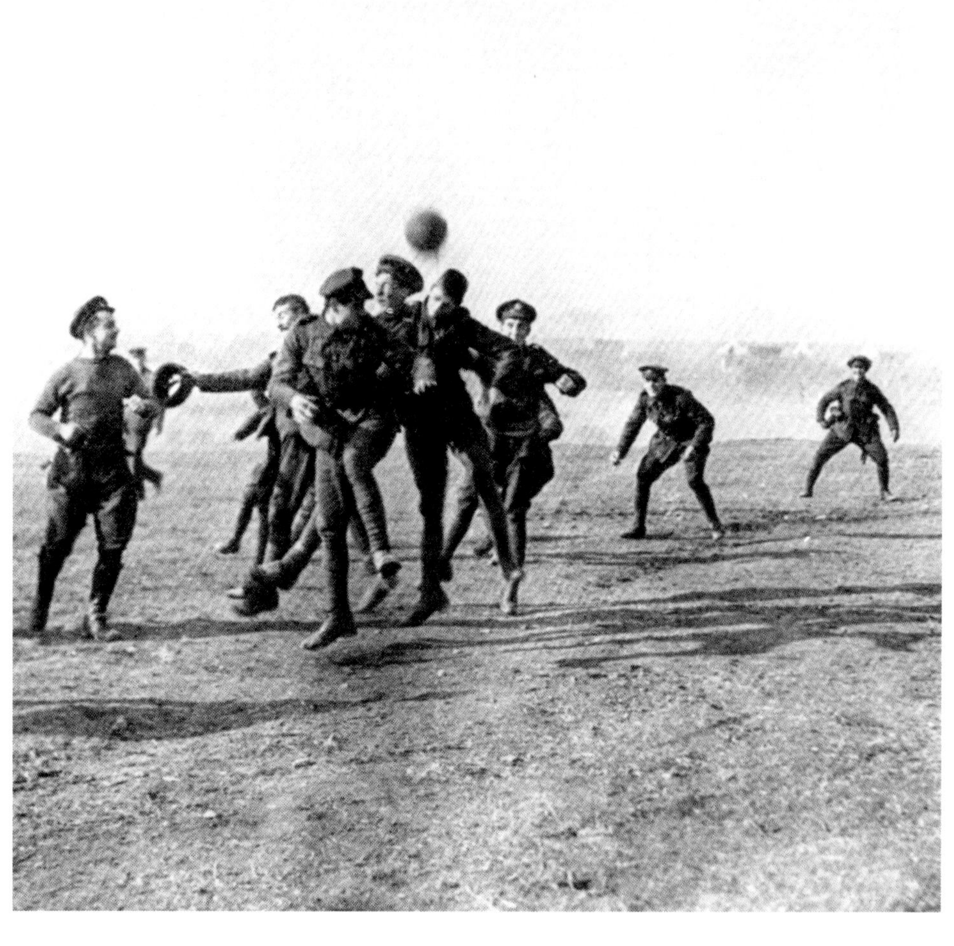

Fußballspiel im Niemandsland. Ein unbekannter Fotograf schuf mit seiner Aufnahme aus dem Ersten Weltkrieg ein seltenes zeitgeschichtliches Dokument.
(Scan)

05 FUSSBALLSPIEL IM NIEMANDSLAND

Fotografie von Fußball spielenden Soldaten im »Weihnachtsfrieden« 1914

Lange hatte der britische Offizier Wilfred Percy Nevill vom 8. Bataillon des East Surrey Regiments überlegt, wie er seine Soldaten, die größtenteils von der Schulbank zu ihm gekommen waren, zum unerschrockenen Sturm auf die deutschen Schützengräben ermutigen könnte. Die zündende Idee kam ihm, als er sah, wie sich die jugendlichen Infanteristen in ihrer Rückzugszone hinter der Front übermütig und in nervöser Erwartung auf den großen Tag um das runde Leder balgten. Für ihren ersten großen Kampf schaffte Nevill zwei Fußbälle herbei und beschriftete sie. In Großbuchstaben lasen seine Männer: »KEIN SCHIEDSRICHTER« – auf dem Schlachtfeld gibt es keine Regeln und schon gar kein Fairplay. Am 1. Juli 1916 rüsteten sich Nevill und seine Truppe für den Tag eins der großen Schlacht an der Somme im Norden Frankreichs, die beiden Bälle kamen ins Marschgepäck. Den Anstoß zur Sturmoffensive im Morgengrauen führte der Captain selber aus: Er schoss die Fußbälle ins Niemandsland in Richtung der deutschen Linie, die 300 Meter vor ihnen lag, und seine Schützlinge folgten mit Gebrüll. – »Kick and Rush« wurde im mörderischen Stellungskrieg zum naiven Versuch, die Todesangst vergessen zu machen. Diejenigen, die es schaffen sollten, einen der Bälle im deutschen Schützengraben zu versenken, wollte Nevill beim Mannschaftsabend höchstpersönlich ehren. Doch dazu kam es nicht.

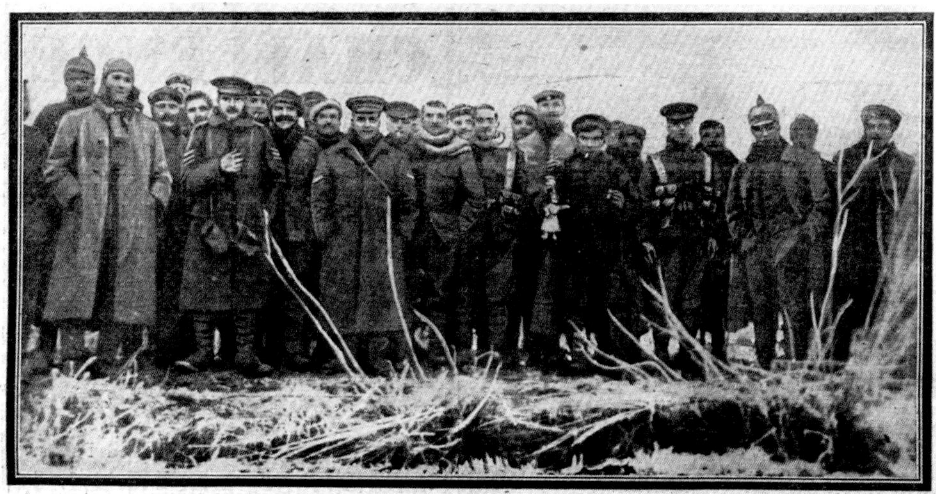

Am Weihnachtstag 1914 ließen deutsche und britische Soldaten an der Westfront in Flandern die Waffen ruhen.

Die lauten Schlachtrufe des vorauseilenden Captains im Kampf um wenige Meter Geländegewinn wurden von einer deutschen Gewehrsalve jäh zum Verstummen gebracht. Der Offizier sank mit einem dünnen Schrei zu Boden, und die jungen Infanteristen, die überlebten, hatten im Angesicht des Todes erfahren: Das Schlachtfeld ist kein Fußballplatz.

Für den historischen Diskurs sind Begebenheiten wie Wilfred P. Nevills Fußballattacke zwischen den Schützengräben nur kleine Episoden am Rande des großen Geschehens – mit mehr als einer Million getöteten Soldaten wurde die bis November 1916 geführte britisch-französische Großoffensive gegen die deutschen Stellungen an der Somme die verlustreichste und blutigste Schlacht an der Westfront des Ersten Weltkriegs. Und doch sind es eben diese wahren kurzen Geschichten hinter den Todesstatistiken, die den Kriegswahnsinn und die »Urkatastrophe des 20. Jahrhunderts« als menschliche Tragödie anschaulich werden lassen.

Der Erste Weltkrieg und der Fußball haben noch einen ganz anderen Stoff hervorgebracht, den Hollywood nicht hätte wirkungsvoller erfinden können.

Die ballverliebten jungen Infanteristen des East Surrey Regiments hatten eineinhalb Jahre vor dem Tod ihres Bataillonsoffiziers unter dem heimischen Weihnachtsbaum noch keine Vorstellung von den blutigen Schlachtfeldern in Nordfrankreich, als sich am 24. Dezember 1914 folgende Geschichte im Großen Krieg abspielte:

Das Niemandsland zwischen den britischen und deutschen Schützengräben in der Umgebung von Ypern, einem 27 Kilometer langen Todesstreifen, übersät mit ungeborgenen Leichen in gefrierender Nässe, tauchte am späten Nachmittag trostlos in die Dunkelheit Flanderns ein. Alles schien wie jeden Tag zu sein, aber dann leuchteten an den Rändern der deutschen Schützengräben gegenüber Kerzen auf. Es wurden immer mehr, Licht um Licht flackerte entlang der feindlichen Linie, wo gewöhnlich scharfes Geschoss aufblitzte. Als sich dann noch der Wind verzog und die hereinbrechende Nacht mit klarem Sternenhimmel und goldgelbem Vollmond weihnachtlichen Frieden zu verkünden schien, intonierten plötzlich müde deutsche Männerstimmen »Stille Nacht, heilige Nacht«. Britische und deutsche Soldaten beschrieben in ihrer Feldpost, was dann geschah. Die Weise von Christi Geburt ertönte im zweisprachigen Chor, der englische Feind stimmte ein: »Silent night, holy night«. Irgendwann fasste ein deutscher Soldat seinen ganzen Mut und kletterte mit erhobenen Händen aus dem Unterstand. Aus diesem einen Mutigen wurden bald mehrere – hunderte, auf beiden Seiten. Weihnachten sollten an der Westfront ohne Wissen der obersten Heeresleitung die Waffen ruhen. Der Todesstreifen wurde zum friedlichen Begegnungsort. Feinde reichten sich die Hände.

Am Morgen des 25. Dezember bargen beide Seiten ihre toten Kameraden, die sie im Kugelhagel während des Kampfes in den zurückliegenden Tagen und Wochen hatten zurücklassen müssen. Nachmittags tauschten die Gegner dann auch ihre Geschenksendungen aus der Heimat, bis einer sagte: »Lasst uns Fußball spielen!« Und kurz darauf wurde entlang des 27 Kilometer langen Frontabschnitts überall Fußball gespielt. Wie ein Lauffeuer sprach sich die verrückte Idee herum, die integrative Kraft des Fußballs ließ deutsche Soldaten mit ihren britischen, französischen und belgischen Widersachern für wenige Stunden ganz Mensch werden. Gespielt wurde mit richtigen Bällen oder, falls nichts anderes vorhanden war, mit Konservenbüchsen im Niemandsland auf rissigem Boden in voller Soldatenmontur. Herumliegender Stacheldraht und Munitionsreste wurden weggeräumt, Granattrichter zugeschüttet oder einfach umdribbelt. Die Uniformhemden wurden zu Trikots, die Kopfbedeckungen dienten als Tormarkierungen. Ein Spiel dauerte nicht länger als eine Stunde, danach mussten die Soldaten zur Ruhe kommen. »Unser Geist und unser Verstand schrien nach Schlaf. Jede Zelle flehte nach Ruh«, schrieb der britische Soldat John Lucy nach Hause, und doch: Der Drang, die Seele freizuspielen, war größer.

Die Verbrüderung der Feinde auf dem Schlachtfeld dauerte bis zum 26. Dezember. Captain J. C. Dunn schrieb in sein Tagebuch: »Um 8:30 Uhr wurden drei Schuss in die Luft gefeuert und wir hissten eine Flagge mit der Aufschrift ›Merry Christmas‹. Auf der anderen Seite der Front erschien ein deutscher Hauptmann, der ein Tuch in die Höhe hielt, auf dem ›Thank you‹ geschrieben stand. Beide salutierten und gingen in ihre Gräben zurück. Ein deutscher Soldat schoss zweimal in die Luft, danach war wieder Krieg.« Der Irrsinn sollte erst zwei Jahre später, am 11. November 1918, enden. Mehr als 17 Millionen Menschen haben im Großen Krieg ihr Leben verloren.

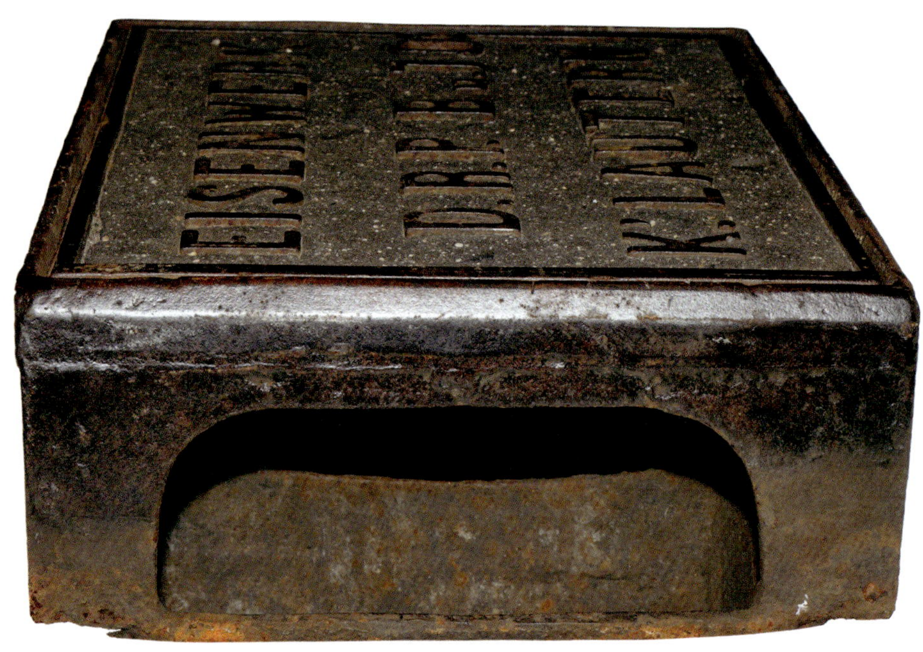

Der gusseiserne Kanalstein aus der Bismarckstraße in Kaiserslautern erinnert an die fußballerischen Anfänge von DFB-Ehrenspielführer Fritz Walter.
(Eisen, 55 x 68 x 64 cm)

06 KÖNIGE DER STRASSE

Gusseiserner Kanalstein aus den 1920er-Jahren

Stolz präsentierten die Arbeiter des Tiefbauamts der Stadt Kaiserslautern den zwei Zentner schweren Kanaldeckel mit Unterkonstruktion, der viele Jahre in der Bismarckstraße als rechteckige Abflussöffnung in der Bürgersteigkante eingelassen war und irgendwann auf dem städtischen Betriebshof eingelagert wurde. Heute sollte das gusseiserne Relikt aus dem vergangenen Jahrhundert in den Bestand des Deutschen Fußballmuseums übergehen. Was denn dieser Kanalstein mit der Geschichte des deutschen Fußballs zu tun habe, fragte einer der Arbeiter in die Runde. Die Antwort der anderen kam prompt: »Das war doch dem klääne Fritzje sein Kanälches.«

In den 1920er-Jahren spielten die Jungen in Kaiserslautern ihren Kanalsteinfußball. Auch in der Bismarckstraße, in der die Familie von Fritz Walter zu Hause war. Der Ball, meist ein selbstgefertigtes Lumpenbällchen, ausgestopft mit Stoffresten, musste im Kanalschacht versenkt werden. Mit geschickten Griffen fischten die jungen Gassenfußballer nach einem Tor den Ball aus dem Laubfang des Kanaleinlaufs wieder heraus. Sie nannten ihren Fußball zwischen den Kanalsteinen einfach nur »Kanälches«. Die Straßen-Vergleichskämpfe trugen sie im gesamten Stadtteil aus. Sie unterteilten die Straßen in grüne, rote, blaue, weiße und gelbe Zonen. Fritz und seine zwei und vier Jahre jüngeren Brüder Ludwig und Ottmar spielten für Grün. Und wie sie spielten! Bald war klar, wer die Könige der Straße waren. Die drei nahmen es oft gleich mit fünf oder sechs anderen auf. Dann dribbelten sie alle aus. Wenn die Jungs aus der Nachbarschaft den schweren Deckel vom

Bürgersteig hochstemmten und den Ball das zehnte Mal aus dem Gully fischten, waren Fritz und seine kleineren Brüder schon zur nächsten Straße weitergezogen. Sie tingelten von Kanalloch zu Kanalloch. 20 Zentimeter hoch und 40 Zentimeter breit war ihr ganzes Glück. Auch in der Schüler- und Jugendmannschaft des 1. FC Kaiserslautern sollten sie bald mit ihren herausragenden Fähigkeiten alle Blicke auf sich ziehen. Alle drei spielten später für Kaiserslautern in der Oberliga, Fritz und Ottmar wurden 1951 und 1953 gar Deutscher Meister und standen 1954 zusammen in der deutschen WM-Endspielmannschaft gegen Ungarn.

»Unserem Straßenfußball habe ich viel zu verdanken«, sagte Fritz Walter, der erste Ehrenspielführer der Nationalmannschaft, einmal. Er war mit jenem Instinkt ausgestattet, den man sich vielleicht nur beim zwanglosen Kicken auf der Straße aneignen kann. Er wurde zum Prototypen des modernen Fußballers seiner Epoche, der die direkte, schnelle Spielart späterer Jahre bereits in seiner frühen Zeit antizipierte. Seinen Aktionsbereich verlagerte er zwischen beide Strafräume, war in der Abwehr zu finden und vor dem gegnerischen Tor brandgefährlich. Das war neu damals. Er agierte wie zu seinen Anfängen auf der Straße, als er das ballartige Gebilde zwischen den Kanaldeckeln im blitzschnellen Umschaltspiel hin und her trieb. Die Straße hat ihm aber nicht

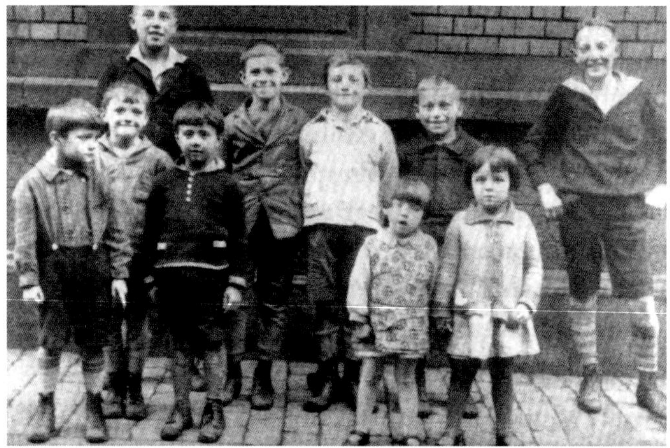

Fritz Walter (Bildmitte mit heller Jacke) und seine »Kanälchesmannschaft« aus der Bismarckstraße mit seinen Brüdern Ottmar und Ludwig (Erster und Zweiter von links).

nur den Umgang mit dem Ball gelehrt. Fritz Walter ist trotz seiner fußballerischen Ausnahmestellung immer auf dem Boden geblieben.

Zu Beginn der 1950er-Jahre hatte Atlético Madrid versucht, ihn mit einem Traumangebot nach Spanien zu locken. 250.000 Mark Handgeld für einen Zweijahresvertrag, mehrere tausend Mark Gehalt, freies Wohnen, Prämien, freies Auto. Fritz lehnte ab. »Dehäm is dehäm«, hatte er gesagt. Zu tief war seine Verwurzelung mit der Pfälzer Heimat. Zu vertraut die Straßen und Plätze seiner frühesten Kindheit, die für sein Seelenheil und damit für seine Leistungen auf dem Platz entscheidend waren. Dem 1. FC Kaiserslautern blieb er mehr als 30 Jahre bis zum Ende seiner Karriere ununterbrochen treu. Seine Heimatverbundenheit zahlte sich aus: Bundestrainer Herberger setzte auf seinen Lieblingsschüler, der die Nationalmannschaft als 33-jähriger Kapitän zum sensationellen ersten deutschen WM-Titelgewinn 1954 führte.

Fünf Jahre nach dem »Wunder von Bern« wurde »Kanälches« von der Polizei und der Stadtentwässerung verboten. Heute gibt es noch etwa einhundert dieser alten Kanal-Einläufe in Kaiserslautern. Einer davon, Fritz Walters Kanalstein aus der Bismarckstraße, hat als Reminiszenz an den Straßenfußball aus längst vergangener Zeit seinen Platz im Deutschen Fußballmuseum gefunden.

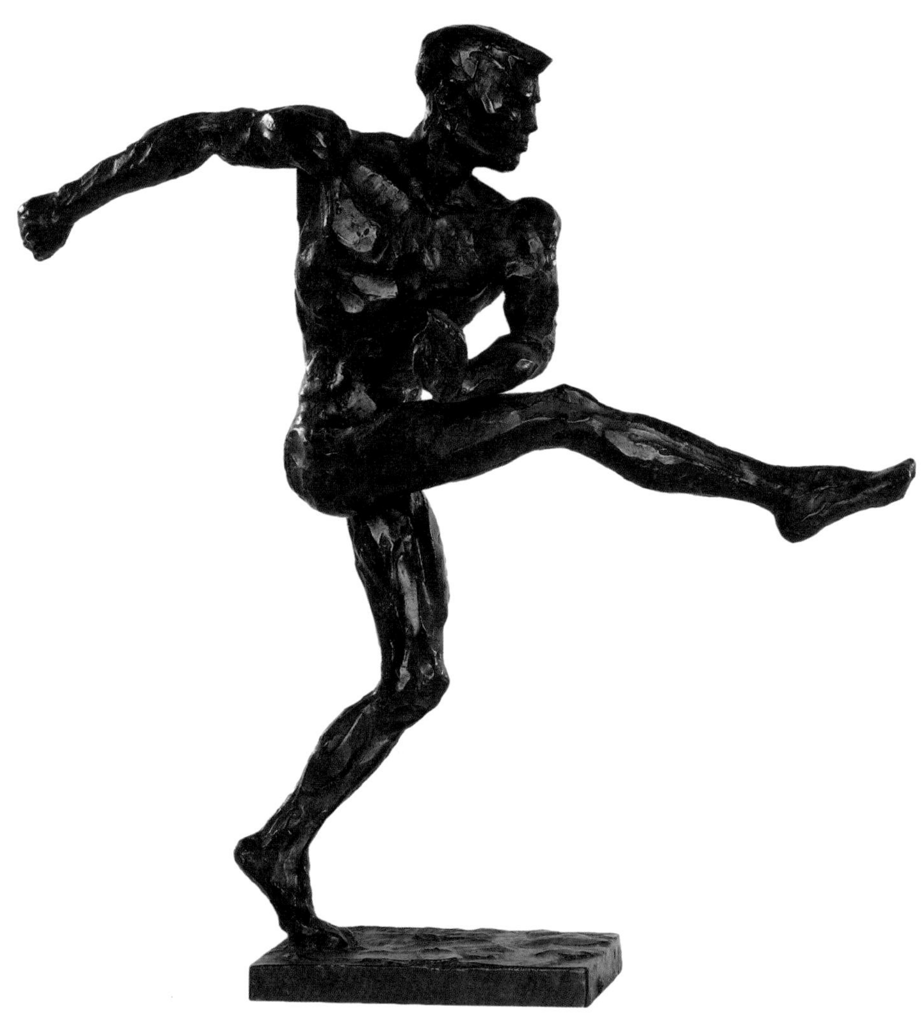

Die Kleinplastik *Fußballspieler* von Renée Sintenis aus dem Jahr 1927 stellt den formvollendeten Spannstoß dar und macht den Bewegungsablauf des Fußballspielens zum Gegenstand der bildenden Kunst.
(Bronze, 41,5 x 40,5 x 8,5 cm)

07 DIE ÄSTHETISIERUNG DES FUSSBALLS

Bronzefigur *Fußballspieler* von Renée Sintenis 1927

Karl Planck wollte immer ein Patriot sein. Mit Inbrunst lebte der Professor und Turnlehrer des Stuttgarter Eberhard-Ludwigs-Gymnasiums zu Beginn der wilhelminischen Ära seine Rivalität zum britischen Empire aus. *Fußlümmelei – Über Strauchballspiel und englische Krankheit* titulierte er seine polemische Schrift 1898, die er als Kampfansage gegen den neu entdeckten und von der Insel importierten Fußball verstand. Fußball sei nun wahrlich nicht dazu geeignet, die deutsche Jugend im Kampf fürs Vaterland körperlich zu ertüchtigen, ließ er in Tradition von Turnvater Jahn wissen. Für die paramilitärische Erziehung habe ausschließlich das straffere und disziplíniertere Turnen zu dienen. In Plancks nationalistischer Verblendung spiegelte der Fußballsport mit seiner körperlichen Unansehnlichkeit die Fratze der Zersetzung wider. Den Fußball spielenden Menschen beschrieb er so: »Zunächst ist jene Bewegung ja schon, auf die bloße Form hin angesehen, hässlich. Das Einsinken des Standbeins ins Knie, die Wölbung des Schnitzbuckels, das tierische Vorstrecken des Kinns erniedrigt den Menschen zum Affen, selbst wenn die Haltung nicht den Grad abstoßender Hässlichkeit erreicht. Noch ein Tupf mit dem kleinen Finger der Linken, und das prächtige Gebilde stürzt rücklings zu Boden oder kollert in kläglichen Sprüngen dahin, um sich auf den Beinen zu halten.« Seine Polemik endete mit der rhetorischen Frage: »Welcher Bildhauer würde sich von einer solchen Erscheinung zu künstlerischer Darstellung begeistern lassen?« Die Antwort gab gut 30

Jahre später die Bildhauerin Renée Sintenis mit ihrer berühmten Kleinbronze *Fußballspieler* von 1927 – als Protest gegen das Wilhelminische Zeitalter, als Ausdruck neuer Freiheiten für Kunst und Kultur, als Zeichen des Aufbruchs in eine demokratische Gesellschaft.

Renée Sintenis zeigt in ihrer Plastik den Augenblick unmittelbar nach einem formvollendeten Spannstoß. Während das kraftvoll hochgeschnellte rechte Schussbein in gestreckter Haltung fast horizontal nach vorn durchgeschwungen ist, hält der Schütze die Balance auf dem Fußballen und den Zehen des leicht nach hinten gestellten Standbeins. Der vorgebeugte Oberkörper des Schützen, den es braucht, um den Ball kontrolliert zu schießen, befindet sich noch in der starken Drehbewegung. Sein rechter, gestreckter Arm ist weit nach hinten gefallen, der linke Arm leicht zur Seite gebeugt, er scheint die Wucht des Schwungs zu drosseln. – Schuss- und Standbein, Arme und Rumpf in perfektem Zusammenspiel. Der konzentrierte Blick des Spielers, der den unbedingten Willen zum Torabschluss spüren lässt, verfolgt die imaginäre Flugbahn des Balles. Der Betrachter erkennt sofort, dass die Figur einen Fußballspieler darstellt, obwohl keinerlei Utensilien des Spiels wie Ball oder Trikot zu sehen sind. Die Nacktheit des Athleten als Schönheitsideal verweist auf die klassische Antike. Renée Sintenis schuf das Abbild eines Fußballspielers und erhebt die Ästhetik seines dynamischen Bewegungsablaufs zum Sujet der bildenden Kunst. Die in den Maßen 41 x 15,5 x 36 cm modellierte Bronzefigur, von der es 20 Abgüsse gibt, ist eine der schönsten Plastiken, die zum Fußball entstanden sind. Sintenis fängt in ihrer naturalistischen Darstellungsweise nicht allein den exakt beobachteten Ablauf eines entscheidenden Fußballmoments ein, es könnte einen Torabschluss oder einen diagonalen Seitenwechsel per Spannstoß darstellen, ihr gelingt es darüber hinaus, die Leichtigkeit und Anmut der fußballerischen Bewegung anschaulich werden zu lassen. Dazu trägt auch das Material bei. Die gehämmerte Bronzeoberfläche erzeugt wechselnde Licht- und Schattenwirkungen, das Spiel mit der sich verändernden Wahrnehmung unterstützt die Dynamik des Dargestellten.

Der *Fußballspieler* von Renée Sintenis ist wahrlich der ästhetische und politische Gegenentwurf zur wilhelminischen Weltsicht eines Karl Planck. Das künstlerische Schaffen von Sintenis steht für die Blütezeit der Weimarer Republik, für die erste liberale Demokratie in Deutschland, die mit der Ausrufung der Republik am 9. November 1918 das Kaiserreich abgelöst hatte. Sintenis brach aus tradierten Rollenzuweisungen aus, zählte zur jungen Frauenbewegung, die durch künstlerisches Schaffen ein neues emanzipiertes Selbstbewusstsein schuf. Kunst sollte eine Brücke zum Aufbruch und zu den Grundfesten der Demokratie bauen. Als Bildhauerin wollte sie für Veränderung stehen, für Erneuerung, für eine Gesellschaft, die in Artikel 142 der Verfassung erstmals garantierte, dass Kunst, Wissenschaft und ihre Lehre frei sind. Sie wollte alle Gesellschaftsschichten ansprechen. Dafür kamen ihr der Fußball und der Sport gerade recht. Gerade zur »undeutschen Fußlümmelei« strömte in den 1920er-Jahren ein Massenpublikum in die Stadien. Rad- und Autorennen wurden populär, und die Boxkämpfe von Max Schmeling verfolgten Millionen an den Radiogeräten. In diese Domäne der Männer brach Sintenis ein, schuf bronzene Sportfiguren wie den *Polospieler*, den *Boxer* oder den *Fußballspieler*.

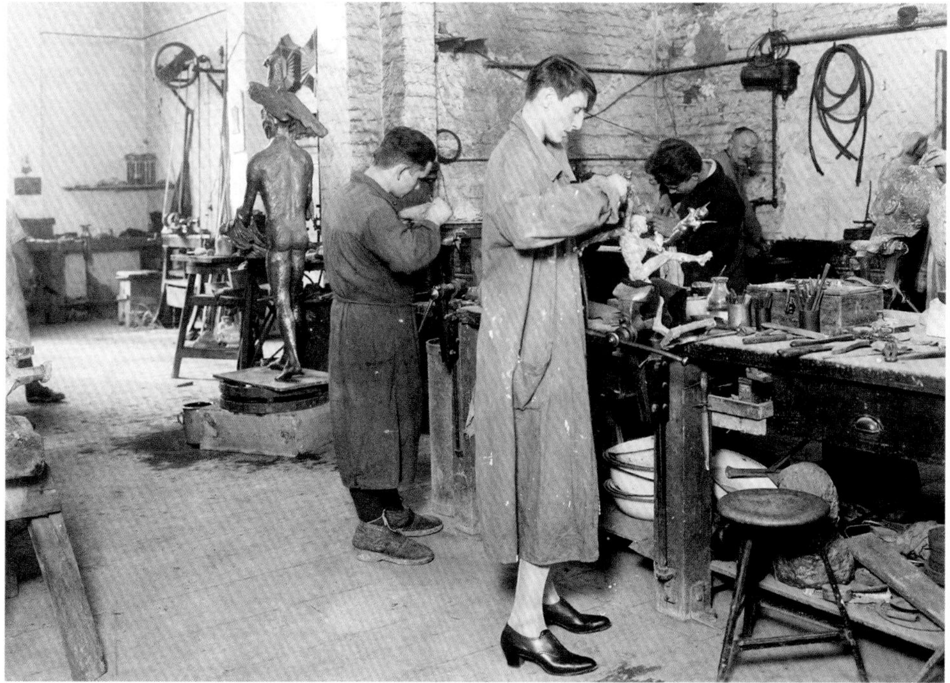

Renée Sintenis in ihrem Berliner Atelier bei der Arbeit an ihrer Kleinbronze *Fußballspieler*.

1925 befand sich die Bildhauerin Renée Sintenis auf dem Höhepunkt ihres Schaffens. Der Galerist Alfred Flechtheim vermittelte ihre plastischen Arbeiten, vor allem ihre berühmten in Bronze und Silber gegossenen naturgetreuen Tierdarstellungen, nach Rotterdam, Wien, London und New York. Für ihren Status hatte sie hart kämpfen müssen. 1910 musste sie auf Geheiß ihres Vaters ein Kunststudium abbrechen. Sie sollte stattdessen Sekretärin in einer Anwaltskanzlei werden. Sie entzog sich, brach mit der Familie und tauschte ihren bürgerlichen Namen Renate Alice gegen das androgyne Renée. Schon bald sorgte sie für Aufsehen in der Berliner Künstlerszene, ritt mit ihrem Pferd, das sie »Horaz« nannte, frühmorgens im Tiergarten aus, frühstückte anschließend im Romanischen Café und verkörperte das Bild der »Neuen Frau« in der Öffentlichkeit, mit Bubikopf und Zigarette, im Herrenanzug beim Bummel auf dem Ku'damm. Sie wurde zu einer der meistfotografierten Frauen der Zwischenkriegszeit, warb für Uhren und die Zigarettenmarke Batschari, genoss ihre Unabhängigkeit und ihre Anerkennung als Künstlerin. 1931 wurde Sintenis Mitglied der Preußischen Akademie der Künste. Dann aber folgte auf den kulturellen Aufbruch in der Weimarer Republik der dramatische Niedergang. Ab 1933 durfte Renée Sintenis ihre Arbeiten nicht mehr zeigen, für die Nationalsozialisten galt sie als »mindestens Halbjüdin«. Mit der Machtübernahme der Nationalsozialisten war die Vision, durch Kunst eine vernunftorientierte, aufgeklärte Gesellschaft mit demokratischen Werten zu realisieren, mit einem Mal zerschlagen. Bei einem der letzten Bombenangriffe auf Berlin büßte sie ihre komplette Habe ein. Nach dem Krieg wurde sie an der Hochschule für bildende Künste in Berlin zur Professorin ernannt, zog sich aber weitestgehend aus der Öffentlichkeit zurück. Renée Sintenis, die Bildhauerin der bedeutendsten Fußballplastik, starb in einer bescheidenen Berliner Zweizimmerwohnung am 22. April 1965 und hinterließ der Nachwelt ihr unüberhörbares Lebensresümee: »Jede Macht korrumpiert. Der geistige Mensch muss deshalb immer in der Opposition leben.«

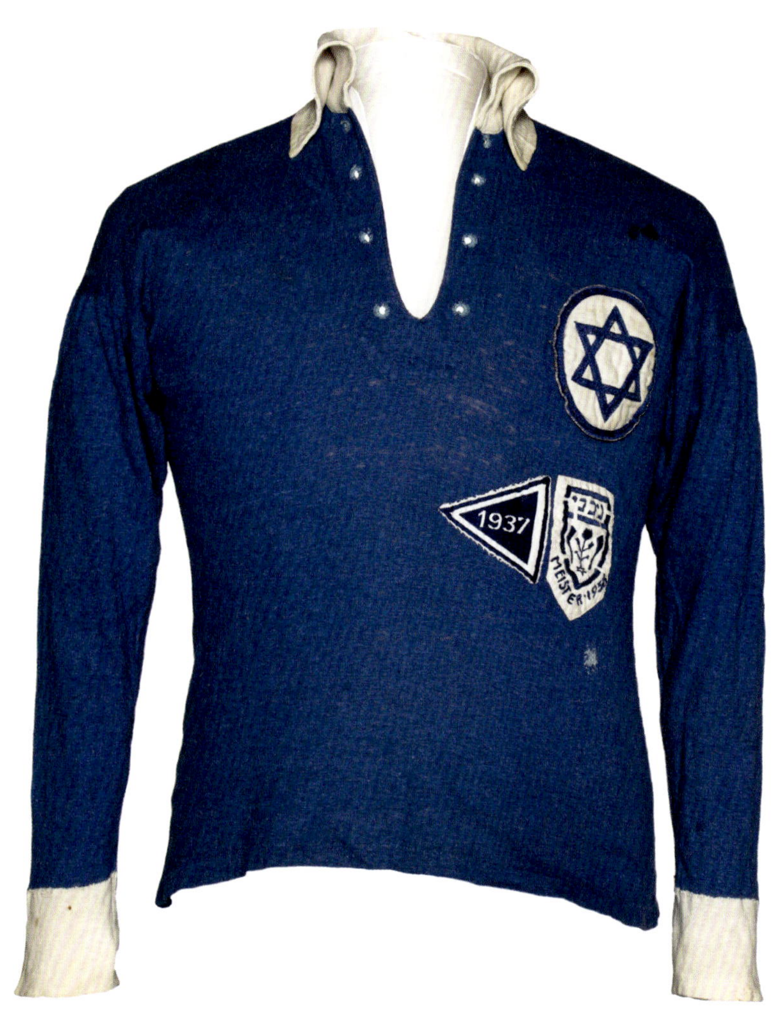

Das Meistertrikot von Max Girgulski kehrte 81 Jahre nach der Zerschlagung der jüdischen Sportbewegung nach Deutschland zurück.
(Baumwolle, 60 x 45 cm)

08 GESCHICHTE EINER FLUCHT

Meistertrikot von Max Girgulski 1937

Wie groß muss die Erleichterung gewesen sein, als sich am Horizont die Stadtsilhouette von Buenos Aires abzeichnete. 1938, noch kurz vor der großen Fluchtwelle, die nach den Novemberpogromen einsetzte, gelang dem talentierten ehemaligen Jugendspieler von Eintracht Frankfurt die Ausreise nach Argentinien. Max Girgulski folgte seiner Schwester Berta, die schon ein Jahr zuvor Nazideutschland den Rücken gekehrt hatte. Vermutlich in Hamburg bestieg er das Passagierschiff, das ihn in seine neue Heimat brachte. Für die »Llamada«, das Einreisevisum, hatte Berta gesorgt. Als Girgulski den Dampfer bestieg, führte er nur ein paar Habseligkeiten mit sich, mehr wurden ihm und den anderen jüdischen Flüchtlingen nicht gestattet. Und doch birgt sein Handkoffer das Allerwichtigste für ihn: sein Meistertrikot, das er für Bar Kochba Frankfurt im Endspiel um die Deutsche Makkabi-Meisterschaft getragen hatte. Das blaue Stück Stoff mit dem Davidstern und den Initialen seines Klubs auf der Brust stand für seine alte Welt, die er für immer hinter sich lassen sollte.

Zehn Jahre zuvor, im August 1928, war Max Girgulski in den Vereins-Nachrichten von Eintracht Frankfurt noch in großen Lettern gefeiert worden. Die Schülermannschaft der Eintracht hatte dreimal in Folge die Gaumeisterschaft errungen. 48 Siege in 51 Spielen und nur 22 Gegentore – Max Girgulski hielt seine Hintermannschaft zusammen. In der B-Jugend das gleiche Bild. Bei der Eintracht sprachen sie schon von einem »goldenen Jahrgang«. Für Max war die Welt so lange in Ordnung, bis er seine Eintracht verlassen musste. Nur wenige Wochen nach Hitlers Machtergreifung am 30. Januar 1933 begannen viele Vereine in

Deutschland in vorauseilendem Gehorsam mit dem Ausschluss ihrer jüdischen Mitglieder. Viele der verfemten Fußballer fanden Zuflucht in rein jüdischen Klubs, die fortan eigene Meisterschaften auf eigenen Sportplätzen ausspielen mussten – streng getrennt vom »arischen« Spielbetrieb. – Der jüdische Fußball wurde gettoisiert. Innerhalb dieser Parallelwelt entwickelte sich erstaunlicherweise ein überaus aktives und vielfältiges jüdisches Sportleben. Mehr als 10.000 Fußballer ermittelten in mehr als 200 Vereinen in zwei Landesverbänden ihre regionalen Gruppensieger, die dann im Endspiel um die Deutsche Meisterschaft spielten.

Der Abschied von der Frankfurter Eintracht fiel Max Girgulski schwer, trotz antisemitischer Übergriffe auf dem Platz, denen er als Jude immer häufiger ausgesetzt war, trotz eines absichtlichen Fußtritts in den Magen, der ihn lange außer Gefecht setzte. Girgulski schloss sich Bar Kochba Frankfurt an. Der jüdische Sportverein gab Halt in einer aus den Fugen geratenen Welt. 1937 hatte der junge Elektrotechniker bei der Firma Schick nach der Arisierung des Unternehmens seine Arbeitsstelle verloren. Mit Gelegenheitsjobs hielt er sich über Wasser. Der Fußball war das letzte Refugium, aus dem er sich nicht vertreiben lassen wollte. Jüdische Zeitungen schwärmten von dem dynamischen Verteidiger, »der bekanntlich auch im paritätischen Sport bei Eintracht Frankfurt eine gute Rolle gespielt hat«. Mit Bar Kochba Frankfurt wurde er 1936 und 1937 Deutscher Makkabi-Meister, zählte in den Endspielen zu den besten Spielern. Die Jüdische Rundschau feierte ihn für seine »selten gesehene reife Technik und Ballbehandlung«. Im Frühjahr

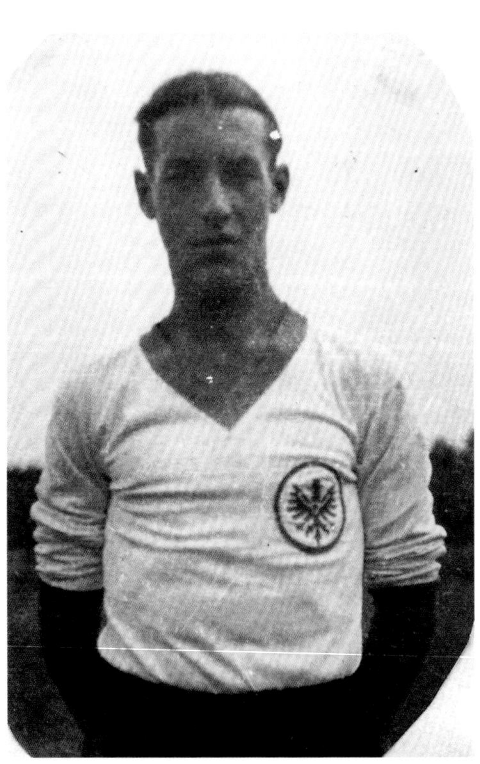

Der talentierte Verteidiger Max Girgulski von Eintracht Frankfurt floh vor den Nationalsozialisten nach Argentinien.

1938 stand er im Kader der deutschen Auswahlmannschaft für die III. Makkabiade, die jüdischen olympischen Spiele in Tel Aviv, die wegen Unruhen im Land jedoch kurzfristig abgesagt wurden. Im Juli 1938, als seine Mannschaft den dritten Meistertitel in Folge erringen wollte, floh der gedemütigte und entrechtete Max Girgulski aus Nazideutschland. Bar Kochba Frankfurt verlor ohne seinen besten Spieler gegen Berlin das letzte Endspiel, das um die Deutsche Makkabi-Meisterschaft ausgetragen wurde. Nach den Pogromen in der Nacht vom 9. auf den 10. November 1938 gab es jüdischen Sport in Deutschland nicht mehr.

Über die Ankunft des Fußballers in Argentinien vom »team del club eintracht de frankfurt«, berichtete sogar die Presse. Girgulski schloss sich dem Topklub Boca Juniors an, später wechselte er zum Rivalen River Plate. Den Durchbruch schaffte er aber nicht, er kam mit dem argentinischen Fußball nicht zurecht. Als er von den unwissenden Fans in den Stadien nach Kriegsausbruch immer wieder als »deutscher Nazi« beschimpft wurde, machte er mit dem Fußball Schluss. Sein blaues Trikot aus Deutschland streifte er sich immer mal wieder über, wenn er mit seiner Tochter Susana, die im argentinischen Exil zur Welt gekommen war, mit dem Ball im Garten herumtollte. Am 3. Februar 1983 starb Max Girgulski in Buenos Aires. Deutschen Boden hatte er nach seiner Flucht nie wieder betreten.

Genau 81 Jahre nach der Zerschlagung der jüdischen Sportbewegung durch das NS-Regime kehrte sein Meistertrikot als einzigartiges Zeugnis eines lange vergessenen und verdrängten Kapitels deutscher Fußballgeschichte in seine ursprüngliche Heimat zurück. Tochter Susana Baron reiste aus ihrer neuen Wahlheimat Chile nach Dortmund und übergab dem Deutschen Fußballmuseum den Erinnerungsschatz ihres Vaters als Dauerleihgabe. Das Trikot ist das einzig erhaltene Exponat des jüdischen Fußballs von 1933 bis 1938. Auch das Museum von Eintracht Frankfurt hat die Geschichte von Max Girgulski aufgearbeitet und den Kontakt zu der Familie des verfemten Eintracht-Fußballers hergestellt. Als Susana Baron im Deutschen Fußballmuseum Schülerinnen und Schülern über das Schicksal ihres Vaters erzählte, wurde es mit einem Mal ganz still. »Ihr seid nicht schuldig, was passiert ist«, sagte sie und schaute dabei das Trikot ihres Vaters an, »aber ihr seid dafür verantwortlich, dass es nie wieder passiert.«

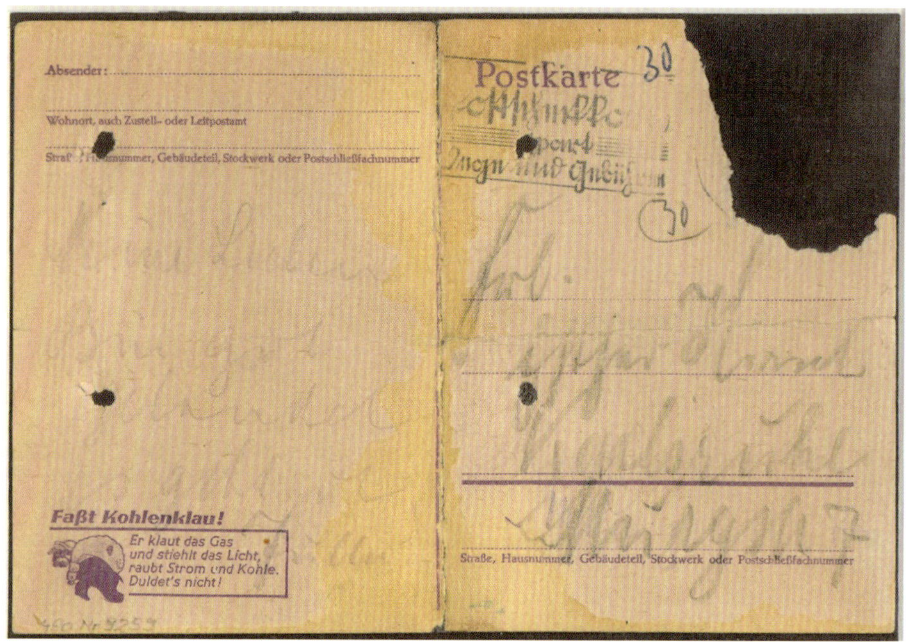

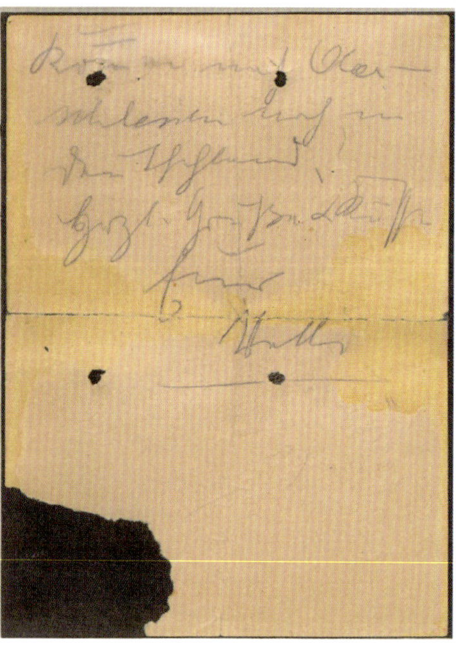

Die Postkarte, die am 3. März 1943 in Dortmund abgestempelt wurde, ist das letzte Lebenszeichen von Julius Hirsch vor seiner Ermordung in Auschwitz-Birkenau.

(Papier, 9 x 14 cm)

09 »KOMME NACH OBERSCHLESIEN, NOCH IN DEUTSCHLAND«

Postkarte von Julius Hirsch an seine Familie 1943

Eigentlich wollten die Funktionäre der 14 Endrundenteilnehmer der süddeutschen Fußballmeisterschaft Fragen der Spielorganisation klären. Bald aber schon entwickelte sich eine aufgeregte Diskussion zur neuen politischen Situation in Deutschland. Einhellig und hitzig erregt formulierten sie ihre öffentliche Erklärung. Der siebenmalige deutsche Fußballnationalspieler Julius Hirsch, der 1910 mit dem Karlsruher FV und 1914 mit der SpVgg Fürth Deutscher Meister geworden war, muss überrascht gewesen sein, als er am 10. April 1933 in seiner Zeitung diese Verlautbarung las: »Die führenden Fußballvereine in Süddeutschland stellen sich der nationalsozialistischen Regierung bei der Frage der Entfernung der Juden aus den Sportvereinen freudig und entschieden zur Verfügung.« Die Liste der unterzeichnenden Vereine war lang. Sie reichte vom FC Bayern München über Eintracht Frankfurt bis zum 1. FC Nürnberg. Auch sein Karlsruher FV, dem Hirsch zu diesem Zeitpunkt mehr als 30 Jahre angehörte, zählte zu den Verfassern. »Ich lese heute im *Sportbericht Stuttgart,* dass die großen Vereine, darunter auch der KFV, einen Entschluss gefasst haben, dass die Juden aus den Sportvereinen zu entfernen seien«, schrieb er an seinen Heimatverein. »Leider muss ich nun bewegten Herzens meinem lieben KFV, dem ich seit 1902 angehöre, meinen Austritt anzeigen. Nicht unerwähnt möchte ich aber lassen, dass es in dem heute so gehassten Prügelkinde der deutschen Nation auch anständige Menschen und vielleicht noch viel mehr national denkende und auch durch die Tat bewiesene und durch das Herzblut vergossene deutsche Juden gibt.«

Wie Julius Hirsch wurden zigtausende Fußballer jüdischer Herkunft in diesen Wochen aus ihren Vereinen ausgeschlossen oder zum Selbstaustritt gedrängt. Bis 1933 waren sie ein wichtiger Teil des deutschen Fußballs, die den aufkommenden Volkssport in allen Bereichen prägten. Sie waren Garanten gewesen, deutsche Meisterschaften zu gewinnen oder Vereine wie Bayern München oder Eintracht Frankfurt aus der Taufe zu heben. Jüdische Spieler und Funktionäre ebneten dem Fußball den beschwerlichen Weg in der Anfangszeit, sie entdeckten die neu aufkommende Mannschaftssportart für sich, die freigeistiger und toleranter war als das paramilitärisch strukturierte Turnen. Im Fußball, auf dem Spielfeld, konnten sie sich in neue soziale Freiräume flüchten und sich den Ressentiments, den sie als Juden immer schon ausgesetzt waren, für eine Weile entziehen. Am 1. April 1933 fanden dann im gesamten Deutschen Reich Boykottaktionen gegen jüdische Geschäfte und Unternehmen statt. Die Verfemung ist die erste vom NS-Regime geplante Maßnahme zur Ausgrenzung der deutschen Juden aus dem Wirtschaftsleben. Drei Wochen später verkündete der DFB, dass »Angehörige der jüdischen Rasse in führenden Stellungen der Verbandsinstanzen und der Vereine nicht tragbar« seien. Während andere Sportverbände wie die Deutsche Turnerschaft jüdische Mitglieder durch die Aufnahme eines »Arier-Paragraphen« aus den Vereinen kollektiv ausschlossen, überließ der DFB die weitere Marginalisierung seinen Vereinen. Deutsche Turn- und Sportvereine und ihre Verbände trieben den Ausschluss der Juden frühzeitig und ohne Befehl von oben voran, noch bevor die neue NS-Sportführung überhaupt konstituiert war.

Regimetreue Fußball-Funktionsträger wurden in neue Positionen gehievt. Nach den Olympischen Spielen 1936 in Berlin wuchs die Einflussnahme der Nationalsozialisten im DFB, 1940 wurde der Verband in das Reichsamt Fußball des Nationalsozialistischen Reichsbundes für Leibesübungen überführt. Dieser Prozess sei, so der Historiker Nils Havemann in seiner Studie *Fußball unterm Hakenkreuz,* durch die weitverbreitete Neigung zur

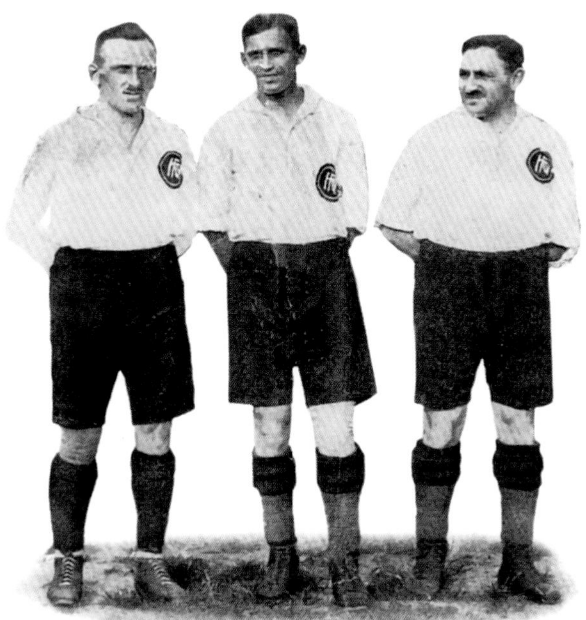

Julius Hirsch (rechts) und Gottfried Fuchs (Mitte) sind die einzigen Fußballer jüdischer Herkunft, die für die deutsche Nationalmannschaft spielten. Zusammen mit Fritz Förderer (links) bildeten sie die berühmte Sturmreihe des Karlsruher FV.

Realitätsverdrängung und durch die mangelnde Bereitschaft zur kritischen Selbstreflexion der Funktionäre unterstützt worden. Zum nennenswerten Widerstand gegen die Nazis kam es daher nicht, im Gegenteil. Mit großer Begeisterung, so Havemanns Resümee, folgten viele Verbandsfunktionäre dem Aggressor Adolf Hitler. Manche identifizierten sich so stark mit der Ideologie, dass sie die Niedertracht der NS-Diktatur mit verkörperten. Andere ließen Spielräume ungenutzt, sich den Nationalsozialisten zu widersetzen. Sie trugen so ebenfalls zur Stabilisierung des verbrecherischen Regimes bei. Der Fußball wurde zum Werkzeug der Nazis, die ihn zur Durchsetzung ihrer Rassenideologie benutzten. Der DFB, Funktionsträger, Spieler, Trainer und Vereine haben sich so mitschuldig an Verfolgung, Krieg und Vernichtung gemacht. Und zwar durch ideologische Verbohrtheit, Gedankenlosigkeit, willentliche Ignoranz, Opportunismus oder beruflichen Ehrgeiz. Der Prozess der Dehumanisierung der jüdischen Bevölkerung begann mit ihrer gesellschaftlichen

Ausgrenzung und endete in den nationalsozialistischen Vernichtungslagern. Als 1941 die Deportationen in die Konzentrationslager begannen, machte die Vernichtungsmaschinerie der Nazis auch vor großen Fußballern nicht halt.

Anders als sein Freund und Karlsruher Sturmpartner Gottfried Fuchs hatte es Julius Hirsch nicht mehr geschafft, rechtzeitig ins Exil zu fliehen. Er hatte seine Situation, wie unzählige andere national gesinnte Juden, fatal verkannt. Obwohl sie schlimmste Übergriffe an Leib und Seele erfahren hatten, hielten sie es für undenkbar, dass man sie als kaisertreue Frontsoldaten ihres geliebten Heimatlandes auslöschen wollte. Im Februar 1943 erhielt Julius Hirsch von der Gestapo einen Marschbefehl zu einem »Arbeitseinsatz«. »Am 1. März 1943 habe ich meinen Vater zum Hauptbahnhof in Karlsruhe gebracht, und von dort wurde er abtransportiert, in einem normalen Zugabteil. Es war eines der schrecklichsten Erlebnisse meines Lebens«, schilderte Tochter Esther Hirsch 2006 dem Biografen ihres Vaters, Werner Skrentny, der nach langen Recherchen das vielbeachtete Buch *Julius Hirsch. Nationalspieler. Ermordet* (2012) veröffentlichte. Mit Julius Hirsch wurden 170 bis 200 Juden aus Württemberg, Baden und dem Rheinland über Stuttgart, Trier, Düsseldorf zunächst nach Dortmund verschleppt. Am Abend hielt der Personenzug am Dortmunder Hauptbahnhof, nur ein paar Schritte entfernt, wo sich heute das Deutsche Fußballmuseum befindet. Die Zuginsassen wurden zu einer nahe gelegenen Halle auf dem Viehmarkt gebracht. Dort sollten sie mit 500 Jüdinnen und Juden sowie mit Zwangsarbeitern aus dem Ruhrgebiet zusammengeführt werden und die Nacht verbringen. Während dieses kurzen Aufenthalts in der Dortmunder Innenstadt gelang es Hirsch, ein letztes Lebenszeichen an seine Familie abzusetzen, eine in Dortmund abgestempelte Postkarte zum Geburtstag seiner Tochter. »Meine Lieben«, schrieb er. »Bin gut gelandet, es geht gut. Komme nach Oberschlesien, noch in Deutschland. Herzliche Grüße und Küsse Euer Juller.« Am nächsten Tag, am 2. März 1943, wurde Julius Hirsch zusammen mit den anderen vom Viehmarkt zum Dortmunder Südbahnhof getrieben, abseits des allgemeinen Publikumsverkehrs. Dort wartete nun kein Personenzug mehr auf sie, sondern ein massiger, bräunlicher Güterwaggon aus Holz mit abgerundeten Dächern und großen Rädern, »die nicht aussahen, als würden sie den Waggon auf den Schienen halten«, wie der deportierte Ernst Lion im Gedenkbuch der Stadt Dortmund viele Jahre später schilderte. Die Gruppe wurde in völlig überfüllte Wagen gepfercht, die Maximalkapazität eines Waggons, so stand es in weißer Farbe auf den Außenwänden, betrug »40 Männer oder 8 Pferde«. »Es gab einfach nicht genügend Platz«, so Ernst Lion, »damit einhundert Menschen sitzen konnten. Familienmitglieder schrien, wenn ihre Lieben zusammenbrachen. Kinder schrien, durstig und orientierungslos.« Und mitten unter ihnen befand sich Julius Hirsch. Einen Tag und eine Nacht lang rollte der Zug seinem Ziel entgegen, mit weiteren Haltestationen in Bielefeld, Hannover und Dresden. Die braunen Holzwaggons füllten sich, bevor der Todeszug in der Nacht des 3. März 1943 das größte Vernichtungslager der Nazis erreichte. Wahrscheinlich direkt nach seiner Ankunft wurde Julius Hirsch in Auschwitz-Birkenau in der Gaskammer ermordet. Das Abschiednehmen von ihrem Vater am Karlsruher Hauptbahnhof drei Tage zuvor verfolgt Esther Hirsch, die im Februar 1945 mit ihrem Bruder nach Theresienstadt deportiert worden war, ihr ganzes Leben. »Es war ein strahlend schöner Tag. Noch heute kann ich nicht begreifen, dass an diesem Tag die Sonne scheinen konnte.«

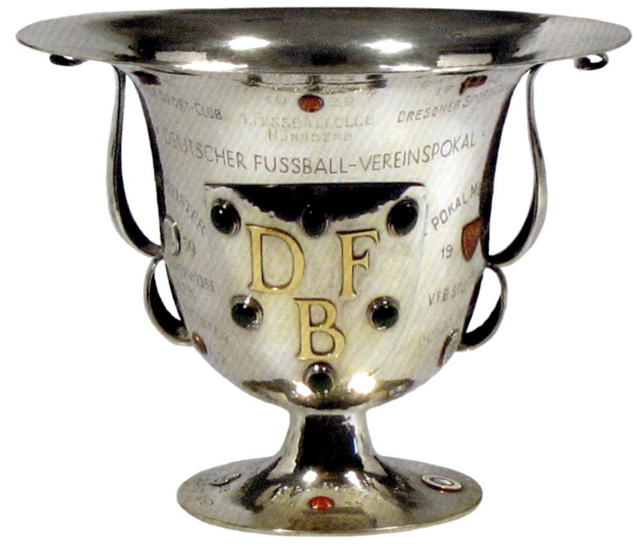

Der Tschammerpokal, wie er als DFB-Pokal-Trophäe von 1952 bis 1963 eingesetzt wurde. Die Initialen »DFB« verdecken auf einer Metallplakette das eingravierte Hakenkreuz und den Verweis auf den Stifter Hans von Tschammer und Osten.
(Metall, versilbert, Edelsteine, 21,2 x 26,8 x 26,8 cm)

10 SPÄTE ERINNERUNG

Tschammerpokal 1952

Der Oberlausitzer Gutsherr, SA-Gruppen- und Reichssportführer Hans von Tschammer und Osten, zählte zum uniformierten Tross des Führers, als Adolf Hitler am 7. August 1936 kurzfristig sein Tagesprogramm für die Olympischen Spiele in Berlin änderte. Zum ersten Mal überhaupt wollte sich Hitler ein Fußballspiel anschauen, nachdem von Tschammer und Osten so dafür geworben hatte. Nach dem 9:0-Sieg der deutschen Mannschaft gegen Luxemburg im Achtelfinale sollte auch die Begegnung gegen Norwegen zur leichten Beute werden, zur fußballerischen Machtdemonstration für das Deutsche Reich, unter der Beobachtung des Führers höchstpersönlich. Erwartungsvoll nahm die Nazi-Clique Platz in der Loge: Hitler, Goebbels, Göring, Heß, Frick, Rust und von Tschammer und Osten. Das Deutschland- und Horst-Wessel-Lied war gerade erklungen, 50.000 »Volkskameraden« hatten Hitler mit dem »Deutschen Gruß« gehuldigt, als die Darbietung im Berliner Poststadion endlich begann. NS-Propagandaminister Goebbels sollte später in sein Tagebuch notieren: »Der Führer ist ganz erregt, ich kann mich kaum halten. Ein richtiges Nervenbad. Das Publikum rast. Ein Kampf wie nie. Das Spiel als Massensuggestion.« Doch die Erregung hatte sich bald abgekühlt. Schon nach sieben Spielminuten gingen die Norweger in Führung. Dem Rückstand lief die deutsche Reichsmannschaft verzweifelt hinterher. Sieben Minuten vor Schluss schossen die Norweger ihren zweiten Treffer. Adolf Hitler verließ wutentbrannt das Stadion.

Der Versuch des Reichssportführers, bei Hitler Interesse für Fußball zu wecken, war kläglich gescheitert. Hitler sollte nie wieder einem Spiel beiwohnen.

Und auch Goebbels konnte sich fortan nicht mehr für die Massensuggestion Fußball begeistern. – Die Unwägbarkeit des Spiels passte so gar nicht in das Kalkül seiner perfiden Propaganda für die »arische Übermacht«. Als die Nationalmannschaft am 20. April 1941 gegen die Schweiz mit 1:2 verlor und ein Jahr später, am 20. September 1942, gegen Schweden mit 2:3 wieder nicht gewinnen konnte, verbot Goebbels kurzerhand Länderspiele in der Hauptstadt. »In der heutigen Zeit ist es töricht, ein Fußballspiel durchzuführen, dessen Ausgang aller Voraussicht nach mit einer Niederlage von uns endet.« Am 22. November 1942 bestritt Deutschland in Bratislava gegen die Slowakei während des Krieges sein letztes Fußball-Länderspiel für acht Jahre.

Als Hans von Tschammer und Osten am 28. April 1933 zunächst zum Reichssportkommissar und am 19. Juli 1933 zum Reichssportführer ernannt wurde, stand der populäre Fußball noch hoch im Kurs für die Indoktrinierung der verblendeten nationalsozialistischen Ideologie: »Die Leibesübungen am

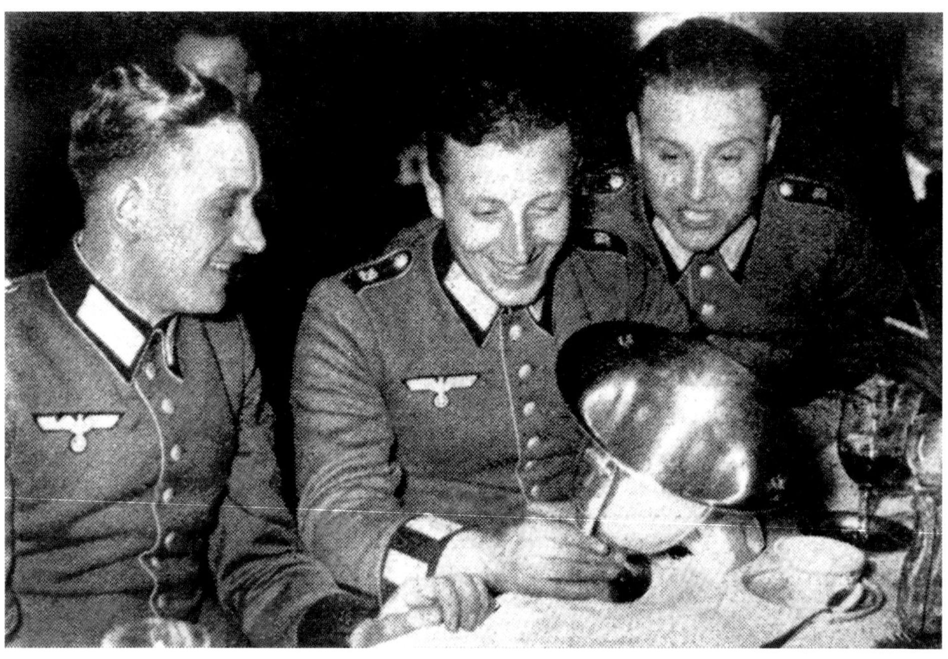

Die Schalker Rudolf Gellesch, Adolf Urban und Hans Klodt (von links) feiern in ihren Soldatenuniformen den Pokalsieg gegen Fortuna Düsseldorf am 9. Januar 1938.

deutschen Menschen haben der Erhaltung und Förderung unserer Rasse und ihrer Eigenart zu dienen.« Nach der Machtergreifung wurde der Sport wie alle gesellschaftlichen Bereiche gleichgeschaltet. Während der DFB im Fachamt Fußball aufging, wurden der Arbeitersport, der sozialdemokratische Arbeiter-, Turn- und Sportbund sowie alle kommunistischen Verbände verboten, ihre Vereine aufgelöst und deren Vermögen beschlagnahmt. Im Fußball sorgte DFB-Präsident Felix Linnemann im vorauseilenden Gehorsam für die politisch-ideologische Anpassung an das Führerprinzip. Die Abschaffung des DFB und der angeschlossenen Landesverbände wurde für ihn zum Karrieresprung. Von Tschammer und Osten berief ihn zum »Führer des Fachamtes Fußball«. Felix Linnemann arrangierte sich nicht nur mit dem System, er wurde zum strammen Vorreiter: 1937 Eintritt in die NSDAP, 1940 Mitglied der SS, bald Aufstieg zum SS-Obersturmbandführer und 1945 Beförderung zum SS-Standartenführer. 1939 wurde er als Leiter der Kriminalpolizeileitstelle nach Hannover versetzt. In dieser Funktion verantwortete er Deportationen von Sinti und Roma in die Konzentrationslager.

Ihre menschenverachtende Gesinnung und der Fußball verbanden Felix Linnemann und Hans von Tschammer und Osten. 1935 schufen sie gemeinsam die Deutsche Fußballvereinspokalmeisterschaft, die bis 1943 im K.-o.-System ausgetragen wurde. In diesem Wettbewerb trafen in mehreren Runden 3.000 Mannschaften aus der Kreisklasse, 1.000 Mannschaften aus der Bezirksklasse sowie die Gauligisten aufeinander. Der Reichssportführer stiftete die Wandertrophäe, die daher nur kurz »Tschammerpokal« getauft wurde. Der 1. FC Nürnberg trug sich als erster Sieger in die Annalen ein, der First Vienna FC war 1943 letzter Titelträger.

Die ideologische Anschlussbereitschaft des Fußballsports an die NS-Ideologie und an den Diktaturapparat Hitlers wurde nach dem Krieg lange ausgeblendet. Die Bereitschaft zur Aufarbeitung der personellen Verflechtung von Fußball und Regime wich einem kollektiven Verdrängen. In seiner aufrüttelnden Geburtstagsrede zum 75. Gründungstag des DFB 1975 im Frankfurter Schauspielhaus hatte der Tübinger Rhetorikprofessor Walter Jens die Geschichtsvergessenheit den Verbandshonoratioren ins Stammbuch geschrieben: »Man muss sich seiner Geschichte vergewissern und wissen, dass sie eine aktuelle Bedeutung hat.« 25 Jahre später, zum 100. Geburtstag des DFB, stellte Jens fest, dass er seine Rede genauso hätte wieder halten können. Erst zur Jahrtausendwende fand ein Paradigmenwechsel statt. Als erster großer Sportverband ließ der DFB durch den Historiker Nils Havemann seine Verbandsgeschichte ausleuchten. Und mit der Errichtung des Deutschen Fußballmuseums in Dortmund schuf der größte nationale Sport-Fachverband der Welt 2015 einen dauerhaften öffentlichen Ort der Erinnerung gegen das Vergessen.

Was Jens damals meinte, versinnbildlicht heute die im Deutschen Fußballmuseum ausgestellte, 1,3 Kilogramm schwere, silberne Wandertrophäe der einstigen Deutschen Fußballvereinspokalmeisterschaft von 1935. Nach dem Krieg wurde der Tschammerpokal von 1952 bis 1963 wie selbstverständlich für den neu geschaffenen DFB-Pokalwettbewerb weiterverwendet. Das sichtbare Symbol für den gleichgeschalteten nationalsozialistischen Fußball wurde beibehalten – und keiner störte sich daran. Über der Gravur des Hakenkreuzes und den Hinweis auf den Stifter hat man lediglich eine Metallplakette mit der Aufschrift »DFB« angebracht. Übertünchen statt aufarbeiten. So hatte in der jungen Bundesrepublik nicht nur die Vergangenheitsbewältigung des Fußballs ausgesehen.

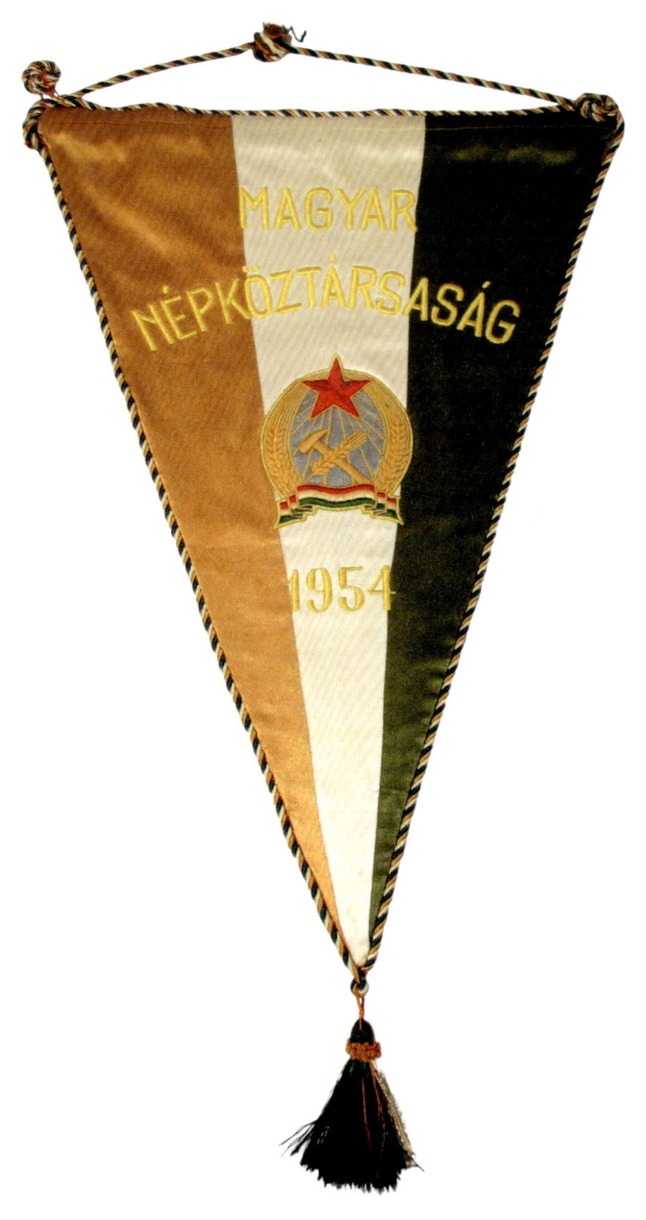

Der ungarische Wimpel aus dem WM-Finale 1954 steht als Symbol auch für die beginnende Tragödie des ungarischen Volkes.
(Textil, 68 x 38 cm)

11 ALS DAS WUNDER ZUR TRAGÖDIE WURDE

Ungarischer Wimpel aus dem WM-Endspiel 1954

Der Spielverlauf des WM-Finales am 4. Juli 1954 hat sich eingebrannt in das kollektive Fußballgedächtnis. Nach acht Minuten stand es schon 2:0 für die seit vier Jahren in Pflichtspielen unbesiegte Wundermannschaft der Ungarn um Kapitän Ferenc Puskás, die 1952 Olympiagold gewonnen und 1953 mit einem denkwürdigen 6:3 gegen England als erste kontinentale Mannschaft die britische Fußballfestung Wembley genommen hatte. Dann aber legte der Essener Helmut Rahn für Max Morlock zum Anschlusstreffer auf und markierte den Ausgleich selbst. Und was danach passiert ist, sechs Minuten vor dem Ende, musste der wuchtige Angreifer in seiner Heimatkneipe Friesenstube in Essen-Fronhausen immer und immer wieder erzählen: »Mit rechts angetäuscht, auf links vorgelegt – dann war die Schachtel frei!« Eine Nation, die in den Trümmern der Nachkriegszeit ihre Identität suchte, fand Orientierung im kollektiven Willen der Weltmeisterschaftsmannschaft von 1954, die nicht aufgegeben hatte, selbst dann nicht, als sie im Endspiel hoffnungslos gegen den Tausend-zu-eins-Favoriten Ungarn zurücklag.

Der Wimpel, den der Kapitän der ungarischen Nationalmannschaft Ferenc Puskás mit einem Handschlag seinem deutschen Gegenüber Fritz Walter überreichte, erinnert heute an einen Schlüsselimpuls im beschwerlichen Neuanfang der Bundesrepublik Deutschland. Das mit den magyarischen Nationalfarben Rot-Weiß-Grün eingelassene Textil ist aber ebenso ein museales

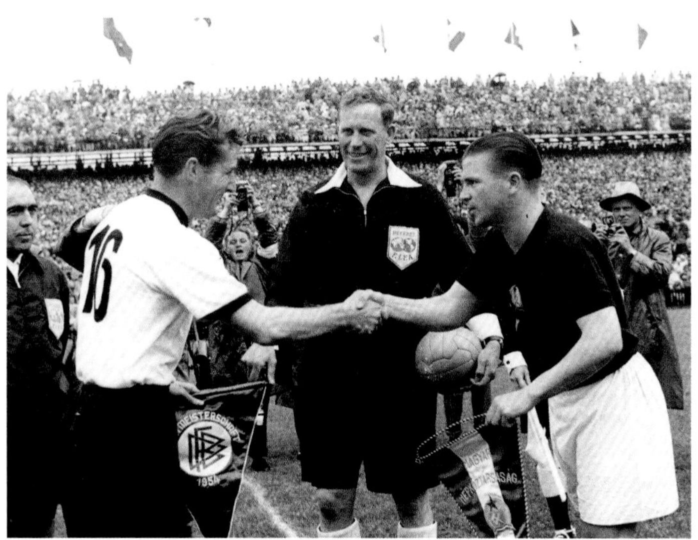

Die großen Kapitäne Fritz Walter (links) und Ferenc Puskás tauschen vor dem Anpfiff des WM-Endspiels durch Schiedsrichter William Ling aus England im Berner Wankdorfstadion die Wimpel der Nationalverbände.

Zeugnis für die beginnende Tragödie des ungarischen Volkes, die mit dem verlorenen Endspiel im Berner Wankdorfstadion ihren Anfang nahm und im niedergeschlagenen Volksaufstand von 1956 ihren blutigen Tiefpunkt fand. Der Tausch der Wimpel in Bern wurde zu einer Geste mit großer Symbolkraft.

In Deutschland wurde das gewonnene Endspiel zum »Wunder« – in Ungarn zur »Tragödie«. Auf der einen Seite Deutschland, für das nach dem Zusammenbruch des Dritten Reiches der WM-Erfolg zur emotionalen Geburtsstunde der jungen Republik wurde. Auf der anderen Seite Ungarn unter der kommunistischen Führung, für das die überraschende Niederlage das Vorspiel zum Volksaufstand wurde, bis im Herbst 1956 russische Panzer dem Aufbegehren ein blutiges Ende setzten. Die »goldene Mannschaft« um Kapitän Puskás war der letzte, aber immer brüchiger gewordene gesellschaftliche Kitt für das System. Das unterjochte Volk hatte stillgehalten, bis zum 2:3 von Bern, das zum Ventil für die aufgeheizte Volksseele wurde. Hunderttausende zogen in Budapest nach dem enttäuschenden Spiel durch die Straßen, demolierten Geschäfte, warfen

Straßenbahnen um und verwüsteten sogar die Wohnung von Nationaltrainer Gusztáv Sebes, der in Personalunion auch stellvertretender Sportminister war. Die Tumulte nach der bitteren Niederlage im Berner Wankdorfstadion wurden zur ersten verdeckten politischen Demonstration gegen das kommunistische Regime und die sowjetische Besatzungsmacht nach Kriegsende. Nach der Niederschlagung des Freiheitskampfes wurden hunderte Aufständische durch die kommunistischen Machthaber hingerichtet, zehntausende wurden interniert. Hunderttausende Ungarn flüchteten vor der Diktatur in den Westen.

Die deutschen Spieler fuhren mit dem Zug durch ein Spalier jubelnder Menschen, die den Weltmeister auf den Bahnhöfen empfingen. Die ungarischen Spieler, Sportsoldaten im Majorsrang, mussten wenige Kilometer vor Budapest unter Ausschluss der Öffentlichkeit ihre traurige Zugfahrt beenden. Die Staatssicherheit und Mitglieder der Kommunistischen Partei nahmen sie wenig freundlich in Empfang. Torwart Gyula Grosics hatten sie als Sündenbock ausgemacht. Im Dezember 1954 wurde er gar wegen Landesverrats angeklagt. Für wen und gegen was der einstige Vorzeigetorwart spioniert haben soll, wurde nie gesagt. Der Prozess dauerte 13 Monate und wurde schließlich aus Mangel an Beweisen eingestellt. Grosics spielte noch bis 1962 in der Nationalmannschaft. Honved Budapest, damals eine der besten Vereinsmannschaften der Welt, musste er 1957 verlassen. Das Politbüro ordnete Strafversetzung ins sportliche Niemandsland Tatabanya an. Andere wie Ferenc Puskás, Zoltán Czibor oder Sándor Kocsis setzten sich während einer Auslandsreise mit Honved Budapest ab, Puskás erlangte bei Real Madrid Weltruhm, Czibor und Kocsis machten beim FC Barcelona Karriere.

Oft haben sich die ungarischen Spieler gefragt, was gewesen wäre, wenn Schiedsrichter William Ling Ungarn das Tor von Puskás zwei Minuten nach Rahns Treffer wegen Abseitsstellung nicht verweigert hätte. Doch so verkündete Radioreporter Herbert Zimmermann am Ende mit sich überschlagender Stimme: »Aus, aus, aus, aus! – Das Spiel ist aus! Deutschland ist Weltmeister!« Die Sternstunde für den deutschen Fußball wurde für die legendäre Mannschaft von Ungarn mit den damals besten Spielern der Welt zum lebenslangen Alptraum. Auch diese Geschichte gehört zu jenem 4. Juli 1954, als Fritz Walter und Ferenc Puskás vor dem Anpfiff die Wimpel tauschten und noch keiner im Stadion ahnte, welchen Spielausgang das Schicksal für beide Mannschaften bereithalten würde.

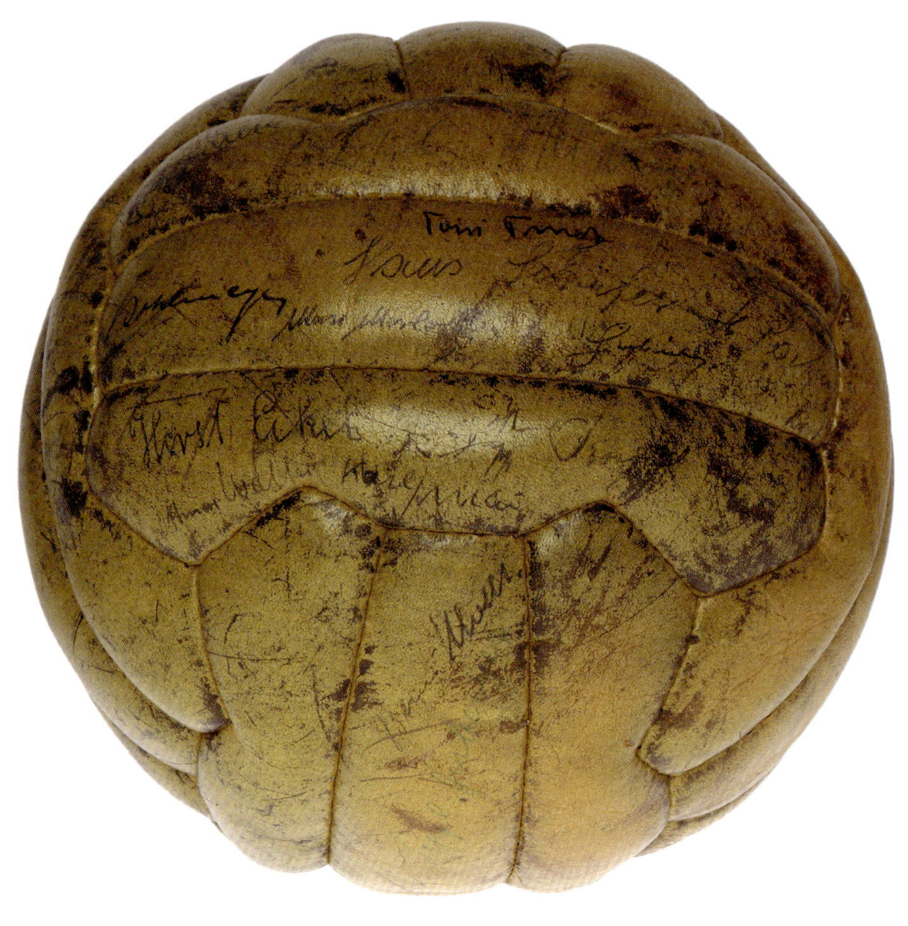

Der WM-Endspielball von 1954 erinnert an den wichtigsten Fußballtriumph in der Geschichte der Bundesrepublik.
(Leder, Durchmesser 20 cm, Gewicht 410 g)

12 IM AUFTRAG DES »CHEFS«

Endspielball der Weltmeisterschaft 1954

Die deutsche Mannschaft verteidigt unermüdlich das 2:2 gegen die hoch favorisierten Ungarn. Mit Vehemenz will die Übermannschaft um Kapitän Ferenc Puskás in diesem Weltmeisterschaftsfinale die Entscheidung erzwingen. Ihr Rechtsaußen Mihály Tóth umspielt mit einer geschickten Körpertäuschung den deutschen Torwart Toni Turek, schiebt den Ball in die kurze Ecke. Doch auf der Torlinie steht Werner Kohlmeyer, der deutsche Verteidiger, und schlägt den Ball mit dem linken Fuß aus der Gefahrenzone. Bereits zum zweiten Mal rettet der Lauterer für den geschlagenen Turek. Nur wenige Minuten später schießt Rahn aus dem Hintergrund, Deutschland ist Weltmeister.

Werner »Kohli« Kohlmeyer war der Mann für das Grobe in der deutschen Mannschaft. – Eisenharter Verteidiger, »unser Universalgenie, ein Typ, den man gernhaben muss«, wie der Kapitän Fritz Walter über seinen Mannschaftskameraden sagte. Die große Bewährungschance stand Kohlmeyer im Wankdorfstadion nach dem Schlusspfiff von Schiedsrichter William Ling aus England aber noch bevor. Fritz Walter schreibt in seinem Erinnerungsbuch 3:2, das er schon im Sommer 1954 kurz nach dem großen Triumph veröffentlichte: »Jetzt besinnt sich Kohli einer wichtigen, ihm anvertrauten Mission. Als hervorragender Organisator soll er Mister Ling den Weltmeisterball entführen. Seppl Herberger möchte ihn als Andenken an sein 100. Länderspiel mit nach Hause nehmen. Drei, vier Mann braucht Kohli als Begleitschutz. Sie haben keine leichte Arbeit vor sich. Es ist bekannt, dass englische

Schiedsrichter die Bälle gern als Souvenir behalten. Schweren Herzens rückt Mister Ling das goldgelbe Leder, mit dem wir drei Tore geschossen haben, heraus.« Mission erfüllt. Auf Kohlmeyer war auch nach dem Spiel Verlass. Sepp Herberger, der große Sammler und Bewahrer von Erinnerungsstücken aus seiner Trainerzeit, hatte seinen Schatz für die Ewigkeit. Bis zu seinem Tod hütete er ihn in seinem Haus in Hohensachsen wie das Allerheiligste. Das Objekt der Begierde: Umfang 67 cm, ca. 410 Gramm schwer, Ballgröße 5. Die elf Weltmeister mussten die Reliquie aus lohgegerbtem, goldgelb leuchtendem Leder signieren. »Aber jeder musste seinen Namen leserlich schreiben, ein Herumkritzeln duldete Herberger nicht«, erinnerte sich der jüngste Weltmeister Horst Eckel mit Respekt vor seinem Lehrmeister.

So akribisch und planvoll Sepp Herberger als Fußballlehrer wirkte, so gewissenhaft und sorgfältig sammelte er alle fußballrelevanten Informationen seiner Arbeit in seinem umfassenden heimischen Archiv. Das fast lückenlos erhaltene Vermächtnis des ehemaligen Bundestrainers umfasst insgesamt 352 Aktenordner voller Notizen und Korrespondenzen, eine Fachbibliothek mit

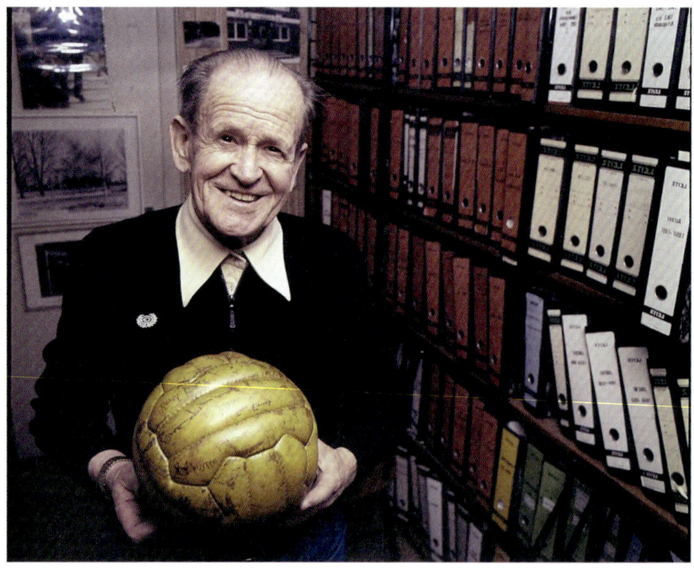

Sepp Herberger hütete den Endspielball in seinem heimischen Archiv bis zu seinem Tod.

1.340 Büchern und 94 Zeitschriftenbänden sowie eine umfangreiche Sammlung von etwa 400 Trophäen, Auszeichnungen, Andenken und Geschenken. Hinzu kommen 4600 Einzelfotos, 48 Fotoalben und 250 gerahmte Bilder. Nach dem Tod von Sepp und Eva Herberger ging dieser kulturhistorisch bedeutende Fußballnachlass nach testamentarischer Verfügung in den Besitz der DFB-Stiftung Sepp Herberger über. Sein großer Wunsch, aus seiner Privatsammlung ein eigenes kleines Museum in seinem geliebten Haus in Hohensachsen einzurichten, ließ sich nach seinem Tod aus wirtschaftlichen Gründen nicht realisieren. Die wertvollsten Stücke, wie seine Reiseschreibmaschine Olympia Splendid 99 oder Kalenderblätter aus seinem berühmten Notizbuch, haben ihren Platz in der Dauerausstellung des Deutschen Fußballmuseums in Dortmund gefunden. Dort erinnert auch der Endspielball an den ersten Weltmeistertitel der deutschen Nationalmannschaft im beschwerlichen Neuanfang in der jungen Bundesrepublik. Das 3:2 für Deutschland war für die Menschen im Nachkriegsdeutschland ein kleines Stück vom eigenen Ich. Der Weltmeistertitel lieferte Selbstbestätigung für ein ganzes Land, und dieses Empfinden ging weit über die Kreidemarkierungen am Rasenrand hinaus. Für diesen Erfolg ohne Vorbild und Neuauflage steht Sepp Herberger wie kein anderer.

Der »Chef« wurde zur Persönlichkeit der Zeitgeschichte, wie auch der Kapitän der Mannschaft, Fritz Walter. »Die junge Bundesrepublik hat drei Gründungsväter«, hatte der Publizist Joachim Fest in einem Radiointerview einmal gesagt, »politisch ist es Konrad Adenauer, wirtschaftlich ist es Ludwig Erhard und mental ist es Fritz Walter.« Aber das »Das Wunder von Bern« hielt nicht für alle Berner Helden ein Happy End bereit. Werner Kohlmeyer traf es am ärgsten. Nach seiner Karriere als Fußballer fasste er nie mehr richtig Tritt, verlor seine Arbeit, sein Haus und war am Ende auf staatliche Unterstützung angewiesen. Seine Frau ließ sich von ihm scheiden, zu seinen drei Kindern riss der Kontakt ab. Melancholisch hüllte der unter den Spielern so beliebte »Kohli« seine Misere in fast tragische Poesie: »Alles, was nach der Weltmeisterschaft kam, war wie ein einziges verlorenes Wochenende.« Das tollkühne »Universalgenie« starb 20 Jahre nach dem »Wunder von Bern« vereinsamt und alkoholkrank an Herzversagen. Er wurde nicht einmal 50 Jahre alt.

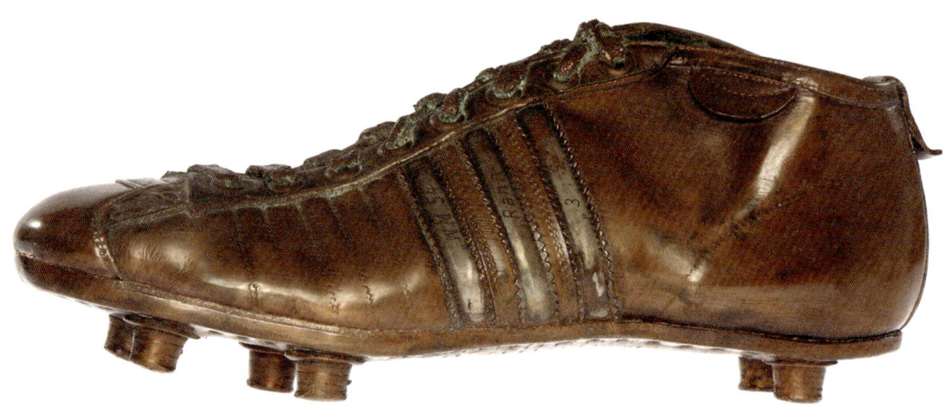

Mit seinem linken Fußballschuh erzielte Helmut Rahn das entscheidende Tor für Deutschland im Weltmeisterschaftsfinale 1954 gegen Ungarn.
(Leder in Bronze in Schuhgröße 43, Gewicht 750 g)

13 DAS TOR WAR SEIN SCHICKSAL

Linker Fußballschuh von Helmut Rahn aus dem WM-Endspiel 1954

In der Friesenstube in Essen-Frohnhausen musste er zur vorgerückten Stunde immer und immer wieder seine Geschichte schildern. »Helmut, erzähl uns dat Tor«, hieß es nur, wenn der Wirt zum Abschluss noch einmal kurz-lang servierte. Bei Schnaps und Pils wurde Helmut Rahn zum Erzähler. Zuvor hatte er in die Tasten seines Akkordeons gegriffen, und die anderen hatten in stimmungsfroher Runde dazu gesungen. Doch dann wurde es mit einem Male still, und endlich baute er auf dem Tresen seine Szenerie auf: Das leere Pinneken als Torwart Grosics zwischen zwei Aschenbechern. Davor zwei Bierdeckel für die heranstürzenden ungarischen Abwehrspieler. Und der in die schaumige Pilskrone getunkte rechte Zeigefinger war er selbst: »Ich kam von hier. Zwei Mann stürzen mir entgegen. Ich lasse sie kommen. Täusche rechts an, lege mir auf links vor. Dann war die Schachtel frei – was danach passiert ist, wisst ihr ja.« Der einschlagende Ball in die 7,32 m breite und 2,44 m hohe »Schachtel« war der Urknall für den deutschen Fußball, ausgelöst von einem, der im Schatten der Zechen im Ruhrgebiet groß geworden war und unter Fördertürmen das Fußballspielen erlernt hatte. Es war wahrlich nicht nur irgendein Linksschuss, der an jenem regnerischen Sonntag im Wankdorfstadion das Tornetz ausbeulte. – Es war die Initialzündung für die Entwicklung Deutschlands zur Fußballnation. Und als ob das nicht schon genug wäre, markiert der Flachschuss ins linke untere Toreck der Ungarn einen zeitgeschichtlichen Meilenstein für die junge Bundesrepublik.

Helmut Rahn bescherte Deutschland neun Jahre nach dem Zusammenbruch der Nazidiktatur seine emotionale Geburtsstunde.

Vergangenheit heißt Vergänglichkeit. Nicht aber für Helmut Rahn, der im kollektiven Bewusstsein einer Nation allgegenwärtig ist. Dabei hätte es auch ganz anders kommen können: Rahns Einsatz im Finale war zunächst alles andere als sicher, Berni Klodt saß dem Essener im Nacken. Wenn es um spielerische Fähigkeiten ging, stellte Bundestrainer Sepp Herberger den Schalker auf. Da es am 4. Juli 1954 in Bern aber keinen Schönheitspreis zu gewinnen gab, wurde Rahn der Vertrauensmann von Herberger. Mit Recht, wie die Zahlen beweisen: Drei zu zwei, zweimal Rahn. Deutschland hatte seinen ersten Weltmeistertitel. Sein nicht immer pflegeleichter Schüler enttäuschte ihn nie, Herberger konnte sich auf den Flügelstürmer verlassen, wie auch vier Jahre später bei der Weltmeisterschaft 1958 in Schweden, als der Bundestrainer den formschwachen Rahn für das Turnier nominierte. Helmut Rahn dankte es ihm mit sechs Turniertoren, genauso oft hatte der junge Pelé getroffen. Als gesetzte »Nummer sieben« blieb er noch zwei Jahre Stammspieler in der Nationalelf, sein letztes von insgesamt 40 Spielen für Deutschland bestritt er im April 1960 beim 2:1 gegen Portugal, in dem er auch seinen 21. und letzten Länderspieltreffer erzielte.

Bei Rot-Weiss Essen legte er das Fundament für seine Karriere. August Gottschalk, Franz »Penny« Islacker, Josef »Jupp« Röhrig und Bernhard »Berni« Termath hießen seine kongenialen Sturmpartner. Mit RWE wurde er zum Nonplusultra: Westdeutsche Meisterschaft 1952, Deutscher Pokalsieg 1953, Westdeutscher Vizemeister 1954, Westdeutscher Meister und Deutscher Meister 1955. Drei Monate nach seinem ersten Tor für Rot-Weiss berief ihn Herberger ins Aufgebot der Nationalmannschaft. Nach Stationen beim 1. FC Köln und beim niederländischen Erstdivisionär Twente Enschede erlebte Helmut Rahn noch die Geburtsstunde der Bundesliga, wurde mit dem Meidericher SV sensationell Vizemeister und als erster Spieler der Bundesligageschichte vom Platz gestellt. 1964, nach einer Achillessehnenoperation im Dezember, war Schluss. Seine Bilanz: 260 Oberligaspiele und 106 Tore, 19 Bundesligaspiele und 8 Tore.

Nach seiner Karriere suchte er seine innere Ruhe. Ruhe – das hieß auch Distanz zu den Medien, Skepsis gegenüber einer Öffentlichkeit, die ihn als Helden von Bern immer vereinnahmen würde. Der »Boss«, einstige Stimmungskanone, zog sich mehr und mehr zurück. Für ihn zählte ausschließlich seine Familie. Auch seine Besuche in der Friesenstube wurden weniger, irgendwann kam er gar nicht mehr. Als die frohen Akkordeonklänge früherer Kneipenrunden längst verstummt waren, erinnerten nur noch die Fotos an den Wänden an ihn. Rahn im Deutschland-Dress. Rahn im Trikot von Rot-Weiss Essen. 2003 ist er gestorben und auf der Essener Margarethenhöhe begraben. Sein Anno-dazumal-Treffer wird ihn für alle Ewigkeit im kollektiven Gedächtnis bewahren. Sein linker Fußballschuh, mit dem Rahn das Wunder vollbrachte, ist für die deutsche Fußballgeschichte und für die Geschichte der jungen Bundesrepublik gleichermaßen ein Leitexponat. Noch heute rücken sie in der Friesenstube dicht zusammen, wenn der Wirt zu vorgerückter Stunde zum Abschluss noch einmal kurz-lang serviert. Dann wird es wieder mit einem Mal still, wie früher, und endlich baut einer bei Schnaps und Pils auf dem Tresen die Szenerie auf: Das leere Pinneken zwischen den Aschenbechern ist immer noch Torwart Grosics. Davor die beiden Bierdeckel für die heranstürzenden ungarischen Abwehrspieler. Andächtig schauen sich alle an, bis einer von ihnen seinen rechten Zeigefinger in die schaumige Pilskrone tunkt: »Der Boss kam von hier. Zwei Mann stürzen ihm entgegen. Er lässt sie kommen. Täuscht rechts an, legt sich auf links vor. Dann war die Schachtel frei – was danach passiert ist, wisst ihr ja.«

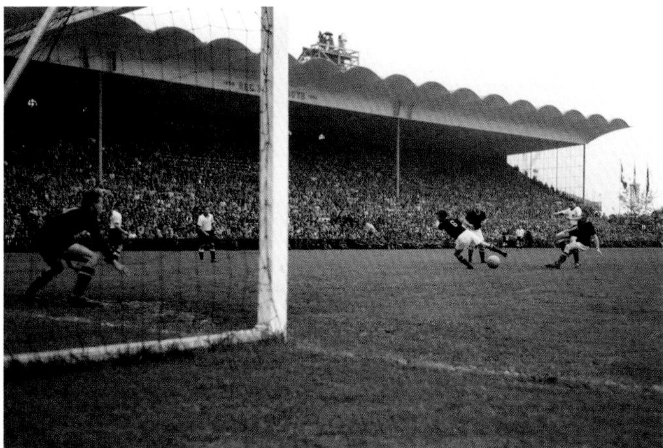

Helmut Rahns Tor aus dem Hintergrund zum 3:2 gegen Ungarn im WM-Endspiel 1954 zählt zu den bedeutendsten Treffern der deutschen Fußballgeschichte.

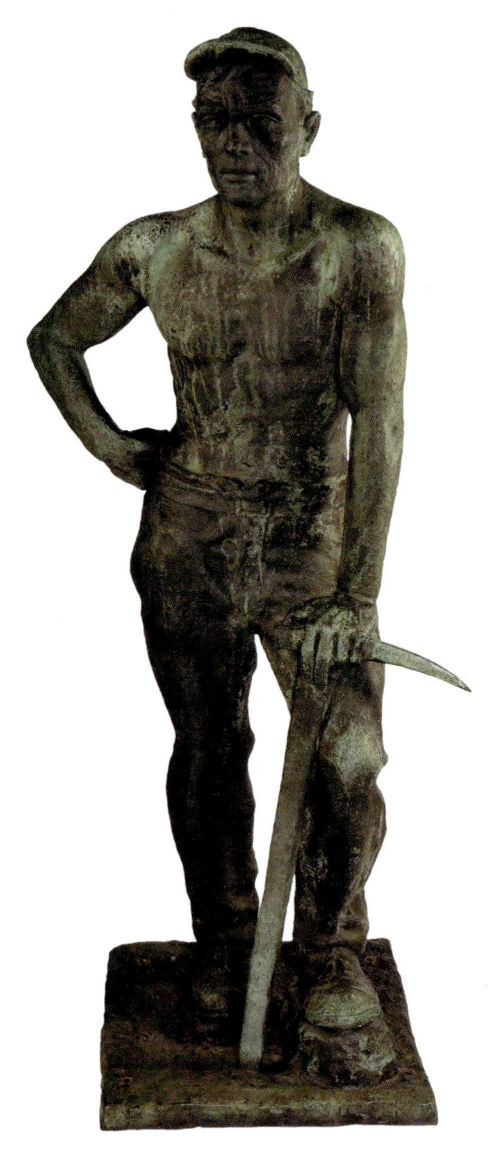

Die Bronzestatue *Kurze Fuffzehn* des Künstlers Fritz Petsch steht als Wahrzeichen für den Fußball im Ruhrgebiet.
(Bronze, 172 x 76 x 60 cm, Gewicht 100 kg)

14 IM SCHLAGSCHATTEN DER SCHLOTE

Bronzestatue *Kurze Fuffzehn* 1950er-Jahre

Der in Bronze gegossene Kumpel am Haupteingang des Georg-Melches-Stadions von Rot-Weiss Essen war Helmut Rahn über viele Jahre ein heimlicher Vertrauter. Die Skulptur wachte unverrückbar über die Höhen und Tiefen des Traditionsklubs. Ob Training oder Spiel, fast täglich passierte Rahn, der rot-weisse Meisterspieler und Pokalsieger der 1950er-Jahre, die mannshohe Statue und quittierte den erschöpften Blick des Bergmanns mit einem stummen, respektvollen »Glückauf«. Die Mütze des metallenen Freundes ist etwas in den Nacken geschoben, der rechte Arm in die Hüfte gestützt – die Haltung drückt Entspannung aus. Der Kumpel sammelt Kraft für die weitere Arbeit, bis ihn der Korb endlich wieder nach oben bringt. *Kurze Fuffzehn* nannten die Bergmänner dieses flüchtige Innehalten unter Tage, weil sie nicht einmal fünfzehn Minuten am Stück verschnaufen konnten. Malocht wurde im Akkord, Ausruhen war nach der Schicht. Rahn hatte das alles selbst erlebt: Kohleabbau in den fetten Flözen, fast tausend Meter unter der Erde. Schweiß am Körper, Schwielen an den Händen. Schinderei jeden Tag, zehn Stunden lang, und nur dann und wann eine *Kurze Fuffzehn*.

Als dritter von vier Söhnen einer Essener Bergmannsfamilie war Helmut Rahn wie selbstverständlich als Förderjunge auf der Zeche Fritz-Heinrich eingefahren. »Glückauf«, sagten sie, schwarz und schweißnass, wenn der Korb oben angekommen war. »Glückauf«, murmelte der talentierte

Fußballer zurück. Dann stieg auch er, noch blass und weiß, in den Korb, der ihn mit in die Tiefe nahm. Glückauf am Schacht: ein Synonym für »Endlich wieder oben« und »Mach's gut, Junge.« Helmut hatte Glück, dass ihn der Anschläger oft schon mit dem Vorkorb wieder raufließ, denn der wusste, der Junge hat es eilig. Eine halbe Stunde früher als die anderen kam er wieder ans Tageslicht. Eine halbe Stunde früher konnte der 16-Jährige auf dem Trainingsplatz stehen, wenn er nicht beim väterlichen Fuhrpark aushelfen musste: Mit acht Pferden und vier Wagen belieferten sie die Zeche Wilhelmine mit Deputatkohlen. Der junge Rahn merkte schnell: Mit jedem Tor, das er schoss, konnte er der Dunkelheit unter Tage entfliehen. Neun Jahre später sollte Helmut Rahn die junge Bundesrepublik zur Weltmeisterschaft schießen, und vielleicht konnte aus der 54er-Mannschaft von Sepp Herberger auch nur der »Boss«, wie ihn seine Mitspieler respektvoll nannten, diesen epochalen Sieg von Bern »erzwingen«. – Den unbändigen Willen, das Niemals-Aufgeben, hatte ihm der Kohlenpott in die Wiege gelegt. Wer in den Schächten geschuftet hatte, war für den Fußball und für das Leben gestählt. Helmut Rahn hatte die Chance, die ihm der Fußball bot, früh genutzt. Das schwarze Gold förderten jetzt die anderen. Der Kumpel vor der Haupttribüne erinnerte ihn jeden Tag daran.

»Arbeit und Fußball waren Brüder.« Das wissen wir in poetischer Reinform von einem anderen Großen des Ruhrgebietsfußballs, der schon zu Lebzeiten eine Legende war: vom Schalker Ernst Kuzorra. Auch er mit typischer Vita: Geboren 1905, Kind einer neunköpfigen Bergmannsfamilie, selbst Bergmann auf Zeche Consol. Da, wo die Zechen lagen, waren die Plätze, wo sich die Förderräder drehten, kreiselte der Ball. Und die Zechenbetriebe waren die großen Unterstützer, die Spielflächen, Trikots und Bälle zur Verfügung stellten, damit sich die Kumpel auch über Tage solidarisierten. Nach der Maloche begann die zweite Schicht – auf den Rasen- oder Aschenplätzen und auf den Rängen, wo sich die große Familie der kickenden Kumpel einfand. Im Schlagschatten der Schlote entstanden die Klubs, der Pütt wurde zur Heimat: die Zeche Emscher für Rot-Weiss Essen, Consolidation für Schalke, Mont Cenis für den SV Sodingen, Zollverein für die Sportfreunde Katernberg, Nordstern für die »Emscherhusaren« der STV Horst. Der Nabel der Welt waren die jeweilige Zeche und der Stadtteil. Globalisierung? Keiner wusste, was das

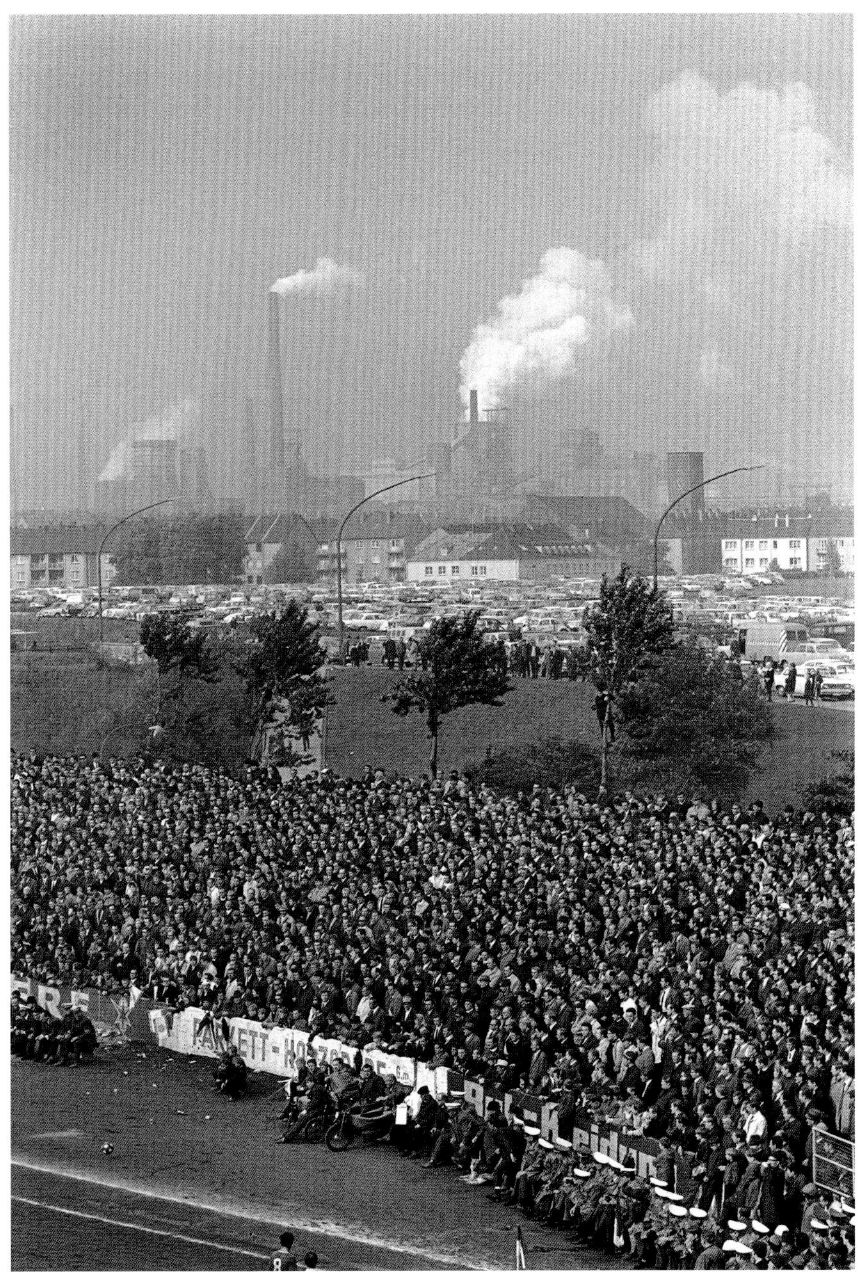

Das Essener Georg-Melches-Stadion und die Zeche Emil Emscher bildeten bis zur Stilllegung des Bergwerks 1973 eine eindrucksvolle Ruhrgebietskulisse.

war. Wo denn dieses Schalke läge, hatte der schwedische König Gustav Adolf 1929 anlässlich eines Länderspiels Ernst Kuzorra gefragt. »Anne Grenzstraße, Majestät«, hatte der Erfinder des Schalker Kreisels in seinem schlichten Selbstverständnis nur geantwortet. Kuzorras ureigenes Epizentrum lag nicht in Deutschland, nicht in Westfalen, nicht einmal in Gelsenkirchen. Sein Leben spielte sich vor oder hinter dem Kanal ab.

Der Fußball an Emscher, Ruhr und Rhein-Herne-Kanal war von den 1920er- bis in die 1960er-Jahre ein Spiegel für den Zustand und Wandel der soziokulturellen Verhältnisse dieser Region. Dampfende Schlote bestimmten die Stadtsilhouetten wie die Ruhrgebietsvereine aus der Oberliga West den Spitzenfußball in Deutschland. Hunderttausende fanden eine Beschäftigung unter Tage oder in den Stahlküchen. Aber mit der Wende am Energiemarkt und der Öffnung zu den Weltmärkten begann der Absturz trotz blühender Wirtschaft und trotz eines stetig wachsenden Energieverbrauchs: Importkohle und billiges Mineralöl sorgten für Absatzschwierigkeiten, die heimische Steinkohle schlitterte ins Abseits. 1965 erreichte die Kohlekrise ihren Höhepunkt. Erste Protestmärsche führten die Kumpel in die damalige Bundeshauptstadt nach Bonn, über dem Revier wehte die schwarze Fahne. Dutzende Zechen schlossen ihre Tore, tausende Kumpel verloren ihren Broterwerb. Und Klubs wie Katernberg, Hamborn oder Herne, die nicht mehr von den Zechenbetreibern unterstützt werden konnten, verschwanden von der Bildfläche. Den Strukturwandel überlebten in der Bundesliga dauerhaft nur Dortmund und Schalke, Klubs wie Bochum und Duisburg wurden zu Fahrstuhlmannschaften. Heute erinnern nur noch die Entlüftungsrohre über den verplombten Schächten an die pulsierende Zeit früherer Jahre, in denen der SV Sodingen 1955 in der Endrunde um die Deutsche Meisterschaft mitspielte.

Die Bronzestatur *Kurze Fuffzehn* aus dem 2012 abgerissenen Georg-Melches-Stadion steht mittlerweile als Relikt dieser vergangenen Zeit im Deutschen Fußballmuseum in Dortmund. Vor dem neuen Essener Stadion, das sie direkt neben dem alten errichtet haben, wacht seit dem 4. Juli 2014, auf den Tag genau 60 Jahre nach dem »Wunder von Bern«, eine andere Skulptur über die Höhen und Tiefen des Essener Traditionsklubs: Mannshoch steht jetzt »Boss« Rahn da, ebenfalls in Bronze gegossen, als Verzahnung von Bergbau und Fußball, eine Klammer, die über ein Jahrhundert die Menschen in der Region emotional verbunden hat. – Heutzutage sind es allenfalls noch die älteren Besucher, die den metallenen Blick von Helmut Rahn mit einem stummen, respektvollen »Glückauf« quittieren.

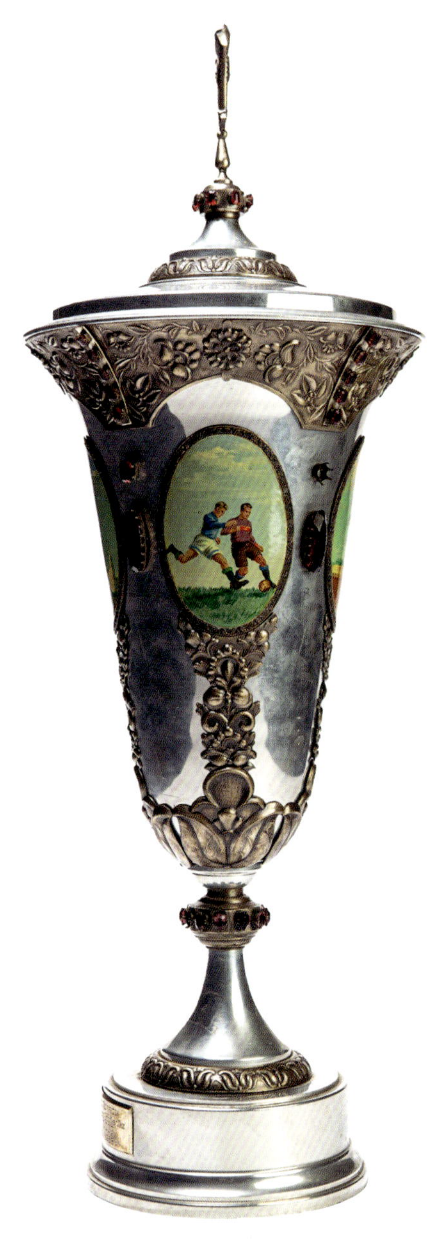

Erinnerungspokal der Sektion Fußball der Sowjetunion für die deutsche Fußballnationalmannschaft anlässlich des Freundschaftsspiels 1955 im Moskauer Dynamo-Stadion.

(Metall, 65 x 23 cm)

15 ECHTE STAATSMÄNNER

Erinnerungspokal vom Freundschafts-Länderspiel Sowjetunion — BR Deutschland 1955

Konrad Adenauer hatte immer ein feines Gespür für den richtigen Moment. Der erste deutsche Bundeskanzler, die politische Symbolfigur für den Wiederaufbau Deutschlands nach dem Zweiten Weltkrieg, erkannte sofort: Die Einladung von Parteichef Chruschtschow und Ministerpräsident Bulganin bot ihm eine große Chance. 1955, angesichts der Teilung Deutschlands im Kalten Krieg, strebte der Kreml diplomatische Beziehungen mit der Bundesrepublik an. Die sowjetische Parteiführung wollte mit einem Akt der gegenseitigen Akzeptanz die Realität zweier deutscher Staaten weiter verankern. Dafür sollte Adenauer nach Moskau reisen und einen Vertrag über die gegenseitige diplomatische Anerkennung unterzeichnen. Adenauer wusste um die politische Brisanz, wog aber ab: Er bot dem kommunistischen Machtzentrum wenige Monate nach der Beendigung des deutschen Besatzungsstatuts als erste selbstständige außenpolitische Handlung der souveränen Bundesrepublik die umstrittene, politisch aber unvermeidliche Annäherung an – für die Freilassung der letzten deutschen Kriegsgefangenen auf russischem Boden. Am 7. Oktober 1955 trifft im Grenzdurchgangslager Friedland der erste Zug mit Heimkehrern ein. Auf dem Bahnsteig kommt es zu herzzerreißenden Szenen. Die Rückholung der 9.626 Soldaten und mehr als 10.000 internierten Zivilisten, hart verhandelt in Moskau zwischen dem 8. und 14. September 1955, wurde zur spektakulärsten Aktion der politischen

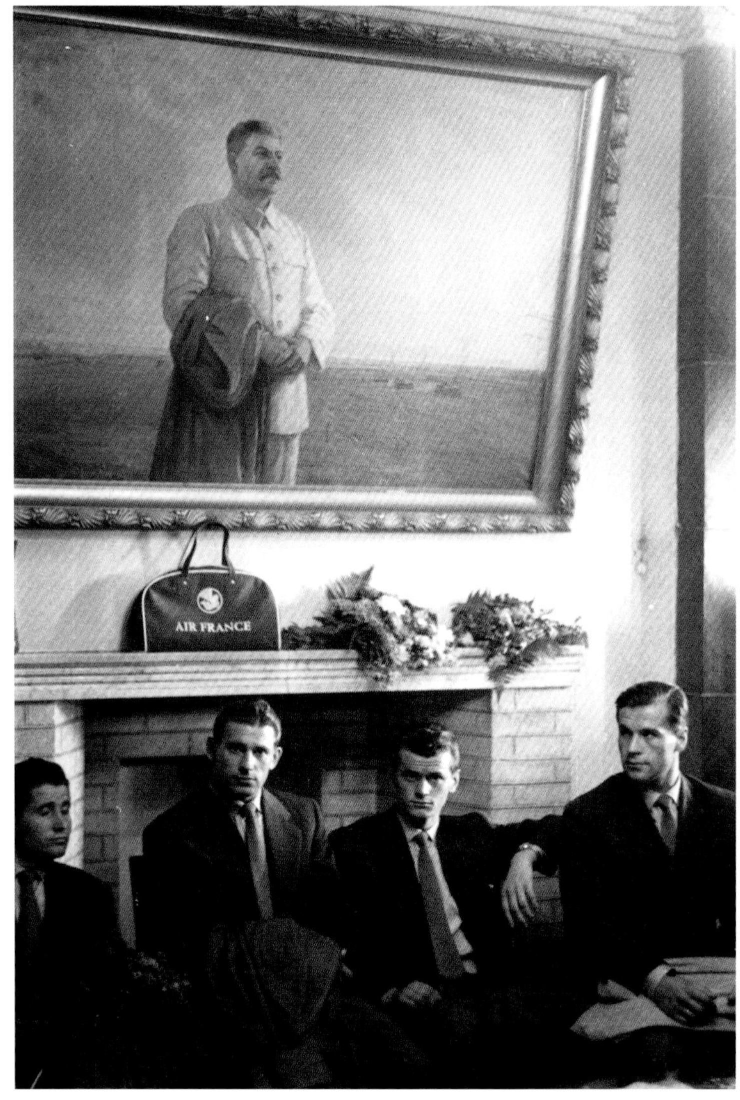

Deutsche Nationalspieler beim inszenierten Empfang in Moskau unter einem Portraitgemälde Josef Stalins.

Ära Adenauers. Dabei hatte Adenauer kurz vor seiner Moskaureise befürchten müssen, dass ausgerechnet ein Fußballländerspiel seiner historischen Mission einen Strich durch die Rechnung machen könnte.

Adenauer soll getobt haben, als er am 22. Juni aus den Zeitungen erfuhr, dass der Deutsche Fußball-Bund eine Einladung zu einem Freundschaftsspiel gegen die UdSSR angenommen hat. Erst am 7. Juni hatte er selbst die Öffentlichkeit über seinen Staatsbesuch im September informiert, da grätschte der DFB ohne jegliche Absprache mit der Bundesregierung mit seiner geplanten Länderspielreise dazwischen. Gespielt werden sollte auf Einladung der Sektion Fußball der Sowjetunion am 21. August, das bedeutete: Der umtriebige DFB-Präsident Peco Bauwens würde mit der Nationalmannschaft drei Wochen vor dem Bundeskanzler das diplomatische Parkett in Moskau betreten. Bauwens sprach von Entspannung zwischen beiden Staaten, die ein solches Länderspiel bewirken könne. »Wir dürfen nicht zögern, sondern bekennen, wozu man steht. Wir stehen zum Sport als dem Mittler zwischen den Völkern.« Bauwens gab sich staatsmännisch. Der DFB-Präsident gefiel sich in der Rolle des Neben-Adenauer, der als dritter Mann im Staate die Vorarbeit für den Bundeskanzler erledigte. Im günstigsten Fall würde Bauwens dem Bundeskanzler gehörig die Schau stehlen, im schlechtesten Fall vor der großen politischen Mission Adenauers verbrannte Erde hinterlassen. Mit Grausen erinnerte sich Adenauer an Bauwens fatalen Auftritt nach dem Gewinn der Weltmeisterschaft 1954. Im Münchner Löwenbräukeller hatte der höchste deutsche Fußballfunktionär nach Ankunft der Helden von Bern eine Rede gehalten. Seine Parolen erinnerten an düstere braune Vorzeiten. Die Spieler hätten unter Beweis gestellt, »was ein gesunder Deutscher, der treu zu seinem Land stehe, zu leisten vermag.« Das siegreiche Endspiel sei eine »Repräsentanz besten Deutschtums« gewesen. Und im Zusammenhang mit den DFB-Verbandsstrukturen wolle er »ausnahmsweise vom Führerprinzip im guten Sinne des Wortes« sprechen. Der Bayerische Rundfunk brach seine Live-Übertragung schon nach wenigen Minuten ab. »Ach, der gute Bauwens, der meint offenbar, gutes Kicken sei schon gute Politik.« Bundespräsident Theodor Heuss, der eine ernsthafte internationale politische Störung befürchtet hatte, versuchte die Entgleisungen in herablassender Überlegenheit herunterzuspielen. Und ausgerechnet dieser Bauwens reiste mit der Nationalmannschaft nach Moskau, drei Wochen früher als der deutsche Bundeskanzler, zehn Jahre nach Kriegsende, mitten im Kalten Krieg, mitten hinein ins Zentrum des Weltkommunismus. Der Fußball entzog der Politik die Kontrolle.

Adenauer prüfte die Absage des Spiels, erkannte aber, dass die Begegnung nicht mehr zu stoppen war – es wäre ein fatales Signal gewesen. Zur Schadensbegrenzung wurde der Präsident des Deutschen Sportbundes aktiviert. Willi Daume sollte Peco Bauwens in die Schranken weisen. In einer Unterredung wies Daume den Fußballpräsidenten an: »Alles, was Sie in offiziellen Bankettreden äußern, muss vorher aufgeschrieben und dann abgelesen werden!« Bauwens habe sich einsichtig gezeigt, es werde, so berichtete Daume an Adenauers Staatssekretär Bleek, »keine Pannen geben, wie man sie vielleicht befürchten könnte«. Auch die Spieler würden genauestens angewiesen, wie sie sich zu verhalten hätten. Die Skepsis blieb dennoch. Staatssekretär Bleek schrieb und empfahl dem Bundeskanzler: »Ich habe schon einige Male erlebt, dass das schätzenswerte Temperament von Herrn Bauwens ihn leicht dazu verleitet, zu extemporieren und dann Dinge zu sagen, die politisch doch etwas anfechtbar sind. Es erscheint mir daher erwägenswert, im Auswärtigen Amt kurz vor Beginn des Spiels eine kurze außenpolitische Instruktionsrunde mit ihm abzuhalten.« Adenauer hielt diesen Rat nicht nur für erwägenswert, sondern ordnete ihn an. Die Belehrung übernahm Außenminister Dr. Heinrich von Brentano höchstpersönlich.

Eine Karikatur des Satiremagazins *Simplicissimus* zeigte Bundestrainer Sepp Herberger mit Bundeskanzler Konrad Adenauer vor der Abreise zum Länderspiel. Adenauer, mit zweifelndem Gesicht, schüttelt dem Weltmeistertrainer von 1954 zum Abschied die Hand und stammelt: »Ich weiß nicht, mein lieber Herberger …«, da entgegnet der lächelnde Herberger: »Herr Bundeskanzler, wir werden auf Ihre Außenpolitik ganz bestimmt Rücksicht nehmen. So etwas wie die Weltmeisterschaft sollte nicht mehr vorkommen.« Sepp Herberger, die Nationalspieler und vor allem Peco Bauwens sollten Konrad Adenauer tatsächlich nicht enttäuschen. Der unberechenbare DFB-Präsident hielt sich an sein Redemanuskript, und die Nationalmannschaft verlor gegen die Auswahlmannschaft der UdSSR vor 80.000 Zuschauern im

Dynamo-Stadion von Moskau in sengender Hitze mit 2:3 – die Schlappe des amtierenden Weltmeisters als perfektes Vorspiel für das politische Gipfeltreffen drei Wochen später. Der sowjetische Einparteienstaat war zufrieden, hatte sein Gesicht gewahrt, der Kommunismus hatte über den Westen einen ersten Sieg davongetragen und dafür seine Spieler vorher mächtig unter Druck gesetzt. Der Auftrag der Parteiführung war unmissverständlich gewesen: die Überlegenheit der sowjetischen Sache zu beweisen! Nach dem Länderspiel in Moskau stand der Ankunft von Bundeskanzler Konrad Adenauer mit seiner Delegation am 8. September 1955 auf dem Flughafen Wnukowo mit militärischen Ehren nichts mehr im Weg. Die politische Diplomatie konnte übernehmen. Nie war eine Niederlage der Nationalmannschaft wichtiger gewesen als an diesem 21. August 1955. Das 2:3 sollte zum historischen Sieg für tausende Deutsche werden, die noch immer in den sowjetischen Lagern unter menschenunwürdigen Bedingungen festgehalten wurden. Fritz Walter, der als Soldat 1945 nahe der ukrainischen Grenze selbst ein halbes Jahr in sowjetische Kriegsgefangenschaft geraten war, richtete wie immer nach einem Länderspiel das Wort an seine Mannschaftskameraden. Der Kapitän nahm den Erinnerungspokal in die Hände, schmunzelte und sagte nur den einen Satz: »Männer, wir brauchen nicht traurig zu sein.«

das nächste Spiel ist
immer das schwerste
Sepp Herberger

Die handschriftliche Notiz »Das nächste Spiel ist immer das schwerste« verweist auf den US-amerikanischen Autor Dale Carnegie.
(Tinte auf Papier)

16 MAN MUSS DEM HERRGOTT DANKBAR SEIN

Handschriftliche Notiz »Das nächste Spiel ist immer das schwerste« von Sepp Herberger 1950er-Jahre

Nur zu gerne lud sich Sepp Herberger Journalisten und Gesprächspartner in sein Haus in Hohensachsen ein. Dann durften sie eintauchen in seine Welt aus hochglänzenden, edelholzfurnierten Schränken, Tischen und Kommoden, nahmen bei einem Kaffee, den Ehefrau Eva servierte, Notiz von seinen ornamentreichen Teppichen, bestaunten den Endspielball von Bern und betrachteten die vielen Fotos und Karikaturen, die Sepp Herberger während seiner Karriere als Bundestrainer zeigten. Das museal anmutende Eigenheim nahe seiner Heimatstadt Mannheim war für ihn Rückzugsort, aber auch Statussymbol, seine ärmlichen Kindheitsverhältnisse am Rande der Gesellschaft hinter sich gelassen zu haben. Vor allem seine Bibliothek mit rund 1.500 Büchern, vor der er sich gerne fotografieren ließ, zeugte nach seinem Verständnis von seinem sozialen Aufstieg und davon, dass er sich mit seinem Bildungsstand dem hohen Amt des Bundestrainers als würdig erwies, auch wenn er keinen höheren Schulabschluss besaß, weil er schon mit 14 Jahren nach dem Tod des Vaters zum Unterhalt der Familie beitragen musste. »Ich bin nicht so schlau wie ein Professor, aber manches weiß ich auch«, ließ er die Gäste vor seiner Bücherwand mit einem süffisanten Unterton wissen.

Herbergers gedankliches Universum hatte sein gedrucktes Pendant in den heimischen Bücherregalen. Hier fand er den Lesestoff, aus dem er, als streng orchestrierte Zusammenstellung, sein Weltbild zusammensetzen und modellieren konnte. Seine Bücher, die in seinem Nachlass nahezu alle erhalten geblieben sind, übten auf ihn eine ganz besondere Anziehungskraft aus und schafften es kaum, seinen Wissensdurst zu stillen. In seinem Studierzimmer sezierte er die meisten Bücher seiner Bibliothek regelrecht. In diesem Raum unter der Dachschräge seines Hauses ordnete und belebte er seine Gedanken, abstrahierte aus den verschiedensten Bänden Leitsätze für seine Lehre. Tausende von Seiten wurden inhaltlich zerpflückt und in neuen Kombinationen und Mustern für seine eigenen Gedankensphären wieder zusammengesetzt. Bücher aus den unterschiedlichsten Bereichen wie populärwissenschaftliche Ratgeber für seine Mannschaftsführung, Rhetorik-Handbücher für seine Mannschaftsansprache oder gar Abhandlungen über Militärstrategien als Blaupause für seine Spielsysteme standen in seinen Regalen oder lagen im ganzen Haus verstreut herum. Die lange Zeit unbeachteten Seiten innigster Leselust, die das Deutsche Fußballmuseum 2018 mit seiner Ausstellung *Herbergers Welt der Bücher* entdeckte und zum ersten Mal thematisierte, tragen mit zahlreichen Anmerkungen, Unterstreichungen und beschriebenen Zetteln Spuren der Suche nach Erkenntnis. Herbergers erstaunliche Bibliothek erzählt die beeindruckende Bildungsgeschichte des Weltmeistertrainers, der als Autodidakt zum großen Vordenker und Gestalter des deutschen Fußballs wurde. Das Blättern in längst vergessenen Werken führte ihn quer durch drei Jahrhunderte. Abhandlungen offenbarten Theorien, aus Worten formte sich Sachverstand und zwischen Zeilen wuchs Gewissheit. – Für Sepp Herberger wurde Wissen zur Macht und das Wort zum Werkzeug einer beispiellosen Trainerkarriere. Am Ende seines Weges hatte er sein Ziel erreicht: »Aber ein Gedanke hat mich jeden Tag zutiefst erfasst und nicht mehr losgelassen. Er wurde zu meinem ständigen, mahnenden und treibenden Begleiter auf Schritt und Tritt: Ich wollte Lehrer werden.«

Herbergers hauptsächliches Interesse galt den Sachbüchern, aus ihnen konnte er lernen – und abgucken. Der US-amerikanische Motivationstrainer Dale Carnegie verfasste mit seinem Buch *Sorge dich nicht, lebe!* Ende der 1940er-Jahre einen Klassiker der Ratgeberliteratur. Der populärpsychologische

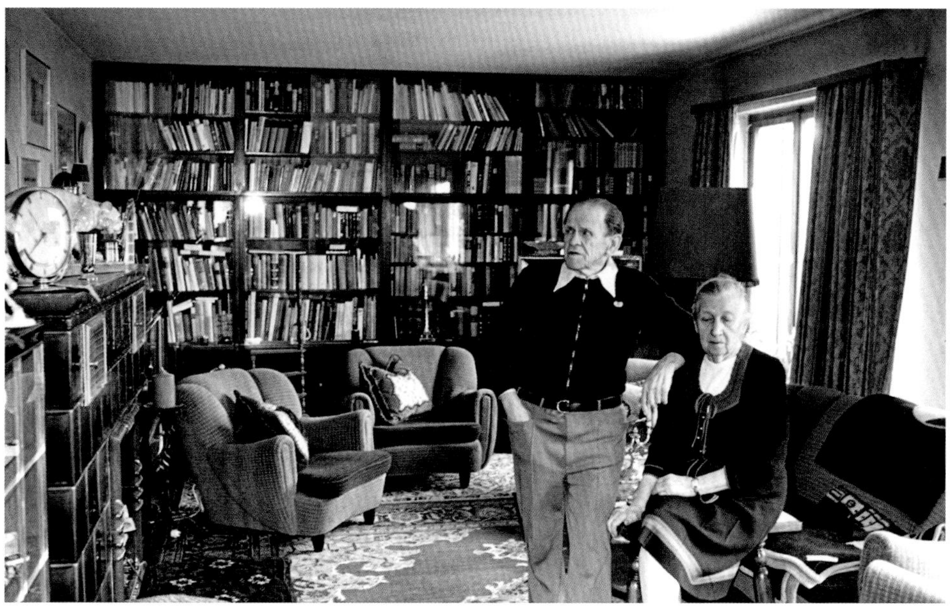

Sepp Herberger mit Ehefrau Eva in der Bibliothek seines Eigenheims in Weinheim-Hohensachsen.

Ansatz Carnegies gab seinen Lesern einen Leitfaden an die Hand, der das Selbstvertrauen und die Zuversicht des Einzelnen steigern sollte. Carnegie benutzte Sprichwörter wie »Über vergossene Milch soll man nicht jammern!«, »Was passiert ist, ist passiert!«, oder »Kümmere dich nicht um ungelegte Eier!« und leitete aus ihnen, wie Herberger später auch in meisterlicher Form, seine belehrenden Postulate ab. Mit seinem Füllfederhalter unterstrich Herberger in Carnegies Buch Wörter, Sätze und ganze Absätze, die für ihn zu zentralen Aussagen wurden. Carnegies Einsicht »Der Weg zur Vernunft geht immer über das Herz!« hätte eine pfiffige Redensart von Herberger selbst sein können. Die These lautet bei Herberger in abgewandelter Form: »Die Fußballspieler sind manchmal wie die lieben Viecherl. Man muss sie streicheln, statt es ihnen ins Genick zu geben!« Carnegies einfache und zugleich eingängige Leitsätze dienten Herberger als Inspirationsquelle: Carnegies »Erledige eine Aufgabe nach der anderen« verweist auf Herbergers »Das nächste Spiel ist immer das schwerste«. Diese zum Bonmot gewordene Erkenntnis notierte sich Herberger handschriftlich in sein berühmtes Notizbuch. Der Satz liest sich auf den ersten Blick wie eine Binsenweisheit, tatsächlich aber ist diese schlichte Feststellung die treffende Umschreibung für die Unwägbarkeit des Fußballs. »Ja, ja, ich konnte meine Sprüche machen«, bemerkte der »Weise von der Bergstraße«, wie Herberger sich gerne nennen ließ, amüsiert und vielsagend im Alter. Bei seinen Redensarten saß Herberger der Schalk im Nacken. Seine Weisheiten sind längst geflügelte Worte: »Das Spiel dauert neunzig Minuten«, »Einfach spielen ist schwer!«, »Der Ball hat die beste Kondition!«, »Flach spielen, hoch gewinnen!«, »Das Tempo macht der Ball, nicht die schnellen Leute!«, »Elf Freunde müsst ihr sein!« oder »Der Ball ist rund!«. Was hat er nicht alles gesagt! Die Literaturwissenschaft spricht von »Herbergerismen«. In seinen Wortspielen zeigt sich der Fußballlehrer, der sich am liebsten in seinem blauen Trainingsanzug mit dem Bundesadler auf der Brust zeigte, in seiner ganzen Gewieftheit. Er verpackte seine Botschaften augenzwinkernd in unterhaltsame Sätze. »Wenn ich den Spielern wissenschaftlich-theoretisch gekommen wär«, sagte Herberger einmal, »hätten sie das meiste falsch gemacht.« Die vielen Aphorismen des kleinen großen Mannes haben das Bild von Herberger in der Öffentlichkeit geprägt.

Sepp Herberger war im positiven Sinne ein »Menschenfänger«, der für seinen Biografen Jürgen Leinemann seine Spieler »hundsgemein fröhlich« manipulierte wie der Erzieher seinen heranwachsenden Zögling in Jean-Jacques Rousseaus Bildungsroman *Emile oder über die Erziehung*. Was Leinemann nicht wusste: Tatsächlich hatte Herberger auch das bahnbrechende Werk von 1762 akribisch studiert. Selbst die passende Sekundärliteratur fand sich in seinem Büchernachlass: *Der Sieg der Aufklärung. Locke und Rousseau*, eine Monografie von Hermann Weimer aus dem Jahr 1928. Heute schmunzelt der nachsichtige Leser, wenn er den Altbundestrainer in seinem zerknitterten Trenchcoat und mit den tiefen Falten auf der Denkerstirn in seinem kurpfälzischen Dialekt in einer Fernsehaufzeichnung in Schwarz-Weiß aus den 1970er-Jahren altersweise sagen hört: »Menschenkenntnis und Menschenbehandlung sind Dinge, die man schwerlich aus Lehrbüchern herauslesen kann. Es kommt darauf an, dass man sie mitbringt, man darf sich aber nicht rühmen, wenn man sie hat, man muss dem Herrgott dankbar sein, dass er sie einem mitgegeben hat!«

Günter Grass

1 Berlin 41-Friedenau
Niedstrasse 13

7. März 1969

Sehr geehrter Herr Herberger,

wie Sie sicherlich wissen, bemühe ich mich auch in diesem Jahr wieder, im Bundestagswahlkampf die Sozialdemokratische Partei zu unterstützen. Ich gehe davon aus, daß die Bürger und Wähler den Wahlkampf nicht allein den Parteien überlassen sollen. Ich bin der Meinung, daß die Zukunft der Demokratie in Deutschland die Stärkung der Sozialdemokratischen Partei verlangt. Zusammen mit einigen Freunden bemühe ich mich von Bonn aus, durch Reisen, Gespräche, Artikel der SPD zu helfen.

Der SPD ist daran gelegen, Ihre persönliche Meinung zur Politik dieser Partei zu erfahren. Herr Dr. Müller vom Parteivorstand der SPD wird sich deshalb an Sie wenden. Ich wäre Ihnen dankbar, wenn Sie die Zeit finden würden, seine Fragen zu beantworten. Ganz unabhängig davon, wie Sie zu dieser Partei stehen, würde ich mich freuen, Sie einmal zu einem Gespräch in meiner Bonner Wohnung zu sehen.

Mit freundlichen Grüssen

Brief von Literaturnobelpreisträger Günter Grass an Altbundestrainer Sepp Herberger aus dem Jahr 1969.
(Papier, DIN A4)

17 DIE ANTITHESE ZU SEPP HERBERGER

Brief von Günter Grass an Sepp Herberger 1969

Als Günter Grass, der politische Mahner und spätere Literaturnobelpreisträger, 1969 für die SPD auf Wahlkampftour ging, kam ihm der »Bundes-Sepp« in den Sinn. Er wusste um die volkstümliche Ausstrahlungskraft des Altbundestrainers Sepp Herberger, der in den beschwerlichen Aufbaujahren nach dem Gewinn der Fußballweltmeisterschaft 1954 neben Bundeskanzler Konrad Adenauer zum populärsten Deutschen wurde, der das Fußballspiel, das Leben und die Welt mit seinen zeitlosen Lehrsätzen so wunderbar einfach erklärte. Wie der alemannische Kalendergeschichtenerzähler Johann Peter Hebel hüllte Herberger seine Weisheiten in schlichte Vokabeln. Seine Spieler und die Menschen verstanden ihn. So einer würde passen, die Botschaften von Willy Brandt, der neuer Bundeskanzler werden wollte, in das Land zu tragen.

»Sehr geehrter Herr Herberger«, schrieb Günter Grass in seinem Brief vom 7. März 1969, »wie Sie sicherlich wissen, bemühe ich mich in diesem Jahr wieder, im Bundestagswahlkampf die Sozialdemokratische Partei zu unterstützen.« – Aber sein vorsichtiges Werben um Herberger als Wahlkampfhelfer Willy Brandts blieb ohne Erfolg: »Ich habe über dreißig Jahre der deutschen Fußballnationalmannschaft als ihr Verantwortlicher vorgestanden«, antwortete Herberger in seinem Brief wenige Tage später. »In dieser Zeit gab es für uns nur eine Politik, die des untadeligen, vorbildlichen Verhaltens«,

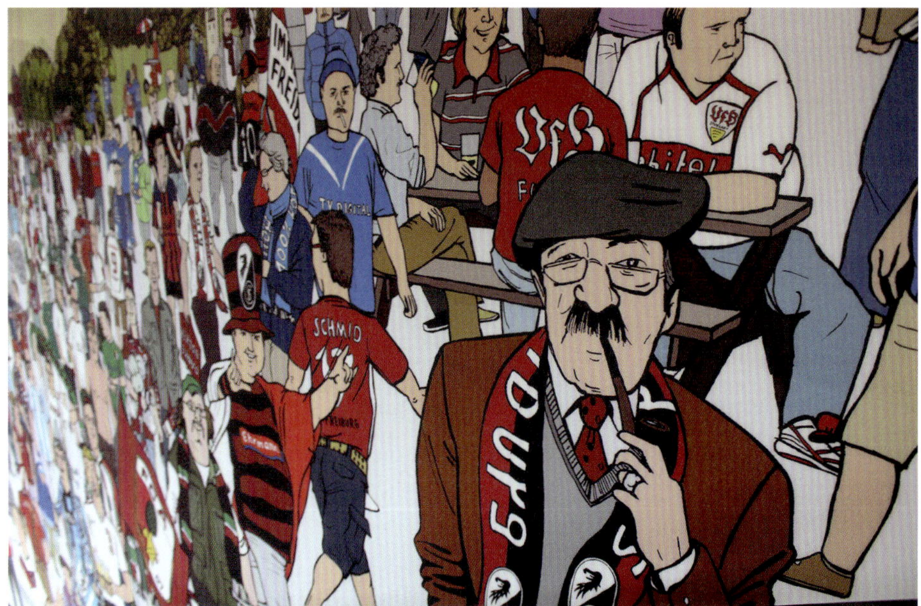

Ein großflächiges Wimmelbild im Deutschen Fußballmuseum setzt Günter Grass als Fußballsympathisanten in Szene.

und zwar »unabhängig vom Dekor der jeweiligen Regierungspartei«, wie er noch anfügte. Anders als der streitbare wie umstrittene politische Moralist Günter Grass wollte sich Sepp Herberger parteipolitisch neutral verhalten. Grass akzeptierte die Absage und die Weltsicht von Sepp Herberger, auch wenn sie seiner Haltung so gar nicht entsprach.

Erst in einem späten Gedicht aus dem Jahr 2005 formuliert Grass mit einem Augenzwinkern seine Antithese zu Sepp Herberger, dem Wanderer zwischen Epochen und politischen Verhältnissen, der unbeirrt seinen Weg gegangen war, vom Kaiserreich in die Weimarer Republik, von der Nazidiktatur in die Bundesrepublik, der sich stets den Verhältnissen anzupassen wusste. Die pointierte Gegenüberstellung setzt Grass direkt in den beiden ersten Zeilen seines Gedichts. – »Der Ball ist rund«, zitiert Grass den Herbergerismus zur allumfassenden Wahrheit des Fußballs in Zeile eins, die zugleich Überschrift ist, dann folgt postwendend die Gegenrede in Zeile zwei: »Meiner hat eine Delle.« Und weiter dichtet Grass: »Von Jugend an drücke / und drücke ich; aber / er will nur einerseits rund sein.« Die Welt von Günter Grass war immer in Aufruhr, seine Stimme erhob sich in seinem literarischen Werk und im gesellschaftlichen Diskurs, auch wenn die Einflussnahme des kritischen Geistes aneckte und polarisierte. Sein Ball lief unrund und versprang auch manchmal – mit Kalkül. Er hüllte seine Worte nicht in wohlfeile Weisheiten, seine Weltsicht war komplexer. Seine Haltung des Sich-einmischen-Wollens, ja, des Sich-einmischen-Müssens, artikuliert er spielerisch – in einem Gedicht über den Fußball.

Günter Grass hat dem Fußball insgesamt vier Gedichte gewidmet und vier Erzählstücke, drei davon in seinem Geschichtenbuch *Mein Jahrhundert* (1999). In diesem Band erhält der Fußballfan einen neuen, ungewöhnlichen Blick auf die Anfänge des Fußballs um 1900, auf die Fußballweltmeisterschaft 1954 und auf das deutsch-deutsche Bruderduell »Wir gegen uns« bei der Weltmeisterschaft 1974 – und bekommt zugleich Migrationsgeschichte, aufkommende Kommerzialisierungstendenzen oder deutsch-deutsche Zerrissenheit vor Augen geführt. Und umgekehrt: Der Literaturbeflissene kann mit gesellschaftsgeschichtlichem Lesestoff markante Ereignisse der deutschen Fußballgeschichte erkunden. Diese Verbindung lässt aufhorchen – weil sie keine gewöhnliche ist, sowohl für die Literatur als auch für den Fußball. In seinem Tagebuch notierte Grass, dass er sich während des WM-Halbfinales 1990 gegen England in Italien dabei ertappte, der deutschen Mannschaft die Daumen zu drücken. Während der deutschen WM-Wochen 2006 wurde es noch toller – Grass sang im Stadion die deutsche Nationalhymne mit. Ausgerechnet Günter Grass, dem ein zur Schau gestellter Patriotismus immer fernlag, bekundete seine emotionale Verbundenheit mit Deutschland durch eine große, symbolhafte Geste. Vier Begegnungen dieser Heim-WM 2006 verfolgte Grass in Dortmund, München, Berlin und Hannover live im Stadion, er war von der friedliebenden Atmosphäre auf den Rängen begeistert, er war überrascht von den unzähligen deutschen Fußballfans, die mit ihren offenherzigen Sympathiebekundungen für die Nationalmannschaft und für ihr Land eine Zäsur setzten. Das Werk von Günter Grass eröffnet dem Leser eine ungewöhnliche Perspektive. Im Spiegel seiner Literatur wird der Fußballsport als gesellschaftliches Phänomen sichtbar. Und dabei sagen die Geschichten, Gedichte und Tagebucheinträge von Günter Grass so viel über den Schriftsteller selbst aus – über seine bisher wenig bekannte Leidenschaft für den Fußball und über seine mühselige Annäherung an Deutschland.

Der Leitende Oberstaatsanwalt
bei dem Landgericht
45 PLs 1880/62

Köln, den 19.Juni 1962
Justizgebäude Appellhofplatz
Rufnummer: Köln 23 31 51
Fernschreibnummer: 888 1483

Frau
Liselotte K r e m e r geb. Beutler

in K ö l n - Lindenthal

Franzstr. 77

Das Ermittlungsverfahren gegen Sie wegen groben Unfugs, begangen am 13.5.1962 in Köln-Sülz, habe ich heute gemäß § 153 I der Strafprozessordnung wegen Geringfügigkeit eingestellt.

Die Einstellung ist in der Erwartung erfolgt, dass es sich bei der " Malerei " um eine einmalige Entgleisung gehandelt hat, die durch die besonderen Beweggründe und Begleitumstände der Tat zwar strafrechtlich weder gerechtfertigt noch entschuldbar , menschlich aber verständlich erscheint. Ich bitte aber, dem Fußballenthusiasmus künftighin dort Grenzen setzen zu wollen, wo solche Freudenkundgebungen beginnen, die öffentliche Ordnung, Ruhe und Sicherheit zu beeinträchtigen.

Im Auftrage

Karrenstein
(Karrenstein)

Die Staatsanwaltschaft rügte Liselotte Kremer wegen groben Unfugs.

(Papier, DIN A4)

18 HUSARENSTÜCK DER PRÄSIDENTENGATTIN

Schreiben der Staatsanwaltschaft an Liselotte Kremer 1963

So manches Mal soll die Grande Dame des 1. FC Köln die Zeilen des leitenden Oberstaatsanwaltes mit einem Schmunzeln zum Besten gegeben haben: »Das Ermittlungsverfahren gegen Sie wegen groben Unfugs, begangen am 13.5.1962 in Köln-Sülz, habe ich heute gemäß § 153 I der Strafprozessordnung wegen Geringfügigkeit eingestellt.« Der Beschluss vom 19. Juni 1962 war der Präsidentengattin per Einschreiben zugestellt worden. Liselotte Kremer, Ehefrau des Vereinsgründers des 1. FC Köln, Franz Kremer, hatte sich zuvor auf dem Polizei-Schutzbereich Süd am 28. Mai leidenschaftlich verteidigt und zu den erhobenen Vorwürfen Stellung bezogen. »In der Kölner Fußballgeschichte ist nach mehr als 60 Jahren das lang erhoffte und erwünschte Ziel durch Erringung der Fußballmeisterschaft erreicht worden«, diktierte sie dem eifrigen Polizeibeamten ins Vernehmungsprotokoll. Und weiter sagte sie bei ihrer Vorladung ohne Reue und mit fester Stimme: »Es stimmt, dass ich aus Freude über diesen Sieg in den Vereinsfarben des 1. FC Köln, dem ich mich sehr verbunden fühle, den Bürgersteig vor der Gaststätte Dörper mit Wasserfarben angestrichen habe.« Eine rüstige Dame mittleren Alters, so wurde hinter Gardinen von argwöhnischen Anwohnern beobachtet, hatte siegestrunkene Gäste aus der Wirtschaft in der Berrenrather Straße zu diesem Unfug lauthals angestachelt. Die Anwohner waren dem Vernehmen nach keine Anhänger des

1. FC Köln. Sie hatten Liselotte Kremer angezeigt. »Es stimmt aber nicht«, bestritt Liselotte Kremer bei ihrer Vernehmung auf der Polizeiwache bis zuletzt beharrlich, »dass ich andere 15 bis 20 Personen aufgefordert habe, sich an der Malerei zu beteiligen.« Mit voller Inbrunst und mit einem Anflug von trotzigem Stolz reklamierte sie das Husarenstück allein für sich.

Das Schreiben des leitenden Oberstaatsanwaltes zur Einstellung des Ermittlungsverfahrens gegen Liselotte Kremer erzählt eine amüsante Episode aus der Gründerzeit der Bundesliga, die gerade mit dem Namen Kremer untrennbar verbunden ist. Franz Kremer war als Fußballdenker seiner Zeit

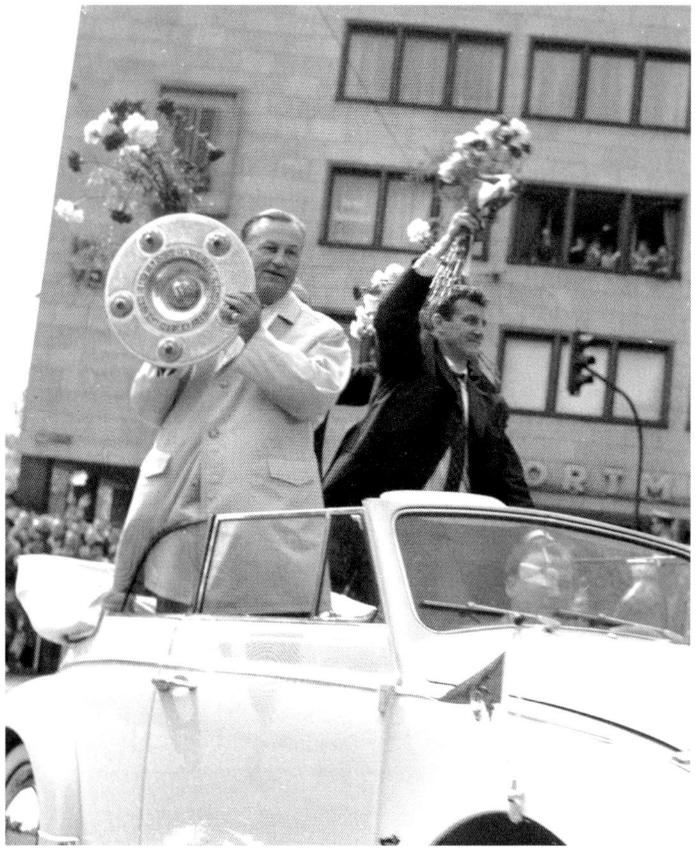

Vereinspräsident Franz Kremer und Kapitän Hans Schäfer feiern wie die ganze Stadt die Deutsche Meisterschaft des 1. FC Köln.

immer schon ein weites Stück voraus gewesen. 1948 fusionierte er die beiden linksrheinischen Vereine Kölner BC 01 und SpVgg Sülz 07 zum 1. FC Köln, weil er wusste, dass nur ein schlagkräftiger Kölner Gesamtverein um die Meisterschaft auf nationaler Ebene mitspielen konnte. Skeptikern der Zusammenführung begegnete er nur mit der einen rhetorischen Frage: »Wollt ihr mit mir Deutscher Meister werden?« Kremer sollte Wort halten. – In den 1950er-Jahren formte er als machthungriger Präsident aus den Geißböcken einen Club modernen Zuschnitts. Der 1. FC Köln galt in Deutschland als der erste Proficlub. Unter Kremers Führung wurde er zweimal Deutscher Meister und einmal DFB-Pokalsieger. Das vierte Kind eines Lokomotivführers wurde für die Bundesliga zum Weichensteller. – Er war einer der Ersten, der vehement die Einführung einer eingleisigen, bundesweiten Spielklasse forderte. »Vater der Bundesliga« nannten sie ihn deshalb nach dem Gründungsakt am 28. Juli 1962 in der Dortmunder Westfalenhalle.

Kremers Rolle im deutschen Fußball war groß, sein Wort gewichtig, seine Ämter vielfältig, und seine Liselotte stand immer fest an seiner Seite. Der leitende Oberstaatsanwalt hatte gewiss Sympathien für den 1. FC Köln, aber vielleicht noch mehr für die so couragiert auftretende, fußballbegeisterte Ehefrau des Club-Präsidenten. Wie ein Freund, der es gut mit einem meint, schrieb er ihr ins Stammbuch: »Die Einstellung ist in der Erwartung erfolgt, dass es sich bei der Malerei um eine einmalige Entgleisung gehandelt hat, die durch die besonderen Beweggründe und Begleitumstände der Tat zwar strafrechtlich weder gerechtfertigt noch entschuldbar, menschlich aber verständlich erscheint. Ich bitte aber, dem Fußballenthusiasmus künftighin dort Grenzen setzen zu wollen, wo solche Freudenkundgebungen beginnen, die öffentliche Ordnung, Ruhe und Sicherheit zu beeinträchtigen.« Ob in der Domstadt nach der Folgemeisterschaft der Kölner ein Jahr später wieder ein Bürgersteig angestrichen wurde, ist nicht überliefert.

Liselotte Kremer wurde die Ehrenmitgliedschaft des 1. FC Köln verliehen, und sie besuchte auch nach dem Tod ihres Mannes 1967 bis zuletzt die Heimspiele ihres Clubs. 2014 verstarb sie im Alter von 95 Jahren. Auf dem Kölner Südfriedhof ruht Liselotte Kremer nun friedlich vereint mit dem visionären Fußballpatriarchen und Mitbegründer der Bundesliga.

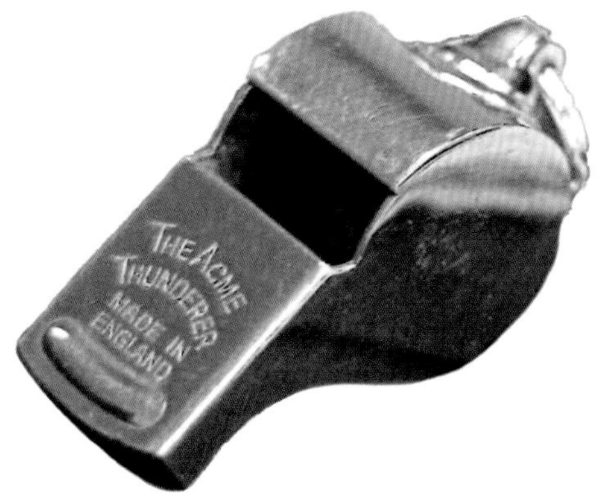

Die Schiedsrichterpfeife von Gottfried Dienst aus der Schweiz wurde zum Corpus Delicti der umstrittensten Schiedsrichterentscheidung der Fußballgeschichte.
(Metall, verchromt, 6,5 x 2,1 cm)

19 MOMENTE DER WAHRHEIT

Schiedsrichterpfeife aus dem WM-Finale 1966

Als England und Deutschland am 30. Juli 1966 im Zentrum der aufbegehrenden Popkultur im achten Finale um die Fußballweltmeisterschaft gegeneinander antraten, spielte so viel mehr mit als nur der Endspielball, den sich der deutsche Nationalspieler Helmut Haller vor den Augen der Queen nach dem Abpfiff einsteckte, um ihn 30 Jahre später an England wieder herausgeben zu müssen. Während Deutschland die Ernte des Wirtschaftswunders einfuhr, erlebte der WM-Ausrichter England große politische Umbrüche. Die Wirtschaftskrise nach dem Zweiten Weltkrieg hielt an. Aus den ehemaligen Kolonien gingen unabhängige Staaten hervor. Und Miniröcke, lange Haare und der Beat im »Swinging London« ließen den Glanz und den Geist des Britisch Empire mehr und mehr verblassen. Das heimische Weltmeisterschaftsfinale im ehrwürdigen Wembley-Stadion bot den Traditionalisten des »Merry Old England« die willkommene Gelegenheit, alte Rollenbilder zu manifestieren und sich den gesellschaftlichen Fliehkräften entgegenzustellen. Das englische Team um Nationaltrainer Alf Ramsey und Kapitän Bobby Moore hatte den alten Kriegsfeind Deutschland zu besiegen – als Demonstration der Stärke eines Landes, das sich im gesellschaftlichen Wandel befand. Die Dramaturgie des Finales hätte vor diesem gesellschaftskulturellen Hintergrund nicht spannender geschrieben werden können. England besiegte Deutschland nach einem mitreißenden, packenden Spiel mit 4:2 – mit dem 2:2-Ausgleichstreffer in letzter Sekunde der regulären Spielzeit durch den Kölner Wolfgang Weber und dem 3:2-Führungstor der Engländer in der Verlängerung, dessen Legitimation die Gemüter auf ewig in zwei Lager teilt: War der Ball auf oder hinter der Linie?

Ganz nüchtern beschrieben, spielte sich in Wembley in der 101. Spielminute vor 97.000 Zuschauern Folgendes ab: Der Engländer Alan Ball flankt von rechts, Geoffrey Hurst steht seitlich auf halbrechter Position sieben Meter vor dem deutschen Tor, nimmt den Ball an, dreht sich und schießt das Leder an die Unterkante der Latte. Der Ball prallt auf den Boden und springt von dort zurück ins Spielfeld. Während Hurst und seine Mannschaftskameraden jubeln, klärt Wolfgang Weber per Kopf ins Toraus. Schiedsrichter Gottfried Dienst aus der Schweiz entscheidet auf Eckball für England. Die englischen Spieler protestieren beim Linienrichter. Dienst eilt zur Seitenlinie und befragt Tofik Bachramow. Der Linienrichter aus Aserbaidschan nickt entschlossen und deutet mit der Fahne zum Anstoßpunkt. Dienst lässt noch einmal seine schrille Pfeife ertönen und entscheidet doch auf Tor. 3:2 für England. Die Pfeife steht noch heute als Corpus Delicti für die umstrittenste Schiedsrichterentscheidung der Fußballgeschichte. Kein anderes Tor hat die Gemüter so erhitzt wie dieses als »Wembley-Tor« berühmt gewordene 3:2. Schon auf der Pressetribüne beginnen die verbalen Zweikämpfe. Rudi Michel, der für das deutsche Fernsehen kommentiert, lässt seiner Aufregung freien Lauf: »Achtung, Achtung«, warnt er die Zuschauer, »hei, nicht im Tor! Kein Tor! Oder doch? Jetzt, was entscheidet der Linienrichter? Tor! Das wird nun wieder Diskussionen geben.« Nur wenige Plätze entfernt sitzt BBC-Kollege Kenneth Wolstenholme, ebenfalls in Höchstform: »Jetzt Hurst. Kann er ihn machen? Er macht ihn. Ja!« Dann aber Zweifel: »Nein, der Linienrichter sagt nein!« Und im nächsten Moment – Erleichterung: »Es ist ein Tor, es ist ein Tor! Alle Deutschen laufen zum Schiedsrichter, zum Linienrichter, der nur russisch und türkisch spricht«. Derweilen seziert Rudi Michel die Zeitlupeneinstellung: »Sie können ganz deutlich sehen, dass der Ball, von Hurst an die Latte geschossen, nicht die Torlinie überschritten hat.« Kenneth Wolstenholme kommentiert die gleiche Zeitlupeneinstellung: »Es ist deutlich zu sehen, dass der Ball hinter der Linie aufspringt – ein korrektes Tor!« Später muss sich Wolstenholme dann doch noch korrigieren, als 1996 eine Studie – ausgerechnet der Universität Oxford – zu dem Ergebnis kommt, dass der Ball nicht im Tor war: »Na und«, sagte er nur, »dann war der Ball eben nicht auf dem Boden in vollem Umfang hinter der Linie gewesen, sondern in der Luft!« Auch in der deutschen Heimat wird heftig diskutiert. Bundespräsident Heinrich Lübke empfing die Vizeweltmeister wenige Tage nach dem Finale in der Bonner Villa

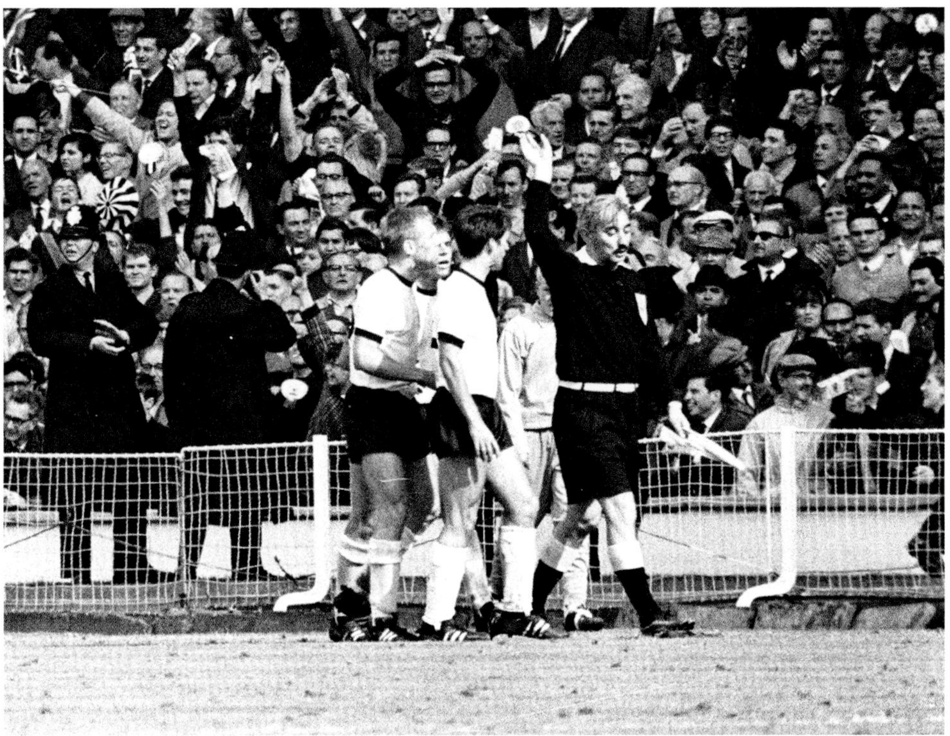

Kein Tor! Linienrichter Tofik Bachramow am Spielfeldrand mit den deutschen Spielern Siggi Held, Wolfgang Weber und Wolfgang Overath.

Hammerschmidt mit seiner ganz eigenen, für die Spieler eher verstörenden Wahrnehmung: »Meine Herren, es war Tor, ich habe genau gesehen, wie der Ball im Netz gezappelt hat.« Mit Humor nahm es der deutsche Kabarettist Dieter Hildebrandt, der sich in der verflixten 101. Spielminute ein Bier aus dem Kühlschrank geholt hatte: »Natürlich war er drin! Heinrich Lübke hat es mir versichert, und ich glaube meinem Bundespräsidenten.«

Mit den Anekdoten rund um das Wembley-Tor ließen sich Seiten füllen. Auch über den schnauzbärtigen Linienrichter aus Aserbaidschan gibt es solche Geschichten. In seiner Heimat verehren sie Tofik Bachramow als Volkshelden, denn auch er hat, wie die englische Mannschaft, den einstigen Kriegsgegner Deutschland besiegt. Vor dem Nationalstadion der Republik Aserbaidschan in Baku haben sie für ihn gar eine bronzene Statue errichtet. Enthüllt wurde sie 2006 – von Geoffrey Hurst. Für seinen Sohn ist Tofik Bachramow der Inbegriff von Stolz und Ruhm. Mehr noch: Sein Vater verkörpert für ihn historische Gerechtigkeit. Die vernichtende Niederlage der deutschen 6. Armee im Winter 1942 in der Schlacht von Stalingrad durch die sowjetischen Truppen sei der Wendepunkt im Zweiten Weltkrieg gewesen, sinnierte Bachran Bachramow in einem Zeitungsinterview – und der Grund, warum sein Vater auf dem Sterbebett auf die Frage, ob denn der Ball nun wirklich drin gewesen sei, mit letzter Kraft »Stalingrad!« ausgehaucht hätte. Denn die Schiedsrichterentscheidung zum 3:2 für England sei wie die Niederlage der deutschen Truppen an der Wolga: die reine Wahrheit und nichts als die Wahrheit.

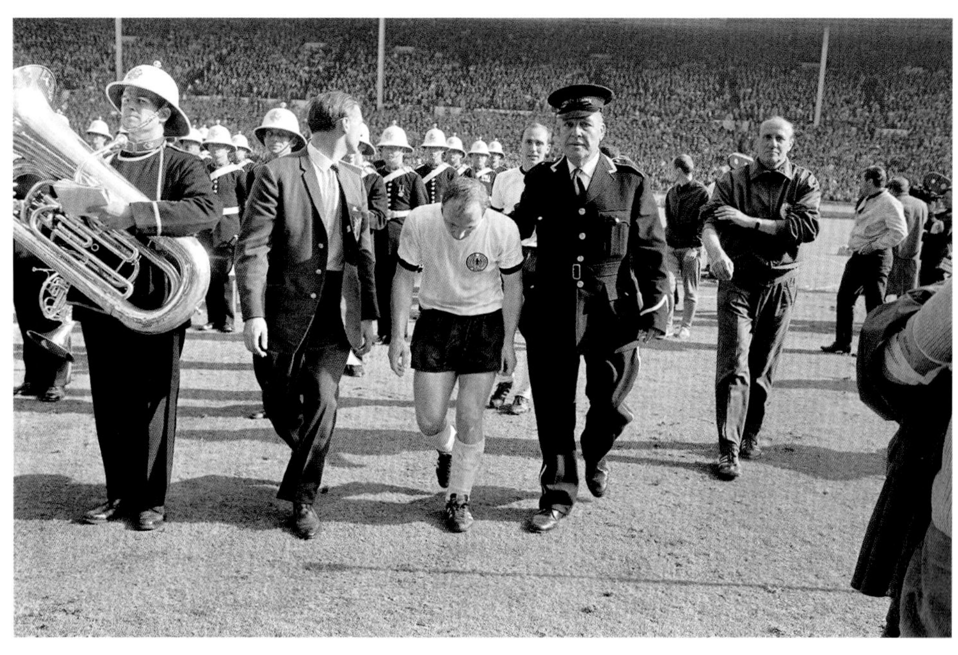

**Das Sportfoto des Jahrhunderts von Axel Springer jun.
ist zu einer Ikone der Sportfotografie geworden.**
(Scan)

20 DAS LETZTE GEHEIMNIS VON WEMBLEY

Das Sportfoto des Jahrhunderts 1966

Die Abendsonne wirft lange Schatten, der Kapitän der deutschen Mannschaft verlässt mit gesenktem Kopf den Rasen von Wembley. Ein Sicherheitsbeamter legt Uwe Seeler tröstend die Hand auf den Rücken, der WM-Protokollchef bahnt ihm den Weg zur Ehrenloge von Queen Elisabeth II. auf der Tribüne. Im Hintergrund folgen der ebenfalls von den Strapazen gezeichnete Bundestrainer Helmut Schön und Abwehrspieler Willi Schulz sowie die Musikkapelle, die kurze Zeit später die Hymne für den Sieger spielen wird. – Viele Pressefotografen haben versucht, diesen symbolhaften Moment der deutschen Niederlage gegen England im Endspiel um die Fußballweltmeisterschaft 1966 einzufangen. Den einen, treffenden Augenblick hat aber nur der Verlegersohn Axel Springer jun. erfasst, der sich als Fotograf Sven Simon nannte. Im Laufschritt suchte er sich nach dem Abpfiff der 2:4-Niederlage eine optimale Aufnahmeposition. Erst als er frontal zu Seeler stand, löste er mit seiner analogen Nikon-Spiegelreflexkamera und einem 80-mm-Festbrennweiten-Objektiv das berühmte Foto aus. Axel Springer jun. gab seinem Foto die Bildunterschrift: »Vom Kampf gezeichnet, vom Gegner geschlagen, an einem Irrtum zerbrochen.« Das Bild vereint Seelers Erschöpfung nach den kräftezehrenden 120 Minuten, seinen Schmerz über die Niederlage und die bittere Enttäuschung über das aus deutscher Sicht irreguläre 3:2-Führungstor der Engländer durch Hurst zu einer Momentaufnahme. Im Jahr 2000 wurde es zum »Sportfoto des Jahrhunderts« gekürt. In der Begründung der Jury hieß es: »Das Bild zeigt aufrechte Verlierer, die gebeugt waren, aber still und ohne Hass und Hader das Spielfeld verlassen.« Mit seiner Aufnahme schuf Axel Springer jun. bei weitem mehr als nur ein Fußballfoto. Das Bild ist ein Meisterwerk der Reportagefotografie.

Das Foto konnte seine Wirkung nur ohne Farbe entfalten – seine Schwarz-Weiß-Ästhetik ist das zeitlose Stilelement des Entrückten und befördert die eingefangene Szenerie schon bei der Aufnahme in die Nähe des Mythos. Das Deutsche Fußballmuseum hat in der großen Fotoausstellung *Wembley 1966 – Der Mythos in Momentaufnahmen* von 2016 erstmals das berühmte Foto in seinem unmittelbaren narrativen Zusammenhang gezeigt: War es wirklich die Niedergeschlagenheit, die Uwe Seeler zu Boden schauen lässt, worüber vielfach gerätselt und diskutiert wurde? Journalisten hatten immer wieder vermutet, Seeler hätte nur auf seine lockeren Schnürsenkel geschaut. Im Archiv der Fotoagentur Sven Simon entdeckte das Deutsche Fußballmuseum die Kontaktabzüge der Endspielfotos von Axel Springer jun. Spannend beim Betrachten der Negativstreifen ist die szenische Auflösung des Motivs vom Jahrhundertfoto mit der Negativnummer 18A. Auf den beiden folgenden Aufnahmen 19A und 20A bückt sich Seeler und fasst an seinen rechten Stutzen. Diese beiden Motive waren bislang unbekannt, der Agenturfotograf Axel Springer jun. hatte sie damals nicht zur medialen Verbreitung angeboten – weil sonst der Symbolgehalt seines Hauptmotivs zerstört worden wäre? Entpuppt sich dieser eine metaphorische Augenblick für die Wembley-Niederlage mit dem gesenkten Haupt von Uwe Seeler doch bloß als Belanglosigkeit? Das folgende Bild des Kontaktbogens mit der Negativnummer 21A erhärtet diese Vermutung nicht, im Gegenteil: Seeler richtet sich aus seiner gebückten Haltung wieder auf, als hätte er nur einen flüchtigen Moment lang verweilt und innegehalten. Jetzt ist erstmals sein Gesichtsausdruck zu sehen: der Blick geht ins Leere und offenbart seine Enttäuschung, Erschöpfung und Fassungslosigkeit. Das drei, vier Sekunden zuvor ausgelöste Jahrhundertfoto bekommt nunmehr ein Gesicht. Mimik und Körperhaltung Seelers entsprechen sich. Damit vervollständigt sich der Gesamteindruck der abgebildeten Szenerie und erschließt den Kontext des Fotos. Axel Springer jun. hat den symbolischen Augenblick von Wembley aus deutscher Sicht eingefangen. Der Kontaktabzug aus dem Archiv von Sven Simon zerstreut ebenfalls den letzten Zweifel, das Jahrhundertfoto sei gar nicht nach dem Spiel aufgenommen worden. Zeitweise hatte sogar Uwe Seeler selbst vermutet, die bekannte Szene stamme vielmehr aus der Halbzeitpause. Nach dem berühmten Bild mit Uwe Seeler folgen auf dem Kontaktbogen aber keine Spielszenen mehr, sondern nur noch die feiernden Engländer mit dem WM-Pokal sowie die Aufnahmen der enttäuschten deutschen Spieler auf ihrer Ehrenrunde durch das Stadion. Damit ist auch der Zeitpunkt der Aufnahme geklärt. Es war ein besonderer Moment, Uwe Seeler 50 Jahre nach dem dramatischen WM-Endspiel die Kontaktabzüge zu zeigen und das letzte Geheimnis von Wembley zu lüften.

Die Nationalmannschaft zeigte sich nach diesem WM-Finale 1966 gegen die »Three Lions« als fairer Verlierer. Ihre aufrechte Haltung nach dem aus ihrer Sicht irregulären Spielverlauf brachte Deutschland fast 20 Jahre nach dem Krieg Sympathien auf der ganzen Welt ein. »Wenn das Verhalten unserer

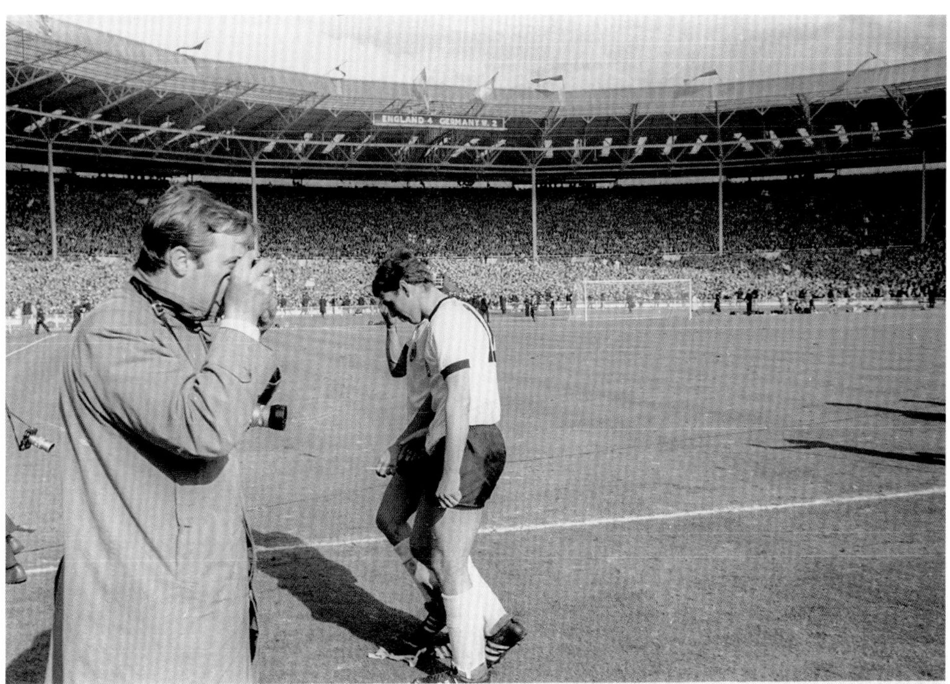

Sven Simon löste in diesem Moment das Sportfoto des Jahrhunderts aus.

Mannschaft dazu beigetragen hat, dass unser Ansehen als Deutsche gestiegen ist, war diese Weltmeisterschaft auch ohne Titel ein Erfolg auf ganzer Linie«, sagte Seeler, der Kapitän, der nach der strittigen Entscheidung zum 3:2 seine protestierenden Mitspieler von Schiedsrichter Dienst ferngehalten hatte. 29 Sekunden nach Gottfried Diensts bitterem Pfiff wurde die Begegnung fortgesetzt. Die Szenen vom WM-Finale 1966 in Wembley sind allgegenwärtig – sie sind zu Schlüsselbildern deutscher und englischer Erinnerungsgeschichte geworden. Das ikonografische Foto von Axel Springer jun., der für das Magazin *twen* nach England gereist war und als einer von 172 akkreditierten Fotografen über die WM 1966 berichtete, wurde fast so berühmt wie das dritte Tor von Wembley. Nur einmal noch hat sich Axel Springer jun. alias Sven Simon mit seinem außergewöhnlichen Gespür für den entscheidenden Augenblick selbst übertroffen – als er am 7. Dezember 1970 den Kniefall von Willy Brandt vor dem Ehrenmal der Helden des Warschauer Ghettos einfing.

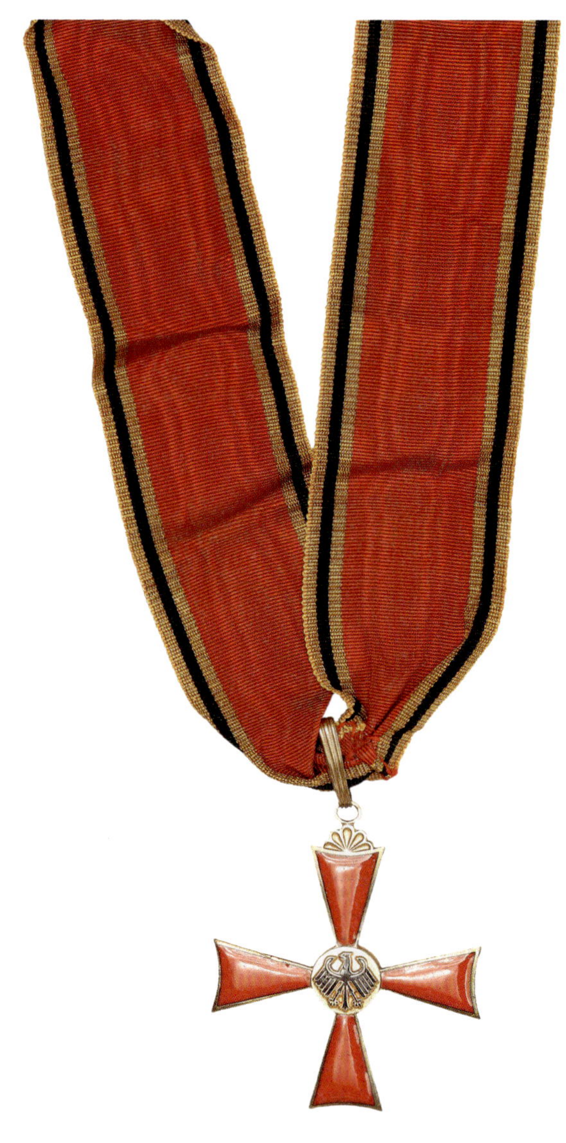

Das Bundesverdienstkreuz zeichnet Uwe Seeler als herausragende Persönlichkeit des Sports aus.

(Metall, Kunststoff, Kreuz 7 x 6 cm, mit Band 30 x 8 cm)

21 IDOL OHNE VERFALLSDATUM

Bundesverdienstkreuz für Uwe Seeler 1970

Uwe, Uwe«, schmetterten die Fans noch einmal von den Rängen, als der parlamentarische Staatssekretär Wolfram Dorn auf dem Spielfeld Uwe Seeler das Große Verdienstkreuz der Bundesrepublik Deutschland verlieh. Schauplatz der Szenerie war das Städtische Stadion in Nürnberg. Der Kapitän der deutschen Nationalmannschaft bestritt beim 3:1 über Ungarn sein 72. und letztes Länderspiel. Uwe Seeler, der populärste deutsche Fußballer, dessen Autogramm bei den Unterschriftensammlern in den Aufbaujahren den Wert von »vier Adenauers« besaß, beendete am 9. September 1970 nach vier WM-Teilnahmen und 43 Toren in 72 Länderspielen mit 33 Jahren seine Karriere in der DFB-Auswahl. Der auf die weiße Trainingsjacke herabbaumelnde purpurne Orden adelte Uwe Seeler und den ganzen deutschen Fußball – der Ehrenspielführer der Nationalmannschaft war der erste Sportler überhaupt, der diese Auszeichnung im Namen des Bundespräsidenten erhielt. Ein Fußballer auf Augenhöhe mit Staatsmännern, Denkern und Dichtern – das hatte es bis dahin nicht gegeben. An Seelers Gesichtsausdruck ist abzulesen, wie sehr ihn die Ehrung bewegte.

Viele sahen in seinem Lebensweg ein Musterbeispiel für den Wiederaufbau nach dem Krieg; Seeler verkörperte in den 1950er- und 1960er-Jahren den Spielertypus, der sich durch den Sport und kraft seiner Persönlichkeit mit Disziplin, Fleiß und Ehrgeiz gesellschaftlich nach oben gekämpft hat. Uwe

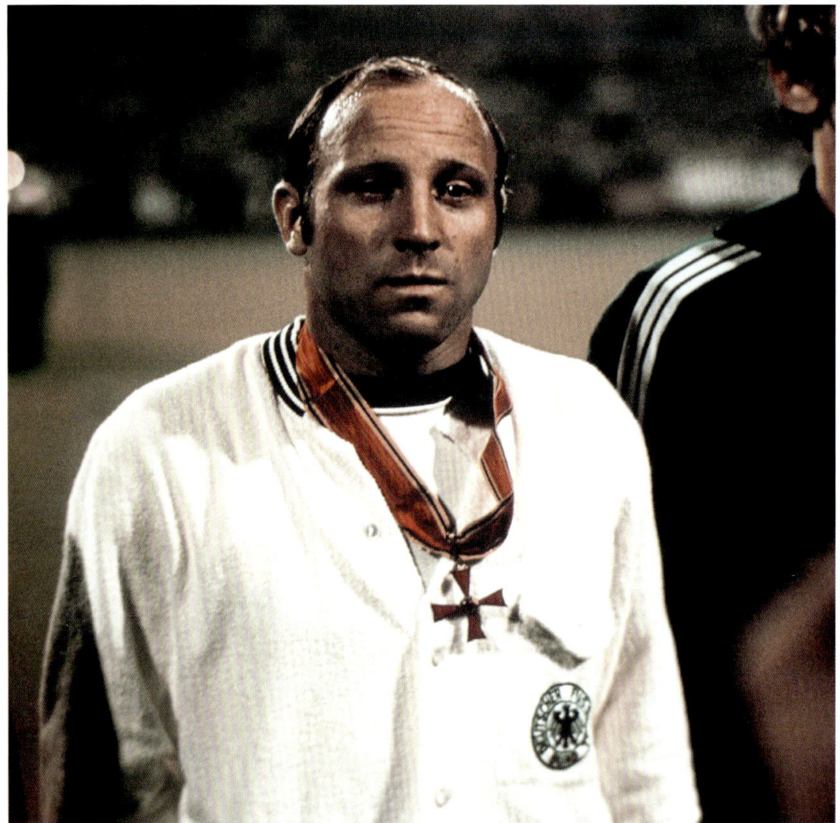

Sichtlich ergriffen nahm Uwe Seeler den Verdienstorden vor seinem letzten Länderspiel gegen Ungarn im September 1970 entgegen.

Seeler, der Ur-Hamburger, als Kind des Wirtschaftswunders. Nur wenige Persönlichkeiten haben so deutliche Spuren in der deutschen Fußballgeschichte hinterlassen wie der unermüdlich rackernde, explodierende 1,70 m große Mittelstürmer mit Torgarantie. Im Hamburger Hafen ist er groß geworden. Was Uwe Seeler schon von klein auf nach dem Krieg beim Fußballspielen auf den Trümmergrundstücken ausgezeichnet hat, konnte er später in seinem kraftvollen Spiel auf dem Platz umsetzen: seinen unbedingten Willen, seinen bedingungslosen Einsatz bis zur Schmerzgrenze und auch darüber hinauszugehen. »Weicheier will ich hier zu Hause nicht haben«, hatte ihm einst sein Vater, ein Haudegen ohne Ende, am Küchentisch mit auf den Weg gegeben.

Der machte nur wenige Worte. Die aber saßen. Als Hafenarbeiter absolvierte Erwin Seeler oft zwei Schichten hintereinander, danach zog er zum Fußballtraining beim Arbeiterklub SC Lorbeer 06. Sein Vater lebte vor, was Uwe verinnerlichte. Sich hängen lassen, das gab es bei den Seelers nicht. Und Solidarität war nicht nur ein Lippenbekenntnis.

Im zerbombten Nachkriegshamburg waren Steineklopfen und Kupferschlagen angesagt, schweißtreibende Arbeit gehörten für den kleinen Uwe und seinen älteren Bruder Dieter zur Kindheit. Nach der Schule und der kollektiven Aufbauarbeit wurde Fußball gespielt, sie kickten überall, vor allem auf Trümmergrundstücken, bis in die Abendstunden hinein. Aus verbogenem Blech bauten sie kleine Hütten, denn schließlich träumten die Jungs von einem eigenen Clubhaus. Sie spielten mit Bällen, die Ostereiern glichen. Und wenn auf dem Straßenbelag die Ballnaht durchscheuerte und die Blase platzte, wurde das Spielgerät provisorisch geflickt, Hauptsache, da kullerte etwas, und die Jungs auf der Straßen konnten die Tristesse für einen Moment vergessen. Uwe war zwar der Kleinste auf der Straße, wurde aber schon bald als Erster gewählt. Er lernte schnell, sich beim vier gegen vier oder zwei gegen zwei durchzusetzen. Ihn konnte keiner einschüchtern. Später, als Spieler des HSV, musste er oft gegen Doppelstopper spielen. Zwei Innenverteidiger gleichzeitig, die gegen das kleine, stämmige Energiebündel ordentlich getreten haben, aber nicht verhindern konnten, dass Seeler mit beinahe allen Körperteilen seine Tore erzielte. Der ehemalige Bundespräsident Horst Köhler nannte Uwe Seeler ein »deutsches Vorbild«. »Uns Uwe«, wie ihn der Journalist und Theaterkritiker Richard Kirn taufte, schien der ganzen Nation zu gehören. Er war ein Held zum Anfassen, den die Menschen liebten, der ihnen das Gefühl gab, einer von ihnen zu sein. Schweiß auf der Stirn, Dreck am Hemd, Blut am Bein – was sich klischeebeladen anhört, waren die Insignien seines Spiels. Ein Vorbild ist Seeler immer gewesen, in jeglicher Hinsicht.

Die Einführung der Bundesliga 1963 kam für ihn mit 27 Jahren im vorgerückten Fußballeralter spät. Dennoch hat er die höchste deutsche Spielklasse in der ersten Phase geprägt. In 239 Spielen erzielte er 137 Tore, wurde der erste Torschützenkönig der Liga und der erste »Fußballer des Jahres«. Vor allem aber verkörperte er den aufrechten Sportsmann. Am 21. Spieltag der

Saison 1965/66 gastiert der HSV bei Tasmania Berlin. Die ganze Liga lachte über den Rekordletzten, 8:60 Punkte, 15:108 Tore. Der pfeilschnelle Linksaußen Gert »Charly« Dörfel hatte die beiden ersten Treffer für den HSV vorbereitet und das 3:0 selbst erzielt. Wieder stürmt Dörfel über links. Sein Gegenspieler Bernd Meißel rutscht aus, liegt blank. Dörfel stoppt ab, setzt sich auf den Ball, winkt seinen völlig überforderten Widersacher heran, läuft ihm wieder davon und flankt millimetergenau in den Strafraum auf den völlig freistehenden Uwe Seeler, der nur noch einzunicken braucht. Doch Seeler lässt den Ball durch und ranzt seinen Mitspieler an: »Wenn du das noch mal machst, gehst du vom Platz. Viele Tore sind okay, aber den Gegner vorführen, gibt es bei uns nicht!« Dörfel spielte mit Anstand weiter und Uwe Seeler markierte kurze Zeit später aus dem Spiel heraus den letzten Treffer zum 4:0.

Als Franz Beckenbauer am 21. Juli 2022 vom Seelers Tod erfuhr, schossen ihm Tränen in die Augen. »Er war mein Kapitän, der älteste Freund, den ich hatte. Einen Menschen wie ihn gibt es kein zweites Mal.«

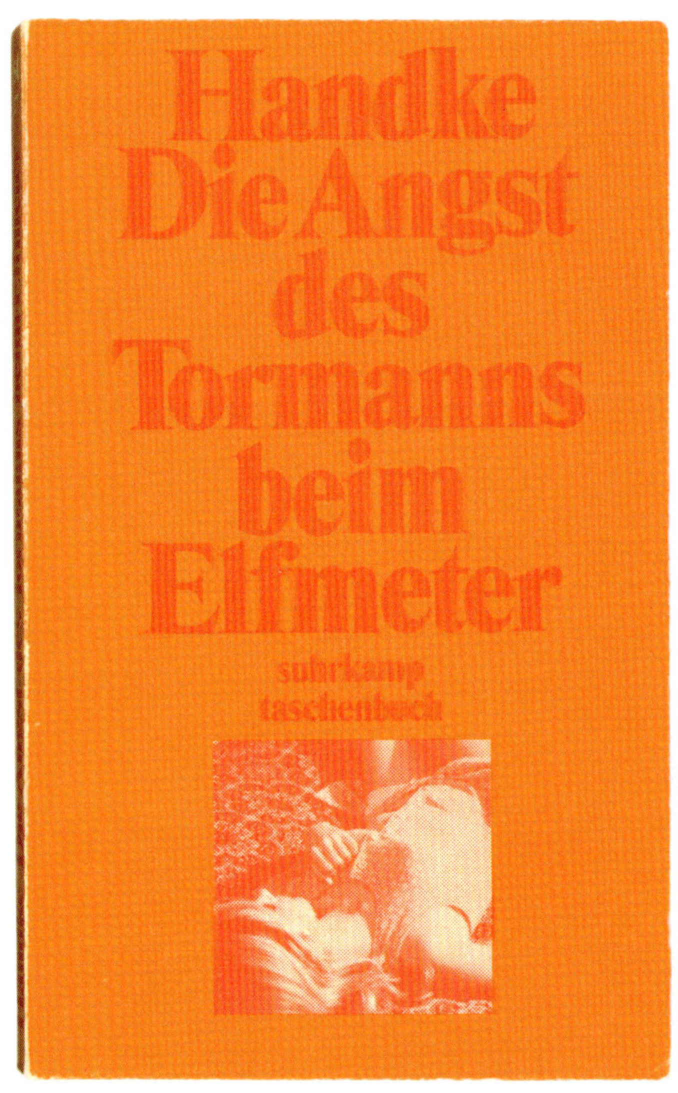

Peter Handkes Roman *Die Angst des Tormanns beim Elfmeter* erreichte in seiner Erstauflage mit 25 000 gedruckten Exemplaren im Mai 1970 Platz neun der Spiegel-Bestsellerliste. Inzwischen ist das Werk mehrfach aufgelegt und in mehrere Sprachen übersetzt.
(Papier, 17,7 x 10,7 x 1 cm)

22 STILLE FRECHHEITEN

Peter Handkes Roman *Die Angst des Tormanns beim Elfmeter* 1970

In der Gartenstadt Chaville, in dem kleinen Vorort zwölf Kilometer südwestlich von Paris und sechs Bahnstationen vom Versailler Schloss entfernt, wird Peter Handke längst als einer der ihren akzeptiert. Um die Mittagszeit schlendert er oft die Rue de Jouy entlang, die geradewegs zum Ortskern und zum Bahnhof führt. Er grüßt dann den Bäcker und hält ein Schwätzchen mit Jacques, einem ehemaligen Buchhändler, der jetzt den Zeitungsstand vor dem Markt unweit des Bahnhofs betreibt. Von Jacques kauft der Literaturnobelpreisträger seine *L'Equipe*, um die französische Sportgazette anschließend in einem Café ausführlich zu studieren. »Wie war das Spiel gestern?«, fragt der eine. »Grässlich«, antwortet der andere vor dem Zeitungsständer. Fußball hat den Österreicher mit slowenischen Wurzeln in der Pariser Vorstadtprovinz zugehörig gemacht. Und Fußball hat den provokanten wie umstrittenen Romancier, Wortartisten, Dramatiker, Lyriker, Übersetzer immer schon in den Bann gezogen. Die Spiele schaut er abends vor den Fernsehern in seinen bevorzugten Kneipen, in der Bar »Les Voyageurs« oder im Bistro »Au Berry«. Er kommt immer erst zur zweiten Halbzeit, ein ganzes Spiel mache ihn fertig, hatte er einmal gesagt. Er will unter Vertrauten sein, wenn er Fußball guckt, er will eintauchen in die Gemeinschaft, er sucht die Blicke der anderen, wenn die französische Mannschaft »Les Bleus« ein Tor erzielt, er stimmt ein in die »Ohs« und »Ahs«, wenn Großchancen vergeben werden oder Spielzüge begeistern. Verleger, Journalisten und andere Gesprächspartner überrascht er, indem er, der spöttische Provokateur, so fachkundig über Fußball spricht. Der große FC Barcelona nerve ihn mit diesem perfekten Dreieckspiel. Messi, Iniesta, Xavi – das sei doch elender Kontrollfußball. Und als Frankreich gegen China 0:1 verliert, wundert er sich: China steht an 84. Stelle der Weltrangliste.

Handke nennt Fußballspiele eine »gute Oase des Schauens« und sich selbst einen »guten Zuschauer«. Was das bedeutet, im Fußball ein Zuschauer zu sein, beschreibt Handke in seinem wunderbar poetischen wie klaren Essay *Die Welt im Fußball*, ein Feuilletontext des damaligen Jurastudenten für Radio Graz von 1963 als vorschriftstellerischer Schreibversuch, eine Hymne auf das Spiel mit dem Ball, das für Handke ein Sinnbild für das Ungewisse, für das Glück und die Zukunft ist – eine Berührung mit der Ästhetik. Die Zuschauer, schreibt Handke, »bewundern die Aktion, sie bewundern die Ordnung, die Anmut der Läufe, die Schwerelosigkeit in den Sprüngen, die Komik der Tricks, die Ruhe in den Bewegungen des Tormanns, das Durchbrechen des Einzelnen durch eine Meute. Sie bewundern die nahezu vollkommene Beherrschung eines Gegenstandes durch den Menschen, die in diesem Fall Ballbeherrschung heißt.« Der Schweizer Dramatiker und Romancier Thomas Hürlimann bezieht sich bei seiner philosophischen Deutung des Fußballs auf Platon, »für den alles rund war, die Sphäre, die Seele, der Globus, der Mensch«. Auch für Handke wird der Ball zu einer mystischen Gestalt: »Die Kugelform des Fußballs ist ein Symbol des unberechenbaren Zufalls.« Und: »Das Rundsein ist sozusagen die Idealvoraussetzung für die Bewegung

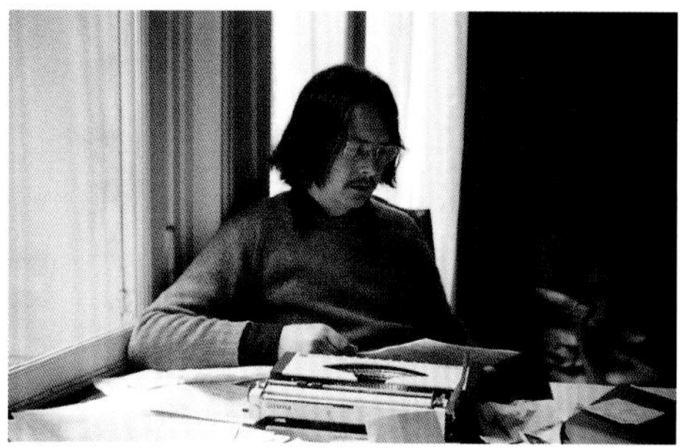

Peter Handke machte den Fußball in der Literatur- und Kulturszene salonfähig.

auf Erden«, »der Ball, dessen Seele mit Luft gefüllt ist, kann für eine Zeit der Schwerkraft der Erde widerstehen.« Existenzielle Beschreibungen über das Wesen einer Spielart, die Altbundestrainer Sepp Herberger in entwaffnender Einfachheit in seinem berühmten Aussagesatz kulminierend verdichtete: »Der Ball ist rund.«

In seiner frühen Schaffensphase, nur wenige Jahre nach seinem brillanten Essay für Radio Graz, machte Peter Handke mit zwei Texten den Fußball schlagartig literatur- und kulturfähig. Das Gedicht *Die Aufstellung des 1. FC Nürnberg vom 27.1.1968*, erschienen in seinem ersten Lyrikband *Die Innenwelt der Außenwelt der Innenwelt* (1969), sowie sein kurzer Roman *Die Angst des Tormanns beim Elfmeter* (1970) sind fundamental, bis heute. »Schreiben war für mich immer so etwas wie ein unerhörter Tabubruch, eine stille Frechheit«, hatte Handke gesagt. Dafür war für ihn das Sujet Fußball in seinen Anfangsjahren, als er den politisch engagierten Stars der deutschen Literaturszene der Nachkriegsepoche wie Grass, Lenz oder Böll beim Schriftstellertreffen der legendären *Gruppe 47* in Princeton/USA im Stile seines in Frankfurt 1966 uraufgeführten provokanten Sprechstücks *Publikumsbeschimpfung* »Beschreibungsinkompetenz« für ihre »dumme und läppische Prosa« attestierte, ein willkommenes Ausdrucksmittel. Handke hatte in seiner unerschrockenen Frechheit den Fußball als einen bis dato in der Kunst und Kultur gänzlich unbeachteten Gegenstand zur Literatur erhoben. In beiden Texten dieser Frühphase, die vielleicht seine beste war, finden sich die Leitmotive seines späteren Werks wieder, die Reflexion über Sprache und das Verhältnis von Ich und Welt. Beide Texte sind Schlüsseltexte für die Literatur jener Zeit und für die Fußballkultur im Besonderen. Mit Handke war der Fußball in den 1970er-Jahren intellektuell, kulturell und literarisch salonfähig geworden.

Die Angst des Tormanns beim Elfmeter ist Handkes bekanntester Erzähltext, und bis heute ist das Prosawerk der nennenswerteste deutschsprachige Fußballroman, auch wenn der Fußball selbst in den dichten 115 Seiten nur eine beiläufige Rolle spielt. Handke stilisiert vielmehr eine Ursituation des nervenaufreibenden Fußballs zur Angstmetapher eines einfachen Menschen, der sich nach einem Mord auf der Flucht aus der Welt gerissen fühlt und in eine existenzielle Sprach- und Wahrnehmungskrise verfällt. Die Angst der kafkaesken Hauptfigur Josef Bloch kristallisiert sich in der einstigen Furcht des früheren Tormanns Josef Bloch in spielentscheidenden Augenblicken auf dem Platz. Warum nur versagte er bei Flutlichtspielen? Welche aufwühlenden Momente durchlebte er, wenn ihm, Mann gegen Mann, der Elfmeterschütze stechend in die Augen blickte? Die Angst eines Tormanns entpuppt sich als Entsprechung für die Angst eines Mörders vor dem Leben.

Auch sein Gedicht *Die Aufstellung des 1. FC Nürnberg vom 27.1.1968* – stilbildend. Handke bildet in der Tradition des Figurengedichts das Mannschaftsschema des späteren Meisters 1. FC Nürnberg vom DFB-Pokalspiel gegen Bayer Leverkusen ab. Unter den durchgängig in Großbuchstaben geschriebenen Spielernamen in der Formation der sogenannten Schottischen Furche mit Torwart, zwei Verteidigern, drei Mittelläufern und fünf Stürmern steht nur noch die Uhrzeit des Spielbeginns. – Nicht mehr, nicht weniger. Ein informativer, statistischer Gebrauchstext als Gedicht. Der Fußball an sich, eine Mannschaftsaufstellung, wird zum aufgeschriebenen Denkmal. Fußball wird zur Poesie. Fußball ist Poesie! Doch, ach: Handke lässt in seiner lyrischen Anfangsaufstellung auf der Position des linken Verteidigers nicht Horst Leupold, sondern Helmut Hilpert spielen. Dabei wurde Hilpert erst in der 76. Minute eingewechselt. Und Club-Trainer Max Merkel hatte gar nicht in einem 2-3-5-System spielen lassen, sondern in der taktischen Ausrichtung 3-4-3. Irrtum oder einfach nur eine stille Frechheit? Handke inspirierte die Gelehrten, an den Universitäten wurde heftig die Frage diskutiert: Handelt es sich bei Handkes Gedicht um einen fiktionalen oder nichtfiktionalen Textgehalt? Spricht Handke im Spiel oder im Ernst? Spätestens da war der Fußball in der Literatur angekommen.

Nur die Fußballwelt selbst zauderte noch. Petar »Radi« Radenkovic, jugoslawischer Meisterspieler vom TSV 1860 München und nach eigenen Angaben in typischem Akzent »bestes Torwart der Welt« sollte Handkes Roman für das Fernsehen rezensieren. »Hab ich gelesen erste Seite, war da Hoffnung. Hab ich gelesen zweite Seite – hm. Hab ich gelesen dritte Seite – ist kein gewöhnliches Buch. Ist schade für Zeit.« Und Torwartkollege Sepp Maier monierte: Der Buchtitel *Die Angst des Tormanns beim Elfmeter* sei ja völliger

Quatsch. Nicht der Torwart, sondern der Schütze habe beim Elfmeter den Druck, zu versagen. Damit hatte der langjährige Nationaltorhüter sogar recht. Aber wer weiß das schon. Vielleicht spielt in dieser legendären Zeile, die längst zum geflügelten Wortschatz gehört, wieder einmal ganz bewusst Handkes unerhörter Tabubruch als stille Frechheit mit.

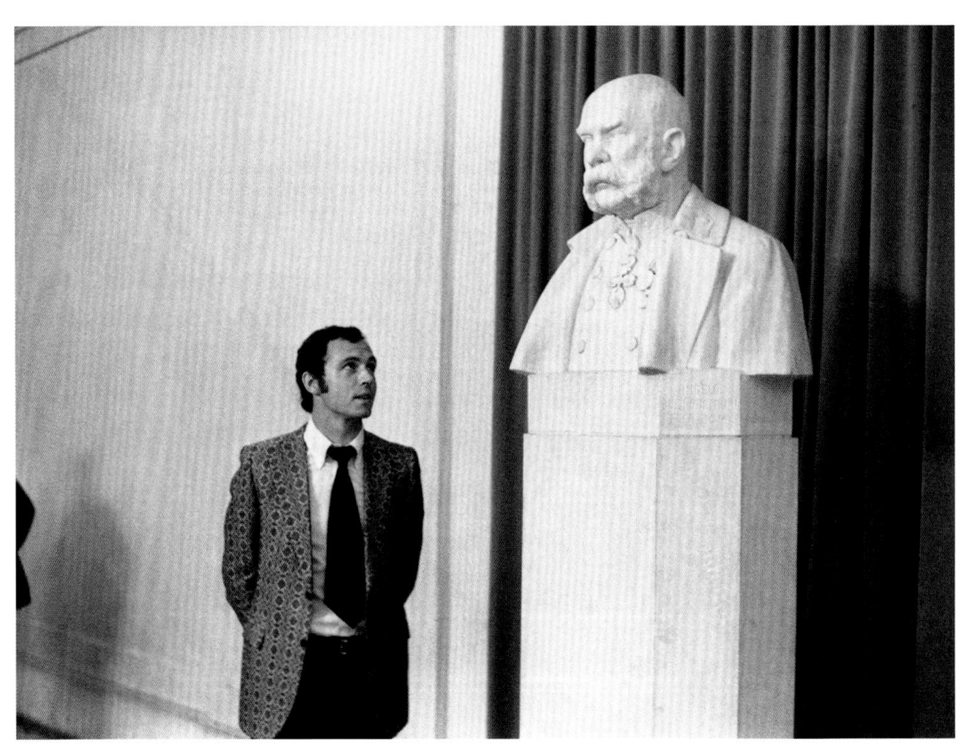

Mit seiner Fotografie von Franz Beckenbauer vor der Büste von Kaiser Franz Joseph I. schuf Herbert Sündhofer eine heitere Allegorie deutscher Fußballgeschichte.
(Scan)

23 MONARCHEN UNTER SICH

Fotografie von Franz Beckenbauer in der Wiener Hofburg 1971

Am 26. September 1965 feierte Franz Beckenbauer sein Debüt in der Nationalmannschaft. Er spielte überragend. Dabei hatte der 20-Jährige erst sechs Bundesligaspiele absolviert. Aber was er beim alles entscheidenden Qualifikationsspiel zur WM 1966 im Råsunda Stadion von Solna zeigte – Deutschland gewann 2:1 gegen Schweden –, verzückte die Beobachter aus aller Welt sofort. Einen »damned boy« nannte ihn ein britischer Reporter, einen Teufelskerl. Virtuos, ja beinahe vollkommen wirkte Beckenbauers Leichtigkeit auch in der Folge. Mit lässiger Eleganz überstrahlte die Nummer 5 alles und alle, wenn er den Ball mit der Fußspitze anlupfte und in den freien Raum legte oder ihn mit dem Außenspann annahm, das Tempo drosselte oder mit einem blitzschnellen Pass in die Tiefe den überraschenden Konter einleitete. Ihm trauten die Leute zu, mit den Händen in den Hosentaschen besser Fußball zu spielen als zwei oder drei Musterathleten und Laufwunder zusammen. Huldigende Sprachbilder häuften sich. »Gentleman am Ball«, sagten die einen, »Filou auf leisen Sohlen«, die anderen. Für Sepp Herberger war er gar »ein Fußballer von Gottes Gnaden«. Zum »Kaiser« krönte sich Franz Beckenbauer beiläufig selbst – mit 25 Jahren, am 4. August 1971.

Austria Wien, Österreichs Serienmeister, hatte den FC Bayern aus Anlass des 60. Vereinsjubiläums zum Freundschaftsspiel geladen. Der Empfang nach dem 4:0-Sieg der Münchner führte die Spieler ins alte Machtzentrum der Monarchie, in die Wiener Hofburg, in der sich die Herrscher der Welt einst getroffen hatten, um Europa nach der Niederlage Napoleons in den Koalitionskriegen neu zu ordnen. Wo der Wiener Kongress zwischen September 1814 und Juni 1815 getagt und getanzt hatte, wo Ludwig van Beethoven im Großen Redoutensaal die Staatsoberhäupter mit seiner 7. Symphonie begeisterte, wandelten Sepp Maier, Paul Breitner, Gerd Müller und die anderen Bayern-Stars auf den Spuren von Österreichs Kaiser Franz I., Russlands Zar Alexander I. und Preußens König Friedrich Wilhelm III. Im Entree der Neuen Hofburg stand Beckenbauer dem letzten großen Kaiser der Donaumonarchie gegenüber, Franz Joseph I., in Stein gemeißelt, auf der Feststiege. Entstanden um 1908, folgt die Büste der Bildhauerin Lona von Zamboni (1877–1945) dem damals schematisierten Typus der Heldenpose mit Säule und Vorhang zur Glorifizierung des absolutistischen Herrschaftsanspruchs. Der berühmte Backenbart des Kaisers sticht ins Auge, die Assoziation zu Joseph Roths eindrucksvollen Schilderungen des »allerhöchsten

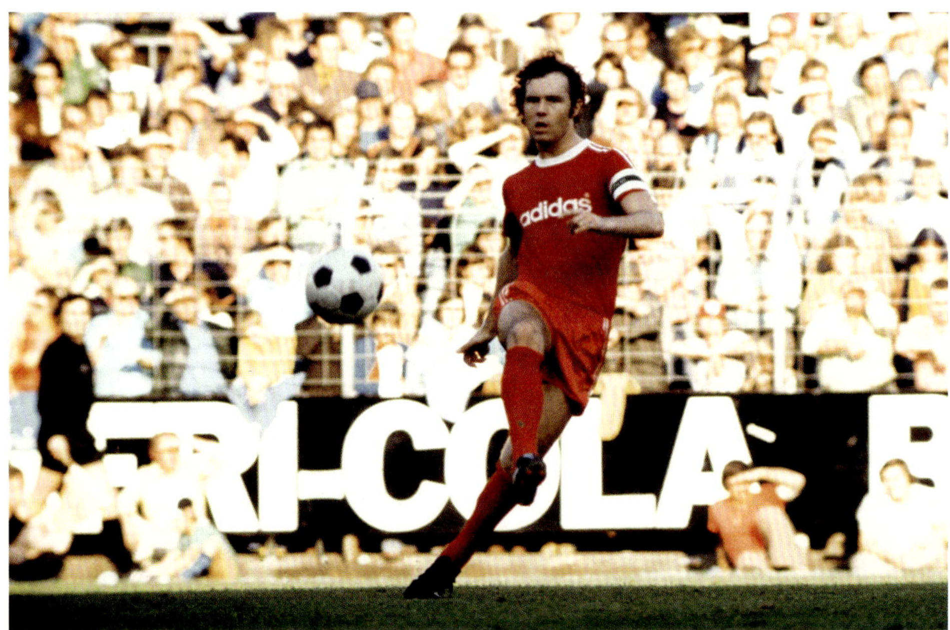

Sein lässiges wie technisch brillantes Spiel machte Franz Beckenbauer zur Ausnahmeerscheinung im deutschen Fußball.

Kriegsherrn im blütenweißen Feldmarschallsrock mit blutroter Schärpe« in seinem Roman *Radetzkymarsch* drängt sich auf. Als sich Beckenbauer neben die Portraitplastik stellte, gelang dem österreichischen Fotografen Herbert Sündhofer ein Bild mit musealem Haltbarkeitsdatum.

Der festgehaltene Augenblick besticht durch seine Sinnbildlichkeit. Der junge Beckenbauer, der mit seinem weißen Hemd, den dunklen Haaren, der etwas zu kurz gebundenen Krawatte und dem ganz unglaublich gemusterten Sakko an einen stolzen Torero erinnert, schaut etwas hochmütig mit verschränkten Armen auf dem Rücken zum habsburgisch-lothringischen Monarchen auf, als wolle er, mit dem Schalk im Nacken, signalisieren: Auch ich, der andere Franz, der mit 20 Jahren unerschrocken die Fußballwelt für sich erobert hat, bin zu weiteren großen Aufgaben und Taten bereit. Die Ära Beckenbauer nahm dann tatsächlich ihren Lauf wie einst die Regentschaft des österreichischen Kaisers, der mit 18 Jahren die Nachfolge von Ferdinand I. angetreten hatte und danach 68 Jahre regieren sollte, so lang wie kein anderer Monarch seiner Dynastie. Durch diese Fotoaufnahme und ihre mediale Verbreitung war die passende Metapher für den Ausnahmefußballer Franz Beckenbauer mit der Aura des Unantastbaren gefunden. Es gab von nun an ein sprachliches Etikett im Repertoire, das die Anmut seines Spiels und die Souveränität seines Auftritts adäquat auf den Punkt brachte: Kaiser Franz. Obwohl die *Bild*-Zeitung schon am 10. Juni 1969 über den »Kaiser von München« geschrieben hatte, verlieh erst dieser ikonografische Moment der Kaiserkrönung Beckenbauers eine bildliche Gestalt, die in den Köpfen blieb. Als das Foto am 16. August 1971 im Sportmagazin *Kicker* mit der Überschrift »Zwei Kaiser trafen sich in der Hofburg« veröffentlicht wurde, hatte Franz Beckenbauer einen Beinamen für die Ewigkeit erhalten. Herbert Sündhofers Zwei-Kaiser-Bild hält deshalb nicht nur eine amüsante Episode fest, sondern ist auch zu einer heiteren Allegorie deutscher Fußballgeschichte geworden. Das zwischenzeitlich in Vergessenheit geratene Schwarz-Weiß-Foto ist erstaunlicherweise in keiner der vielen Monografien über Beckenbauer zu finden.

Lona von Zambonis Büste von Franz Joseph I. steht auch heute noch im Stiegenaufgang der ehemaligen Kaiserresidenz, in der die Zeit der Fürsten und Monarchen längst vorbei ist. In der Hofburg residiert heute die demokratische Repräsentanz Österreichs: der Bundespräsident, der Minister und die Staatssekretäre des Kanzleramts. Der Fußball ist hingegen Kaiserreich geblieben. Beckenbauer machte nach seiner aktiven Karriere als Trainer und Funktionär weiter, wo er als Fußballer aufgehört hatte: Er wurde als Spieler Weltmeister, er wurde als Teamchef Weltmeister. Und als Chef des WM-Organisationskomitees bescherte er Deutschland 2006 das »Sommermärchen«. Beckenbauer – die vielzitierte »Lichtgestalt«. Passend dazu sein damaliges Domizil in Kitzbühel – es lag, natürlich, am Kaiserweg. Dann aber, wenige Wochen nach seinem 70. Geburtstag, im Oktober 2015, brach eine Götterdämmerung über den Jahrhundert-Libero und medialen Ubiquitär herein. Dubiose Millionenzahlungen im Zuge der Vergabe der WM 2006 warfen einen Schatten auf seine glänzende Arbeit als Organisationschef. Nach dem Tod seines Sohnes Stephan und zwei Herzoperationen trat Beckenbauer öffentlich nicht mehr in Erscheinung. Nach mehr als drei Jahren kehrte er im April 2019 bei der Gründungsgala der Hall of Fame des deutschen Fußballs für einen Abend auf die öffentliche Bühne zurück. Deutschlands führende Sportjournalisten hatten ihn nahezu einstimmig mit Uwe Seeler, Lothar Matthäus, Günter Netzer, Sepp Maier, Paul Breitner, Fritz Walter, Helmut Rahn, Gerd Müller, Matthias Sammer, Andreas Brehme und Sepp Herberger als Gründungsmitglied in die Ruhmeshalle berufen. Ihn, den größten Spieler, den der deutsche Fußball hervorgebracht hat, nach langer Zeit wieder greifbar und fühlbar im Deutschen Fußballmuseum zu erleben, war für viele ein bewegender Moment. Würde es für die Hall of Fame einen Mannschaftskapitän geben – die besten deutschen Spieler hätten an diesem feierlichen Abend den ewigen Kaiser gewählt.

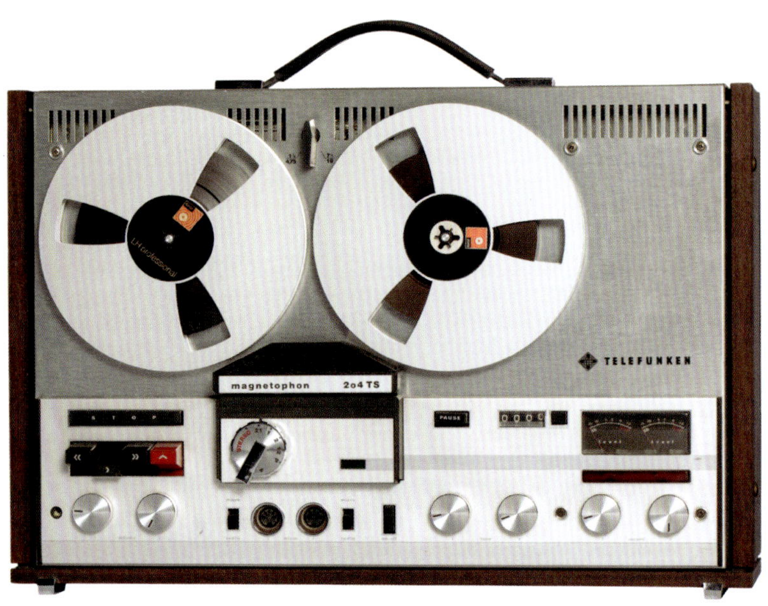

Dieses Magnetophonband 204 TS der Firma Telefunken lieferte mit dem Abspielen aufgezeichneter Telefongespräche die Beweise im Bundesliga-Bestechungsskandal.
(Metall, Kunststoff, 38 x 50 x 17 cm)

24 »ICH HABE DA EINEN DUFTEN VORSCHLAG«

Magnetophon aus dem Bundesliga-Bestechungsskandal 1971

An jenem heißen Vormittag des 6. Juni 1971 parkten die Limousinen in langer Reihe vor dem herrschaftlichen Bungalow in der Rosenstraße 19 in Offenbach. Kickers-Präsident Horst-Gregorio Canellas hatte zu seinem 50. Geburtstag geladen. Zur illustren Gästeschar zählte auch viel Fußballprominenz wie Bundestrainer Helmut Schön. Als Maria Canellas, die von ihrem Mann nur liebevoll »Mausi« genannt wurde, das üppige Buffet herrichtete und Zigaretten, Champagner und allerlei Spirituosen reichte, baute Kickers-Stadionsprecher Werner Hix auf dem Gartentisch sein Tonbandgerät auf. Es muss um die Mittagszeit gewesen sein, als der Hausherr, der solche öffentlichen Auftritte liebte, seine große Skandal-Enthüllung ankündigte. Mit Tonmeister Hix setzte er sich vor das Tonbandgerät und die Gäste scharten sich gebannt um sie herum. »Meine Herren, ich muss Ihnen sagen, dass mein Verein Offenbacher Kickers gestern durch Betrug aus der Bundesliga abgestiegen ist. Ich kann Ihnen das beweisen.« Dann drückte Hix auf »Start«. Helmut Schön war der Erste, der die Party verließ, als vom Band die verschwörerischen Stimmen von Tasso Wild, Bernd Patzke (beide Hertha BSC) und Manfred Manglitz (1. FC Köln) zu hören waren, wie sie mit dem Kickers-Präsidenten über Spielmanipulationen und Schmiergeldzahlungen verhandelten.

In der entscheidenden Phase des Abstiegskampfes war Canellas stutzig geworden. Der Südfrüchteimporteur stellte verwundert fest, dass seine Kickers ein Spiel nach dem anderen gewannen, eine kleine Serie von 8:2 Punkten hinlegten – und dennoch nicht aus dem Tabellenkeller kletterten. Die Konkurrenten aus Bielefeld, Oberhausen und Frankfurt siegten ebenfalls – mit zum Teil sonderbaren Ergebnissen. Als ihn der Kölner Torwart Manglitz anrief, hatte Canellas Gewissheit: Die Begegnungen im Bundesliga-Abstiegskampf wurden verschoben. Manglitz forderte vom Offenbacher Vereinsboss 25.000 Mark, sonst würde er beim Auswärtsspiel gegen Abstiegskonkurrent Rot-Weiss Essen »einige Dinger durchlassen«. Canellas ging auf den Handel ein. Das Geld zahlte Kickers-Geschäftsführer Konrad gegen eine Quittung aus – Köln gewann gegen Essen mit 3:2. Doch Canellas hatte eine Vorahnung, dass er die Konkurrenz im Korruptionsgeschäft nicht mehr einholen konnte – und sammelte Beweise in der Hoffnung, am Ende der Saison den Abstieg seiner Kickers am grünen Tisch doch noch verhindern zu können.

Am 2. Juni 1971, kurz vor der Übertragung des Endspiels um den Europapokal der Landesmeister zwischen Ajax Amsterdam und Panathinaikos Athen, war es diesmal Canellas, der Kölns Torwart Manglitz anrief. Sein Vertrauter Werner Hix zeichnete das Gespräch zur Beweisaufnahme mit dem Tonbandgerät auf. Canellas offerierte Manglitz, für das letzte Spiel von Offenbach in Köln »etwas zu regeln«. Der Nationaltorwart forderte 100.000 Mark für sich und fünf weitere Spieler. Canellas ging zum Schein, wie er später versicherte, darauf ein. Da aber für den Offenbacher Klassenerhalt die Bielefelder Arminia am letzten Spieltag zeitgleich nicht in Berlin punkten durfte, nahm Canellas auch Kontakt zu Herthas Wortführern Bernd Patzke und Tasso Wild auf. Und wieder bediente Hix das Tonbandgerät. Canellas versprach den Hertha-Spielern eine satte zusätzliche Siegprämie für ein gewonnenes Spiel gegen Offenbachs Rivalen im Abstiegskampf, als er hören musste, dass die Unterhändler der Bielefelder schon vor ihm vorstellig geworden waren. Bei 120.000 Mark stieg Canellas aus dem Bieterwettbewerb aus. Zwei Jahre lang hatte Hertha im heimischen Olympiastadion nicht mehr verloren – im Saisonfinale unterlag sie den Bielefeldern überraschend mit 0:1. Kickers Offenbach stieg aufgrund des schlechteren Torverhältnisses ab, der Bielefelder Klubvorstand feierte mit seinen Spielern den Klassenerhalt ausgelassen im Strandhotel von Travemünde. Im Deutschen

Fußballmuseum in Dortmund ist mit den Originalobjekten, dem Magnetophonband 204 TS der Firma Telefunken und dem beigefarbenen Wählscheibentelefon, die Szenerie nachgestellt, die den größten Skandal der Bundesligageschichte auslöste. Zwei Spulen beginnen sich zu drehen und die Museumsbesucher hören – wie seinerzeit die Gäste auf der Geburtstagsparty – die Stimme von Nationalspieler Bernd Patzke: »Da war schon einer da mit hundert Mille«, oder Hertha-Kapitän Tasso Wild: »Ich hab hier ´n ganz duften Vorschlag, weil's Offenbach ist. Ohne Kuhhandel hin und her: 140 und die Sache geht in Ordnung.«

Nach der denkwürdigen Geburtstagsfeier von Horst-Gregorio Canellas begann der DFB seine Ermittlungen, und bald schon sollten auch Staatsanwälte und Steuerfahnder ausschwärmen. Die junge Bundesliga hatte ihre Unschuld verloren. 18 Begegnungen waren im Abstiegskampf manipuliert, 1,1 Millionen Mark verschoben worden. 52 Spieler, zwei Trainer sowie sechs Vereinsfunktionäre wurden gesperrt und bestraft. Kickers Offenbach und Arminia Bielefeld wurde die Lizenz entzogen. Von den abstiegsbedrohten Vereinen hatte nur Rot-Weiss Essen ohne Scheckbuch gespielt – und musste zum Dank als Tabellenletzter die Bundesliga verlassen.

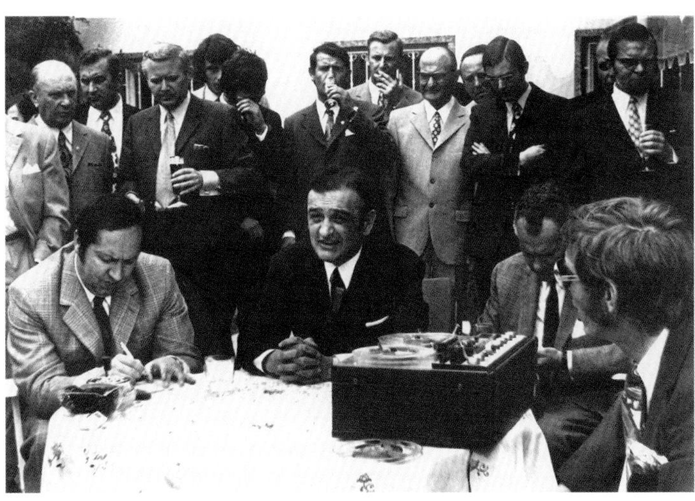

Horst-Gregorio Canellas (am Tisch in der Mitte) und Werner Hix (am Tonbandgerät rechts) enthüllten den größten Skandal der Bundesligageschichte.

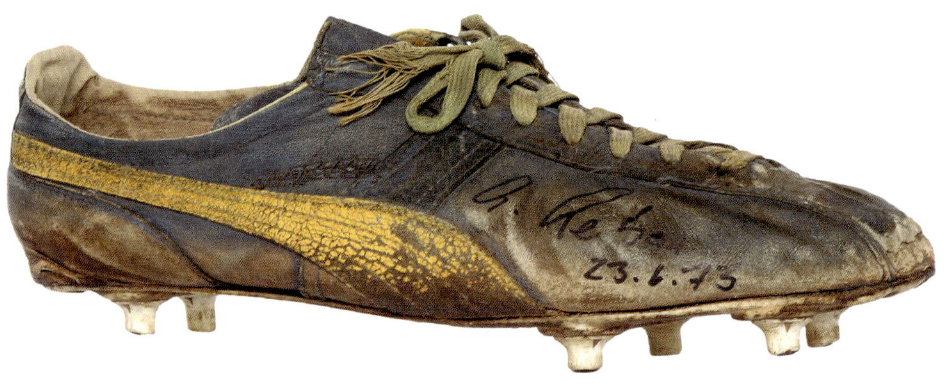

Diesen rechten Fußballschuh, eine Sonderanfertigung des Sportartikelherstellers Puma, trug Günter Netzer in seinem letzten Spiel für Borussia Mönchengladbach.
(Leder, Schuhgröße 47)

25 WIE DER SCHMOLLENDE ACHILLES

Fußballschuh von Günter Netzer aus dem DFB-Pokalfinale 1973

Ich spiele dann jetzt!« Diese vier Worte raunt Günter Netzer vor dem Anpfiff der Verlängerung des DFB-Pokalendspiels 1973 beim Betreten des Rasens seinem Trainer Hennes Weisweiler im Vorbeigehen zu. Netzers beiläufige Feststellung sollte zum berühmtesten Kurzmonolog des deutschen Fußballs werden. Als Netzer seine Trainingsjacke auszieht, sie neben Weisweiler auf die Bank wirft und das Spielfeld betritt, starrt der Meistertrainer von Borussia Mönchengladbach wortlos auf den Rasen des Düsseldorfer Rheinstadions. Ihm dröhnen die fordernden »Netzer, Netzer«-Sprechchöre der Fans in den Ohren, wie schon zur Halbzeit, als er während seiner Kabinenansprache dem ausgebooteten Mittelfeldregisseur die Anweisung gegeben hatte: »Günter, Sie spielen jetzt!« Da hatte Netzer vor versammelter Mannschaft nur geantwortet: »Nein, Trainer, ich spiele nicht!« Der Superstar, die erste Pop-Ikone des deutschen Fußballs, lässt sich nicht düpieren. Netzer bestimmt selbst, dass er in seinem letzten Spiel für Borussia Mönchengladbach gegen den 1. FC Köln in der Verlängerung des Pokalfinales für den völlig erschöpften Christian Kulik dann doch noch spontan ins Geschehen eingreift. Bei der ersten Ballberührung stößt Netzer mit wehender Mähne und langen Schritten aus der berühmten Tiefe des Raumes hervor, spielt einen unwiderstehlichen Doppelpass mit Rainer Bonhof und vollendet knapp hinter der

Kölner Sechzehnmetermarkierung mit einem abgerutschten, aber fulminanten Schuss in den linken Winkel seine Abschiedsinszenierung – 2:1, der Siegtreffer. Drei Tage später beginnt seine Zeit bei Real Madrid. Für den Weggang wollte ihn Weisweiler, sein Entdecker und Mentor, im Pokalfinale büßen lassen.

Netzer wäre nicht Netzer gewesen, hätte er Weisweiler und der Mannschaft nicht schon in der Halbzeitpause die Motivation seines rebellischen Ungehorsams haarklein dargelegt. Netzer liebte und fürchtete gleichermaßen die Auseinandersetzung mit Weisweiler, und gerne durften die Spieler als Publikum den oft hitzigen Dialog-Aufführungen beiwohnen. Die ständige Reibung mit seinem autoritären Trainer ließ Netzer, das begnadete Talent, zum Führungsspieler reifen. Seine Mitspieler nannten ihn ehrfürchtig nur den »King«, einmal mehr nach seinem Kabinenauftritt in der Halbzeit des legendär gewordenen Pokalfinales im Rheinstadion: »Herr Weisweiler, ich

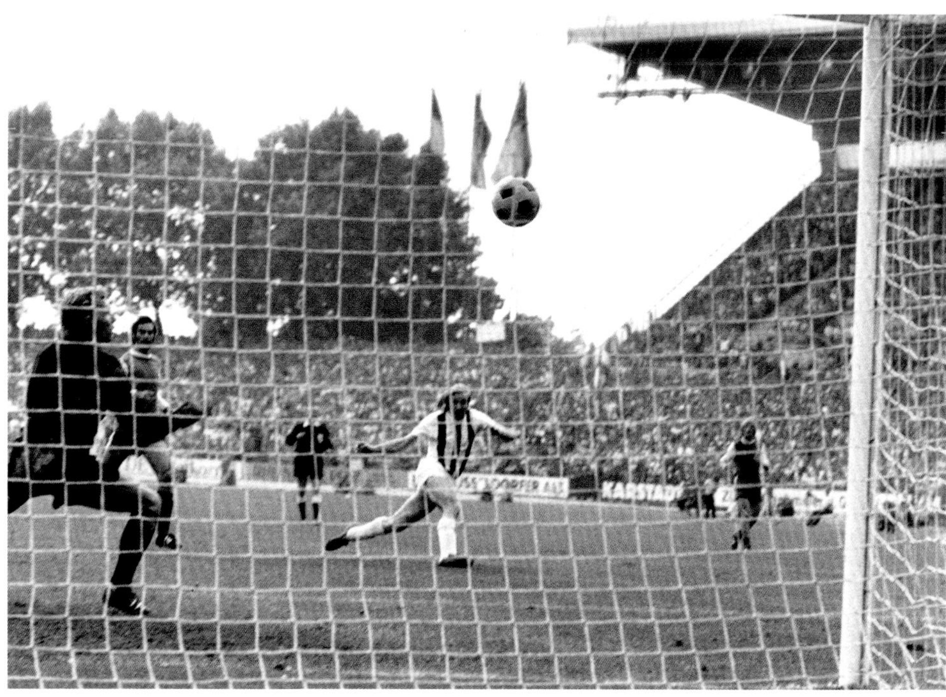

Nach seiner Selbsteinwechselung entschied Günter Netzer mit einem fulminanten Schuss in den Torwinkel das DFB-Pokalfinale gegen den 1. FC Köln.

bleibe draußen, weil ich der Mannschaft nicht helfen kann.« Es soll ganz still gewesen sein, nur die »Netzer, Netzer«-Rufe draußen auf den Rängen wurden immer lauter, als der Kapitän nach einer kleinen Pause fortfuhr: »Wir liefern hier gerade das beste Spiel der letzten zehn Jahre ab. Ich habe noch keine Halbzeit erlebt, in der wir so großartig waren. Wir müssen genauso weiterspielen!« Es war nicht die verletzte Eitelkeit allein, die Netzer zum Einwechselverweigerer machte. Der große Individualist hatte sich an seinem letzten Arbeitstag für Borussia Mönchengladbach ganz in den Dienst des Kollektivs gestellt. Mit einem Schmunzeln schildert Netzer heute im Gespräch, wie heiß es draußen gewesen war: »Temperaturen um die 40 Grad. Ich wäre auf dem Platz verreckt.« Zur Wahrheit der Geschichte gehört aber auch, dass der Gladbacher Spielmacher an jenem Pokalendspielsamstag in schlechter Verfassung war. Seine Mutter war in der Woche zuvor verstorben, Netzer hatte Trainingsrückstand, sein Wechsel zu Real Madrid war bekannt geworden und hatte einen medialen Sturm ausgelöst. »Darum lag Weisweiler mit seiner Entscheidung, mich zunächst nicht aufzustellen, gar nicht mal so falsch«, sagt Netzer mit dem Abstand von Jahren. Sein rechter, zerschlissener Fußballschuh aus feinstem Känguruleder, eine Sonderanfertigung, Größe 47, ein Relikt aus seinem letzten Spiel im Gladbacher Trikot, erinnert an die ambivalente Freundschaft zweier großer Persönlichkeiten. Erst zwölf Jahre später, nachdem Weisweiler bereits verstorben war, hat der einstige Rebell am Ball über seine Bestrafung, die er nicht zugelassen hatte, öffentlich gesprochen. Netzer hatte seine aktive Karriere beendet und war Manager des Hamburger SV, als ein Journalist die alte Geschichte hervorkramte, über die sich der hassgeliebte Lieblingsschüler aus Respekt vor seinem überkritischen Ziehvater lange in Schweigen gehüllt hatte. Netzer und seine Mitspieler hatten die Öffentlichkeit über Jahre in dem Glauben gelassen, Weisweiler sei es gewesen, der mit seinem Entschluss, den großen Spielgestalter erst in der Verlängerung aufs Feld zu schicken, das Pokalendspiel entschieden habe. Die öffentliche Schmach der Richtigstellung sollte dem großen Schöpfer der epochalen Gladbacher Fohlenelf und Erfinder des Tempofußballs zeitlebens erspart bleiben.

Für das Feuilleton wurde Netzer, der große Nonkonformist, der Ferrari fuhr, der in der Düsseldorfer Kultur- und Künstlerszene verkehrte und die legendäre Diskothek »Lovers Lane« eröffnete, nach seiner Abschiedsvorstellung endgültig zur Symbol- und Kultfigur. Zur Ikone war er schon ein Jahr zuvor ausgerufen geworden, am 29. April 1972, als die Nationalmannschaft mit der überragenden Achse Beckenbauer/Netzer im Viertelfinal-Hinspiel der Europameisterschaft gegen England zum ersten Mal überhaupt im Mutterland des Fußballs gewinnen konnte. Mit 3:1 hatte die Nationalmannschaft die »beleuchtete Festung Wembley« genommen, wie der damalige Londoner Kulturkorrespondent der *Frankfurter Allgemeinen Zeitung*, Karl-Heinz Bohrer, seine Hymne anstimmte. Die spielkulturelle Offenbarung verdichtete sich in der Figur Günter Netzer. Bohrers Formulierung wurde stilbildend wie die Nummer 10 im Flutlichtschein auf dem Rasen von Wembley: »Der aus der Tiefe des Raumes plötzlich vorstoßende Netzer hatte ›thrill‹«, schwärmte Bohrer. Ein Satz, der saß und längst zur feststehenden Redewendung geworden ist. In jedem größeren Erzählstück über den grandiosen Spielmacher, ob Printmedien, Fernsehen oder Hörfunk, kommt Netzer aus der Tiefe des Raumes. Ein Satz über Netzer und mehr noch: eine Beschreibung, die den Fußball in seinem innersten Kern sichtbar macht: kraftvoll, entschlossen, grundlegend. Nach dem Pokalendspiel im Düsseldorfer Rheinstadion bemühte der Kulturchef der *Frankfurter Allgemeinen Zeitung* Günther Rühle gar die griechische Mythologie und verglich den »großen Blonden« mit dem »schmollenden Helden Achilles«, der unvermittelt auf dem Schlachtfeld von Troja erscheint, um den erschöpften Kampf zu lösen und zu beenden. Weniger heroische Vergleiche hatte Hennes Weisweiler parat, der allzu oft zu sagen pflegte: »Abseits is, wenn dat lange Arschloch zu spät abspielt.« Über ihr letztes und erbittertes Kräftemessen haben Weisweiler und Netzer nie ein Wort verloren. Weisweiler starb 1983. Kurz vor seinem Tod hatte er dem »Langen« noch das Du angeboten.

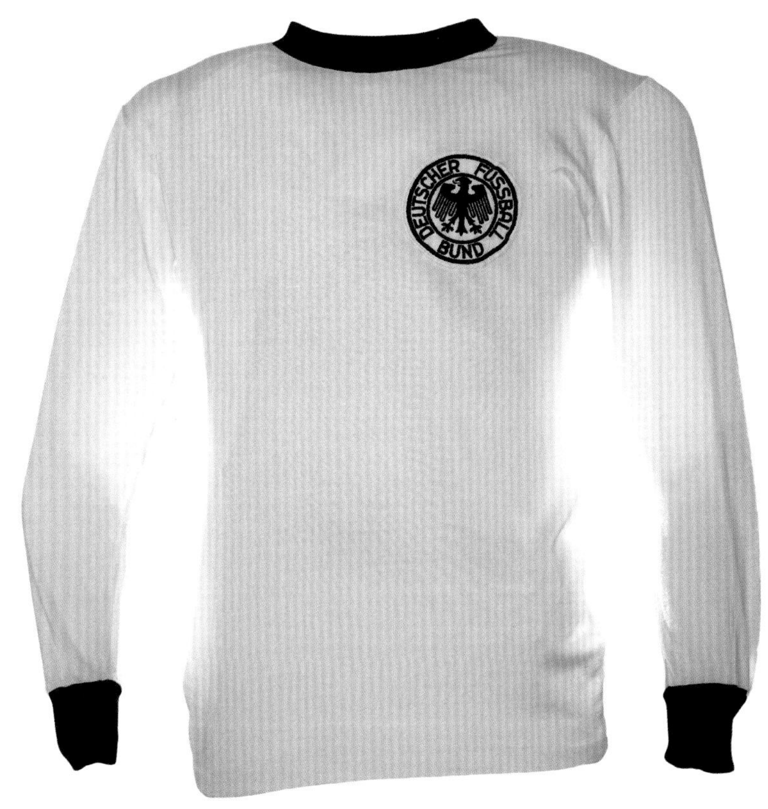

In diesem Trikot bestritt Gerd Müller im WM-Finale 1974 sein letztes Länderspiel für die deutsche Nationalmannschaft und traf dabei zum entscheidenden 2:1 gegen die Niederlande.
(Baumwolle, Viskose, 71 x 50 cm)

26 SEIN LETZTES HEMD

Trikot von Gerd Müller aus dem WM-Endspiel 1974

Gerd Müller hat nie große Worte gemacht. Er ließ Tore sprechen. Nur über den wichtigsten Treffer seiner Karriere sprach der »Bomber der Nation« dann doch ab und zu. »Der Ball kam von Rainer Bonhof in den Strafraum, ich lief mit zwei Holländern vor, dann wieder zurück, weil der Pass in meinen Rücken gespielt wurde. Der Ball sprang mir auch noch vom rechten Fuß, ich drehte mich ein wenig und plötzlich war der Ball drin.« 7. Juli 1974, Münchner Olympiastadion, 16.43 Uhr, kurz vor dem Halbzeitpfiff – 2:1, der Siegtreffer im WM-Finale für die Bundesrepublik gegen die Niederlande. Müllers Tor ist oft nachgestellt, bestaunt und gar literarisch beschrieben worden, sein Schuss aus blitzschneller Drehung wurde so nicht nur auf dem Rasen zum Glanzstück. Und Heribert Faßbender, der spätere Fernsehkommentator, hauchte dem Treffer mit seiner legendären Radioreportage Ewigkeit ein: »Grabowski gefällt mir heute / Sieht jetzt, dass Bonhof steil geht / Und prompt ist der Ball bei Bonhof gelandet / Im Sechzehnmeterraum / Spitzer Winkel zum Tor / Da kommt der Ball auf Müller / Der dreht sich um die eigene Achse / Schießt und – Tor! / Tor durch Gerd Müller!« Faßbenders immer schneller werdendes Sprachtempo passt sich dem Bewegungsablauf des Siegtorschützen exakt an, seine Wortmelodie verschluckt keine Silbe und erfasst in Sekundenbruchteilen die Szenerie. – Seine Tonlage, sein Sprachrhythmus, seine gekonnte Akzentuierung und Intonation wurden zur kleinen phonetischen Hymne. Das Tor zum 2:1 gegen die Niederlande ist in Ton und Bild das sinnliche Erlebnis eines vergangenen Augenblicks geworden, der durch die unglaubliche Körperdrehung von Gerd Müller Unsterblichkeit

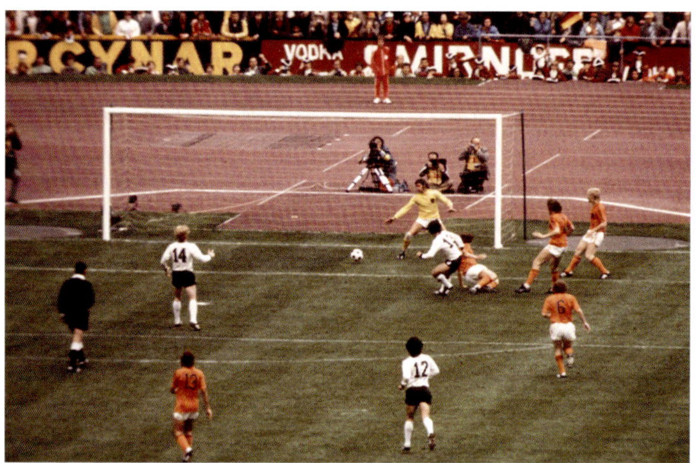

Mit seinem Schuss aus der Drehung bescherte Gerd Müller Deutschland den zweiten Weltmeistertitel.

erlangte. 38 Jahre nach dem großen Spiel kehrte Müllers Finaltrikot, das sich sein Gegenspieler Wim Rijsbergen gesichert hatte, nach Deutschland zurück. Der kleine, wuchtige Mittelstürmer hatte es lange nach Abpfiff des Endspiels in den Katakomben des Olympiastadions ausgezogen – und nie wieder ein Trikot mit dem Bundesadler übergestreift. Für die Dauerausstellung des Deutschen Fußballmuseums gab Rijsbergen, einer der besten Vorstopper seiner Zeit, das Erinnerungsstück als langfristige Leihgabe wieder her. Bei der Trikotübergabe vor dem Freundschaftsspiel des FC Bayern gegen die niederländische Nationalmannschaft am 22. Mai 2012 stand Gerd Müller, schon von seiner Alzheimer-Krankheit gezeichnet, noch einmal auf dem Münchner Rasen und schaute auf sein Hemd mit der berühmten Nummer 13. Ein berührender Moment im Nachspiel großer Fußballgeschichte.

Tore, Tore, und noch mal Tore. Der erfolgreiche Abschluss war Müllers Lebenselixier. Keiner hat im deutschen Fußball öfter getroffen als der 1,76 große/kleine Müller. Von seinen unerreichten 365 Bundesligatoren in 472 Spielen für den FC Bayern München erzielte er allein 40 in der Spielzeit 1971/72. In der Nationalmannschaft: 68 Tore in 62 Spielen, nur Miroslav Klose hat ihn mit drei Treffern übertroffen, benötigte dafür aber mehr als doppelt so viele Länderspiele wie der reaktionsschnelle Nördlinger, der aus allen Lagen traf. Gegen seine Intuition halfen weder Mann- noch Raumdeckung. Tore waren seine Sprache. »Seine Antworten kamen, wie er spielte: aus der Pistole geschossen, manchmal auch, ohne vorher zu überlegen. Er war so, wie er spielte, und er spielte, wie er war.« So hatte ihn Bundestrainer Helmut Schön in Erinnerung behalten. Es gab keinen Besseren, und es wird so bald auch keinen Besseren geben. Dabei hatten sie ihn am Anfang noch verspottet. »Das soll ein Torjäger sein?«, empfingen die etablierten Spieler den unbedarften Müller nach seinem Wechsel zum FC Bayern München. Unglaubliche 180 Tore sollte er für seinen TSV 1861 Nördlingen in der fünften Liga in der Saison 1962/63 erzielt haben, 26 Treffer in einem Spiel bei einem 31:0-Sieg. Unfassbare Zahlen. Dann stand da aber ein pummeliger Spieler auf dem Trainingsplatz, der aussah wie ein Viereck. Der junge Franz Beckenbauer nannte ihn nur »Dicker«, zunächst als Ausdruck seiner Geringschätzung, später sollten daraus Zuneigung und größter Respekt werden. Und der legendäre Bayern-Trainer »Tschik« Cajkovski sagte den berühmten Satz: »Was soll ich mit kleines, dickes Müller?« Präsident Wilhelm Neudecker ordnete seine Aufstellung an und leitete damit den Bundesligaaufstieg ein. Mit 33 Toren bugsierte Müller die Bayern in seiner Premierensaison von der Regionalliga Süd in die Bundesliga. Der berüchtigte Schleifer Branko Zebec trimmte ihn dann auf das richtige Kampfgewicht, mit seinen kurzen Beinen und dem etwas längeren Oberkörper wurde er in der Drehung noch schneller. Müllers Karriere konnte explosionsartig beginnen. Die Achse Maier – Beckenbauer – Müller schrieb Geschichte. 14 Jahre wagte es kein Bayern-Trainer, Müller auf die Bank zu setzen. Und als es Pál Csernai doch tat, wechselte die Bayern-Ikone 1979 mit 33 Jahren erbost in die USA zu den Fort Lauderdale Strikers an die Seite von George Best. 1982 kam er aus Florida zurück, fiel in ein tiefes Loch und schaute ebenso tief ins Glas. An seinen Alkoholproblemen wäre seine Ehe fast zerbrochen. Doch Franz Beckenbauer und Uli Hoeneß fingen ihn auf, schickten ihn auf Entziehungskur und gliederten ihn als Co-Trainer der zweiten Bayern-Mannschaft wieder in den Heimatclub ein. »Dass ich den Alkohol besiegt habe, war der wichtigste Sieg in meinem Leben.« Gegen Alzheimer gewinnt aber auch ein Gerd Müller nicht. Zu seinem 75. Geburtstag musste seine Frau Uschi der wissbegierigen Öffentlichkeit berichten: »Der Gerd schläft seinem Ende entgegen. Er schläft langsam hinüber.« Zehn Monate später verstarb der größte Torjäger, den der deutsche Fußball je hatte.

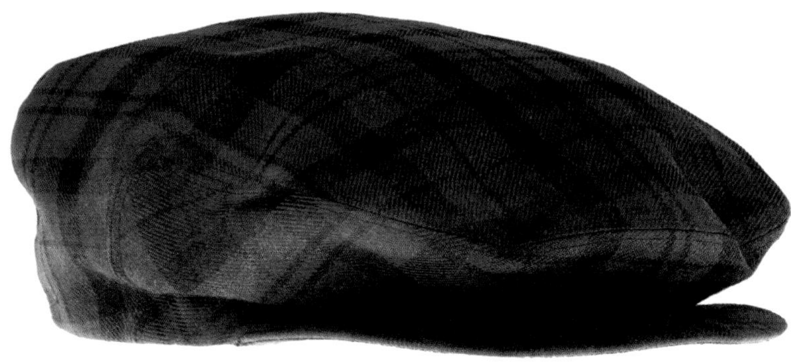

Die Mütze wurde zum Markenzeichen von Helmut Schön und zu seinem persönlichen Glücksbringer beim WM-Gewinn 1974.
(Wolle, 8 x 20 x 25 cm)

27 »DIE LANGE ZEIT DES LANGEN, SIE IST AUS«

Mütze von Helmut Schön 1974

In der Saarlandhalle wurde es still, als Udo Jürgens in seiner Fernsehshow leise seine Ballade über Helmut Schön anstimmte. Dann erhob sich der Entertainer von seinem Klavier und steuerte mit dunkelblauem Jackett und rotem Einstecktuch auf den scheidenden Bundestrainer und seine Ehefrau Annelies in der ersten Reihe zu. »Helmut Schön«, sagte er unter musikalischer Begleitung sanft ins Mikrofon, »dieses kleine Lied hier ist Ihnen von Herzen gewidmet.« Dann begann er zu singen: »Der Mann mit der Mütze geht nach Haus.« Eine Hommage an Helmut Schön zum Abschied einer großen Trainerlaufbahn. »Da waren Emotionen drin«, sagte Udo Jürgens später. »Helmut Schön hatte Tränen in den Augen, der halbe Saal hat geweint, und ich musste schlucken, weil ich merkte, wie sehr das alles stimmte, was ich mit dem Lied ausdrücken wollte.« Noch heute lässt die Ballade die Besucher im Deutschen Fußballmuseum andächtig werden, wenn sie Udo Jürgens' melancholische Klänge hören und dabei die berühmte Kopfbedeckung des 1996 verstorbenen Weltmeistertrainers aus dem WM-Endspiel von 1974 in Augenschein nehmen. Die von Udo Jürgens so stimmungsvoll besungene Mütze war das Markenzeichen von Helmut Schön, der 1964 das Erbe von Sepp Herberger angetreten hatte und zum erfolgreichsten Bundestrainer wurde. Die im Grundton grün-blaue und mit schwarzen Streifen durchzogene Kappe aus Wolle steht für die berühmten »goldenen Siebzigerjahre«. Mit Helmut Schön als väterlichem Freund der Spieler erlebte der deutsche Fußball Sternstunden:

Vizeweltmeister 1966 in Wembley, WM-Dritter 1970 mit dem »Jahrhundertspiel« gegen Italien, Europameister 1972 mit der wahrscheinlich besten Nationalmannschaft aller Zeiten, Weltmeister 1974 im eigenen Land.

Der 1,90 m große Gentleman im Trainingsanzug, der als Stürmer in den 1940er-Jahren mit dem Dresdner SC zweimal deutscher Fußballmeister wurde und 17 Tore in 16 Länderspielen erzielte, hat als erster Trainer die aufkommenden gesellschaftlichen Forderungen nach Demokratisierung auf seine Mannschaftsführung übertragen. Eigentlich hatte der Sohn eines Kunsthändlers einen musischen Beruf ergreifen wollen, »aber niemals wollte ich Fußballtrainer werden.« Er liebte die Literatur, er liebte vor allem die Oper – aber mehr noch verehrte er den Fußball. So wurde aus dem Schöngeist der »Mann mit der Mütze«, ein Wanderer zwischen den Welten, nie aber ein Mann des Volkes. In seinem Berufsstand herrschte der raue Ton eines Max Merkel oder Hennes Weisweiler. Helmut Schön war anders. Er führte eine Mannschaft mit außergewöhnlichen Individualisten wie Franz Beckenbauer, Günter Netzer oder Paul Breitner zusammen und schaffte es, im Kollektiv jedem seine Individualität zu lassen, wie sein Weltmeisterspieler Berti Vogts einmal rückblickend feststellte. Schön gewährte seinen Spielern Freiräume, mehr noch: Er räumte

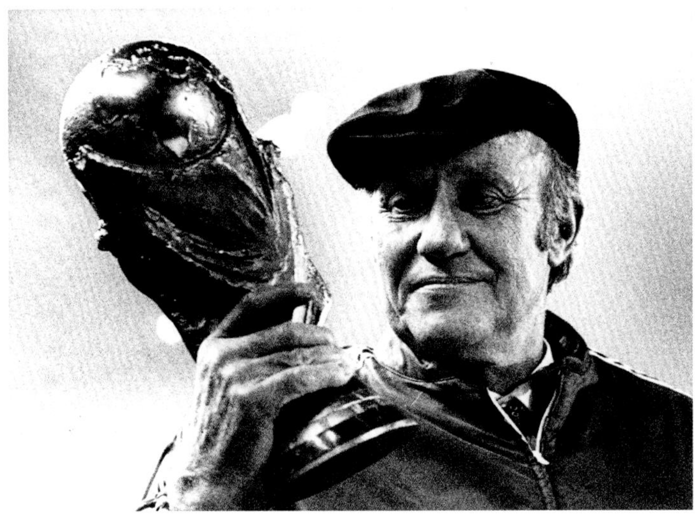

Helmut Schön ist der erfolgreichste deutsche Bundestrainer.

ihnen Mitspracherecht ein. Er wusste, dass die Spieler der neuen Generation die Rebellen genannt wurden, weil sie schnelle Autos fuhren und aussahen wie Che Guevara, die lange Leine brauchten. Nach der 0:1-Niederlage im letzten Vorrundenspiel der WM 1974 im eigenen Land gegen die DDR im deutsch-deutschen Bruderkampf drohte die Mannschaft auseinanderzubrechen. Auf der Rückfahrt vom Spielort Hamburg ins Quartier nach Malente wurde im Bus kein Wort gesprochen. Die Spieler hatten ein schlechtes Gewissen. Sie wussten, dass der Dresdner Schön, der 1950 aus der DDR geflohen war, dieses Spiel unbedingt gewinnen wollte. Der Trainer tat ihnen leid. Helmut Schön wollte nach der Blamage sogar abreisen, wie so oft, wenn er sich im Stich gelassen fühlte. Da versammelte Beckenbauer die Spieler um sich, und Schön ließ ihn gewähren. Bis in die Früh tranken sie Bier, rauchten Zigarren und redeten Tacheles. Das erste Mal hatte es die Notwendigkeit für Beckenbauer gegeben, sich im Einvernehmen mit Helmut Schön als Kapitän zu bewähren.

Viele nannten ihn einen »menschlichen Demokraten«, und nicht wenige meinten das abfällig. »Man sagt mir nach, ich sei empfindlich. Das kann manchmal von Vorteil sein. Empfindliche Menschen können sich besser in einen anderen hineindenken.« Helmut Schön verstand seine Spieler, und die Spieler verehrten ihn dafür. Keine Nationalmannschaft hat im letzten Jahrhundert einen schöneren und erfolgreicheren Fußball gespielt als in der Ära zwischen 1964 und 1978 unter Helmut Schön. Seine Erfolgsbilanz: 139 Länderspiele, 87 Siege, 31 Unentschieden. Für die einen war Schön der dünnhäutige Intellektuelle, für die anderen nach Friedrich Nietzsche, Richard Wagner und August dem Starken »der letzte große Sachse«. Sein Spitzname war der »Lange«. Als Großer ist er in die deutsche Fußballgeschichte eingegangen. Bei seiner offiziellen Verabschiedung vor dem Länderspiel gegen Ungarn am 15. November 1978 stand er ein letztes Mal im Rampenlicht. In seiner bewegenden Dankesrede vor 60.000 Zuschauern auf dem Rasen des Frankfurter Waldstadions, eingerahmt von seinen Spielern Uwe Seeler, Sepp Maier und anderen Weggefährten wie Fritz Walter, schwang immer noch ein leichtes Sächseln mit: »Ich setze jetzt noch einmal meine Mütze auf, um sie dann gleich wieder für Sie alle zu ziehen.« Viele hatten Tränen in den Augen – und Udo Jürgens war wieder präsent: »Die lange Zeit des Langen, sie ist aus. Und uns're Achtung nimmt er mit – und unseren Applaus!«

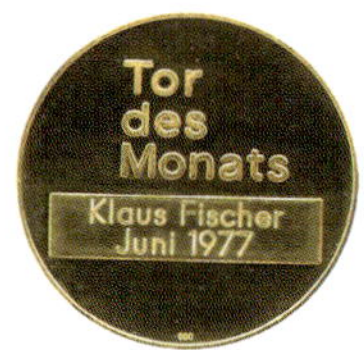

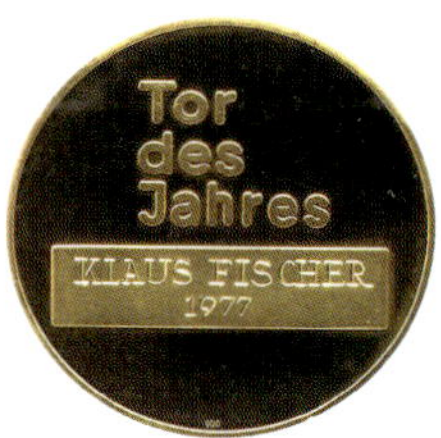

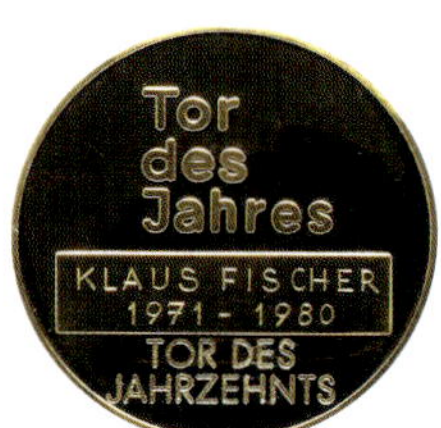

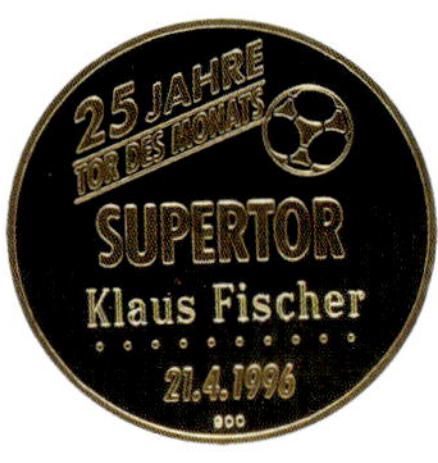

Die Medaillen erinnern an das spektakuläre Fallrückziehertor von Klaus Fischer 1977 im Länderspiel gegen die Schweiz.

(Metall, vergoldet, Medaille Tor des Monats Durchmesser 4 cm, Medaille Tor des Jahres Durchmesser 5 cm, Medaille Tor des Jahrzehnts Durchmesser 5 cm, Medaille Vierteljahrhunderts Durchmesser 5 cm)

28 FÜR IMMER

Medaillen für das Jahrhunderttor von Klaus Fischer 1977

Im Stuttgarter Neckarstadion ist es für einen Augenblick so still, dass von Ferne die Klänge des Zirkus Sarrasani auf dem Cannstatter Wasen zu hören sind. 58.000 Zuschauer auf den Rängen bestaunen an jenem 16. November 1977 um 17.15 Uhr fast ungläubig das 4:1 der Nationalmannschaft gegen die Schweiz. Erst Sekunden später verfallen sie in einen wahren Begeisterungstaumel. – Klaus Fischer, der Schalker Mittelstürmer, hat soeben per Fallrückzieher ein Tor für den ewigen Erinnerungshaushalt erzielt. Als »Flankengott« Rüdiger Abramczik am rechten Flügel an vier Schweizern vorbei auf und davon zieht, suchen die Augenpaare im Stadion reflexartig die deutsche Nummer neun im schweizerischen Strafraum. Abramczik: Flanke – Fischer: Tor! Ob in Schalke oder in der Nationalmannschaft. Der Variantenreichtum des kongenialen Stürmerpaars scheint unerschöpflich: »Abi«, wie sie den Rechtsaußen in Gelsenkirchen nur nennen, nutzt seine Schnelligkeit, seine Dribbelstärke und freie Räume. Wie kaum ein anderer schlägt er, fast von der Torlinie aus, den Ball scharf und gerade wie ein Strich aus vollem Lauf in den Strafraum. Da lauert dann Klaus Fischer, die Nummer eins der Nummer neun unter den deutschen Mittelstürmern, und nimmt die Bälle aus allen Lagen. Mit dem Kopf hoch in der Luft oder knapp über der Grasnarbe beim Flugkopfball, volley als Direktabnahme, artistisch per Fallrückzieher und Seitfallzieher, mit der Innenseite oder mit Vollspann, links wie rechts – Klaus Fischer, der Fußballakrobat.

Seinen Anno-dazumal-Treffer malen die Leute noch heute mit bierfeuchten Fingern auf die Kneipentische: Hoch, fast unerreichbar kommt der Ball. Fischer täuscht an, als ob er in der Vorwärtsbewegung zum Kopfball laufen würde. Sein Gegenspieler Lucio Bizzini folgt ihm auf Schritt und Tritt. Plötzlich lässt sich Fischer blitzschnell drei Schritte zurückfallen, schüttelt den Schweizer Vorstopper ab und hat somit den nötigen Raum für seinen Kunstschuss. In der Halbzeitpause hat Fischer seinem Vereinskollegen noch gesagt: »Du, Abi, bring ihn schön hoch, dann setze ich ihn an«. Und »Abi« bringt ihn hoch. Zu hoch für einen Kopfball. Ideal für einen Fallrückzieher, wie ihn nur Klaus Fischer beherrscht. Zehn Meter vor dem Tor springt Fischer mit dem linken Bein ab, liegt schulterhoch mit dem Rücken zu Torwart Erich Burgener waagerecht in der Luft. Im richtigen Bruchteil der Sekunde trifft er den sich senkenden Flankenball am höchsten Punkt rücklings in der Scherenschlagbewegung mit dem rechten Vollspann. Über Fischers Kopf hinweg rauscht der Ball in den rechten Torwinkel. Gegenspieler Bizzini starrt entgeistert auf den am Boden liegenden deutschen Mittelstürmer. Dann klatscht der Schweizer Kapitän wie ein kleines Kind in die Hände. Die Zuschauer der ARD-Sportschau werden den Treffer später zum »Tor des Monats«, »Tor des Jahres«, »Tor des Jahrzehnts« und zum »Tor des Vierteljahrhunderts« wählen. Kein anderer Spieler wurde gleich dreimal zum »Torschützen des Jahres« gekürt. Alle prämierten Treffer waren – Fallrückzieher. In der Bundesliga trafen nur Gerd Müller und Robert Lewandowski öfter ins Tor als der kopfballstarke Vollblutstürmer, der für 1860 München, Schalke 04, den 1. FC Köln und den VfL Bochum 268 Treffer erzielte. Dabei hätte alles auch ganz anders kommen können.

1972 hatte der DFB den Jungspund nach seiner Verwicklung in den Bundesliga-Bestechungsskandal mit Schalke 13 Monate für die Bundesliga gesperrt – für die Nationalmannschaft sollte es sogar lebenslang sein. Fischer war dabei gewesen, als Schalke am 17. April 1971 für den Bielefelder Sieg in der Gelsenkirchener Glückauf-Kampfbahn 40.000 Mark kassierte – läppische 2.300 Mark pro Spieler. Er war 21 Jahre alt und muckte aus falsch verstandener Kameraderie gegen den Beschluss der alten Hasen in der Mannschaft nicht auf. Mit einem einzigen Fehltritt hatte er sich fast die Tür zum großen Glück zugeschlagen. Als Fußballdeutschland für den

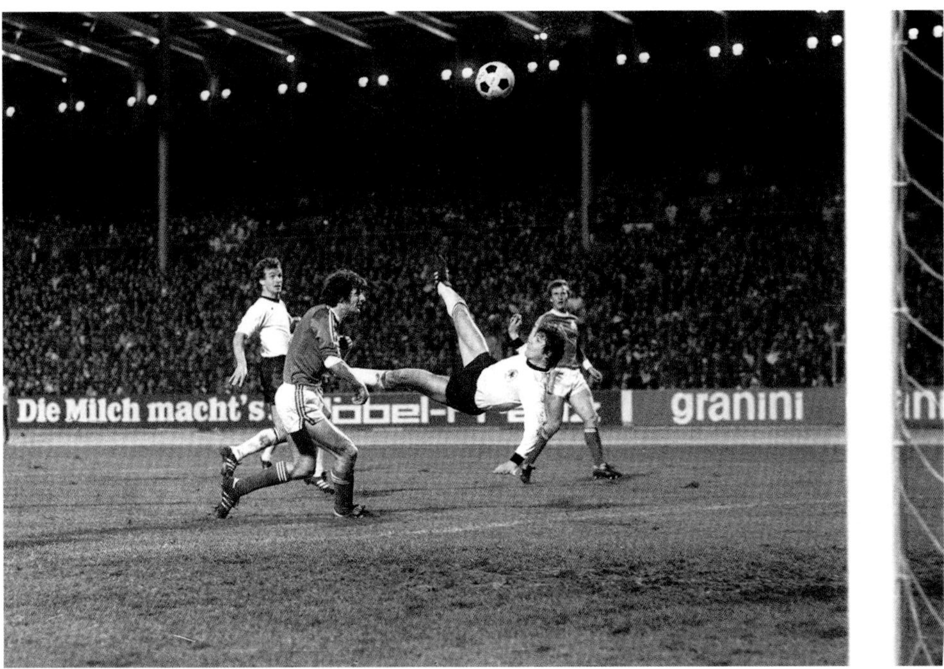

Akrobatisch liegt Klaus Fischer waagerecht in der Luft und erzielt per Fallrückzieher gegen die Schweiz sein Jahrhunderttor.

1974 zurückgetretenen »Bomber der Nation« Gerd Müller verzweifelt einen Nachfolger suchte, schoss Klaus Fischer in der Liga längst schon wieder ein Tor nach dem anderen. Im Oktober 1976, nachdem Fischer beim sensationellen 7:0 seiner Schalker in München die weltberühmte Achse Maier – Beckenbauer – Müller mit unglaublichen vier Toren fast im Alleingang düpiert hatte, war es dem deutschen Fußball-Kaiser zu bunt geworden. Franz Beckenbauer forderte als Kapitän der Nationalelf ein Jahr vor der WM `78 in Argentinien öffentlich Fischers Begnadigung. Nach der Rekordniederlage des FC Bayern beförderte eine zweimotorige Cessna Beckenbauer und Fischer zum Flughafen Essen-Mülheim. Beide waren am Abend als Stargäste beim Ball des Sports in der Essener Grugahalle angekündigt. Auf dem Flug besprachen die beiden alles. Während Schalke-Boss »Oskar« Siebert am Rande der Tanzfläche im feschen Smoking bei Weinbrand mit Cola davon schwärmte, dass Schalke mit dem Kantersieg in München die Alpen verschoben hätte, diktierte Beckenbauer den Journalisten in die Notizblöcke: »Klaus Fischer ist eine Mischung aus Gerd Müller und Uwe Seeler. Einen besseren gibt's nicht!« Dann ereiferte sich der meinungsstarke Mannschaftskapitän: »Der DFB kann ihn doch nicht auf immer wegen einer Jugenddummheit bestrafen.« Beckenbauer erhöhte den Druck auf die DFB-Funktionäre und bekam Flankenschutz von Bundestrainer Helmut Schön (»Ich würde ihn ja sofort nehmen, aber ich habe darüber nicht zu entscheiden«) und Gerd Müller (»Klaus Fischer ist der beste Mittelstürmer, den wir haben«).

Als Fischer am 27. April 1977 beim 5:0-Sieg gegen Nordirland mit 27 Jahren und zwei Toren endlich für Deutschland debütieren durfte, hatte er die besten Jahre eines Fußballerlebens fast schon hinter sich. Aber dennoch: Sein Lebenstraum hatte sich erfüllt. Nur in den Genuss des Zusammenspiels mit Franz Beckenbauer ist er nicht mehr gekommen. Das Länderspiel eins für Klaus Fischer war gleichsam das Spiel eins nach Franz Beckenbauer – nach dem Wechsel des Bayern-Kapitäns in die »Operettenliga« zu Cosmos New York erklärte der DFB die Karriere von Kaiser Franz in der Nationalmannschaft nach 103 Länderspielen für beendet. Torjäger Klaus Fischer, der fast über eine Torheit gestolpert wäre, sollte in seinen 44 folgenden Länderspielen noch weitere 30 Tore schießen. Seinen letzten Treffer im Nationaltrikot erzielte er in der »Nacht von Sevilla« im dramatischen WM-Halbfinale 1982 in Spanien. Sein 3:3 gegen Frankreich in der 108. Minute, das Deutschland in der Verlängerung nach einem 1:3-Rückstand ins Elfmeterschießen rettete, war – natürlich ein Fallrückzieher.

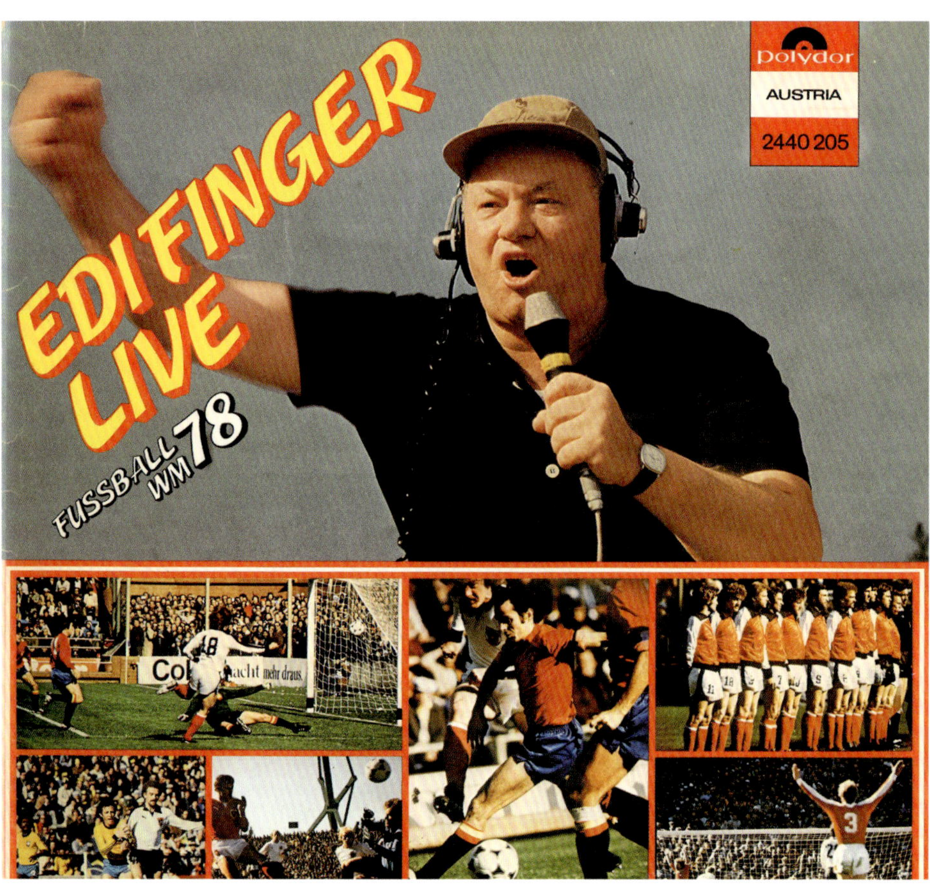

Die Langspielplatte von Reporterlegende Edi Finger mit der Radioreportage vom Spiel Deutschland gegen Österreich bei der WM 1978 in Argentinien wurde zum Hit.

(Pappe, Kunststoff, Hülle 31,2 x 31,6 cm, LP Durchmesser 30,48 cm)

29 HÖLZENBEIN, HÖLZENBEIN, STOLPERBEIN!

Langspielplatte Edi Finger live 1978

Eigentlich wollte Eduard »Edi« Finger gar nicht nach Córdoba reisen. Das Sendezentrum des Österreichischen Rundfunks lag in der Hauptstadt Buenos Aires, dort wollte der Starkommentator des ORF das letzte Spiel seiner Österreicher bei der Weltmeisterschaft 1978 in Argentinien einfach aussitzen. Nein, er wollte sich das wirklich nicht antun, 700 Kilometer zurückzulegen, um dann nach den Niederlagen gegen Brasilien, Holland und Italien gegen Deutschland die vierte Schlappe in Folge in die Heimat zu reportieren. Die Schmach von Córdoba, ausgerechnet gegen den ewigen Rivalen Deutschland, könne, bitte schön, ein Kollege übernehmen. Deutschland, der Titelverteidiger, benötigte für den Einzug ins Finale einen Sieg mit fünf Toren Vorsprung. Für Österreich, das schon 47 Jahre gegen den ungeliebten Nachbarn nicht mehr gewinnen konnte, ging es um nichts mehr. »Wer sagt denn, dass wir gegen Österreich keine fünf Tore schießen können«, verlautbarte DFB-Präsident Hermann Neuberger mit gelassenem Schmunzeln. Edi Finger, der emotionale, aufbrausende, mitfiebernde und so hemmungslos parteiische Fußballreporter, hätte es nicht ertragen können, von den »Piefkes« in Córdoba so gedemütigt zu werden.

Erst Hans Krankl ließ ihn aufhorchen. »Was, fünf Tore wolln's machen gegen uns?«, fragte und sagte der Wiener Rapid-Stürmer eher zu sich selbst. Da spürte Finger, dass die Schlacht in Córdoba noch nicht geschlagen war.

Der Entschluss, einen Tag vor dem Spiel im Estadio Olímpico Chateau Carreras doch noch die Reise in die zweitgrößte Stadt Argentiniens anzutreten, war die beste und wichtigste Entscheidung seines Reporterlebens. »Der Baba hatte oft einen siebten Sinn«, sollte sein Sohn später sagen. Edi Fingers Live-Reportage vom dritten Zweitrundenspiel der Weltmeisterschaft zwischen Deutschland und Österreich am 21. Juni 1978 wurde zum österreichischen Kulturgut – und das 3:2 für Österreich tatsächlich zur vielzitierten »Schmach von Córdoba« – nur anders als gedacht.

Zur Halbzeit führt Deutschland noch durch ein Tor von Karl-Heinz Rummenigge, als sich Edi Finger an die Nation daheim wendet: »*Achtung, Achtung, Achtung. Bittschön aufpassn, ich möchte jetzt einige Worte an meine Landsleute, 15.000 Kilometer von Argentinien entfernt, sagen. Na bitte, ich möchte Ihnen sagen, meine Damen und Herren: wenn es nicht geht, da kamma halt nix machen und so weiter und so weiter – und wir wollen auf*

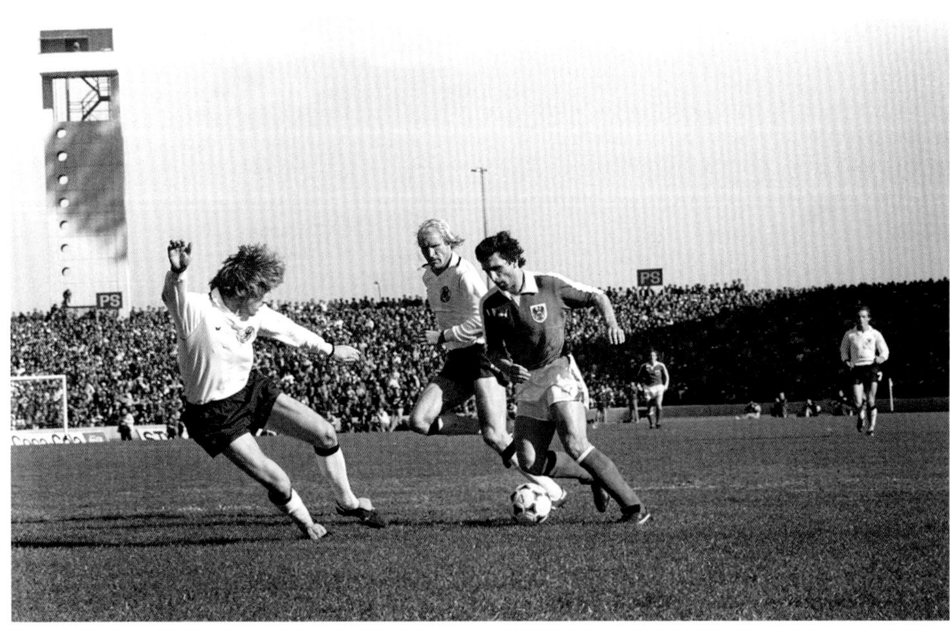

Hans Krankl verlädt die deutschen Abwehrspieler Manfred Kaltz und Rolf Rüssmann und erzielt für Österreich den spielentscheidenden Treffer zum 3:2.

alle Fälle Gerechtigkeit, die Gerechtigkeit, wo gibt's die schon, aber wir hoffen noch, denn (Edi Finger stockt kurz und konzentriert sich wieder auf das Spielgeschehen) – *na, firchterlich, Gottes willn, bittschön Leutln reißts euch zsam, es wär doch gelacht, das kann doch gar net sein – Gott sei Dank, Gott sei Dank, daneben, da kamma nix machen, was sollma machen.*«

Die Gerechtigkeit für die ewig in der österreichischen Volksseele so schmerzende Niederlage gegen die preußischen Truppen in der Schlacht bei Königgrätz am 3. Juli 1866 im Deutschen Krieg sollte sich bald dann aber doch noch einstellen, als Berti Vogts nach 59 Spielminuten den Ball ins eigene Tor beförderte. »*Eins zu eins – im Gewirr der Beine nehme ich alles zurück, aber wir wurden erhört, wir wurden erhört, bravo!*«

Es kommt noch doller, Österreich im Aufwind, Edi Finger kaum zu halten: »*Jetzt aber wieder unsre Burschen am Leder, herrlich, Prohaska, Hickersberger, Hickersberger zu Koncilia, zu Schachner, Schachner wieder zu Sara, zu Hickersberger, Hickersberger äh zu Hickersberger, zu Krieger, zu Sara. Sara-Burli streichelt den Ball – den Balli. Da springt der Hicki – na, der Hicki braucht net springen – die Deutschen sind nervös, und im Augenblick drücken wir unheimlich aufs Tempo. Und jetzt brauch ma a bissl noch, denn es geht jetzt um Sein oder Nichtsein neunzehnhundertachtundsiebzig.*«

Historisches kündigt sich an, Österreichs Nationalspieler und mit ihnen Edi Finger werden immer besser. Linksverteidiger Heinrich Strasser flankt ungehindert auf Krankl (» was, fünf Tore wolln's machen gegen uns?«), der nimmt den Ball hoch in der Luft an und schießt per Direktabnahme in den Winkel. – 2:1 für Österreich, 66. Minute. »*Da steht Krankl, unser Krankl, der Hasiburli, ach, also sein Papa, der Straßenbahner, wird sich freun, also schöner kammas gar net machen, da – da – da fehln mir die Worte, da müsst ich ein Dichter sein.*« Und als ob er sich selbst gehört hätte, reimt er nach dem 2:2 durch Bernd Hölzenbein, erzielt sechs Minuten später, im entwaffnenden, ärgerlichen Trotz: »Hölzenbein, Hölzenbein, das Stolperbein!«

Das Spiel geht in die Schlussphase. Das Unentschieden gegen Deutschland ist zum Greifen nah, der Weltmeister wankt, und Finger hofft: »*Jetzt geht's noch drei Minuten, meine Damen und Herren, wemma diese drei Minuten schon hinter uns hätten, ja dann dann, dann, ich wag es gar nicht zu sagen. Jetzt aber aufpassn! Jetzt kann Sara sich einen aussichtslos scheinenden Ball, eh , erho , hereinholen, es gibt Beifall für ihn, da kommt Krankl – Toor!! Toor!! Toor!! Toor!! Toor!! I wear narrisch! Krankl schießt ein! Drei zu zwei! Für Österreich!*«

Preußens Militärmusiker Gottfried Piefke komponierte den *Königgrätzer Marsch* in Erinnerung an die krachende Niederlage der Österreicher 1866. Bis heute halten die Österreicher als Rache ihren Edi Finger dagegen. Die Tonaufnahme seiner Reportage verkaufte sich als Schallplatte mehr als 50.000-mal, seine sich überschlagende Stimme ertönt heute als Klingelton auf Handys, die Zeile »I wear narrisch!« ziert T-Shirts, Schlüsselanhänger und Tassen. Seine Biografie wurde zum Bestseller, er selbst zur Marke und Kulturfigur. »Das österreichische Nationalgefühl ist nicht über eine längere Zeit historisch gewachsen«, schrieb der Schriftsteller und politische Essayist Robert Menasse in *Das Land ohne Eigenschaften*. Eduard Finger benötigte mit seiner Reportage gerade mal 90 Minuten, um Österreich im Herzen zu vereinen. Das Ergebnis auf dem Platz und Fingers Hymne führten ein Land augenzwinkernd und in herzlicher Schadenfreude zusammen. Und Hans Krankl säuselte nach dem Spiel in jedes österreichische Fernseh- und Hörfunkmikrofon: »Fünf Tore wollten's machen gegen uns …«

Lehnen wir uns noch einmal kurz entspannt zurück, holen tief Luft und lauschen Edi Fingers Schilderungen nach Krankls 3:2 zwei Minuten vor dem Schlusspfiff: »*Meine Damen und Herren, wir fallen uns um den Hals; der Kollege Rippel, der Diplom-Ingenieur Posch – wir busseln uns ab. 3:2 für Österreich durch ein großartiges Tor unseres Krankl. Er hat olles überspielt, meine Damen und Herren. Und warten's noch ein bisserl, warten's no a bisserl; dann können wir uns vielleicht ein Vierterl genehmigen. Jetzt hammas gschlagn! Noch einmal Deutschland am Ball. Eine Möglichkeit für Abramczik. Und!? – Daneeeeben! Also der Abraaaamczik – obbusseln möcht i den Abramczik dafür. Jetzt hat er uns gehooolfn. Allein vor dem Tor stehend. Der braaave Abramczik hot danebengschossn. Der Orme wird si' ärgern. Und jetzt ist auuus! Ende! Schluss! Vorbei! Aus! Deutschland geschlagen!*«

Mit so viel Herzblut und Emotionalität konnte Armin Hauffe vom Westdeutschen Rundfunk nicht aufwarten. Nur wenige Meter von Edi Finger entfernt, versuchte er dem lauten Redeschwall seines Kollegen auf seinem Reporterplatz zu trotzen und stammelte doch nur kühle Sachlichkeit der deutschen Hörerschaft ins Mikrofon: »Deutschland unterliegt Österreich mit drei zu zwei. Es war ein schwaches Länderspiel hier aus Córdoba. Tja.«

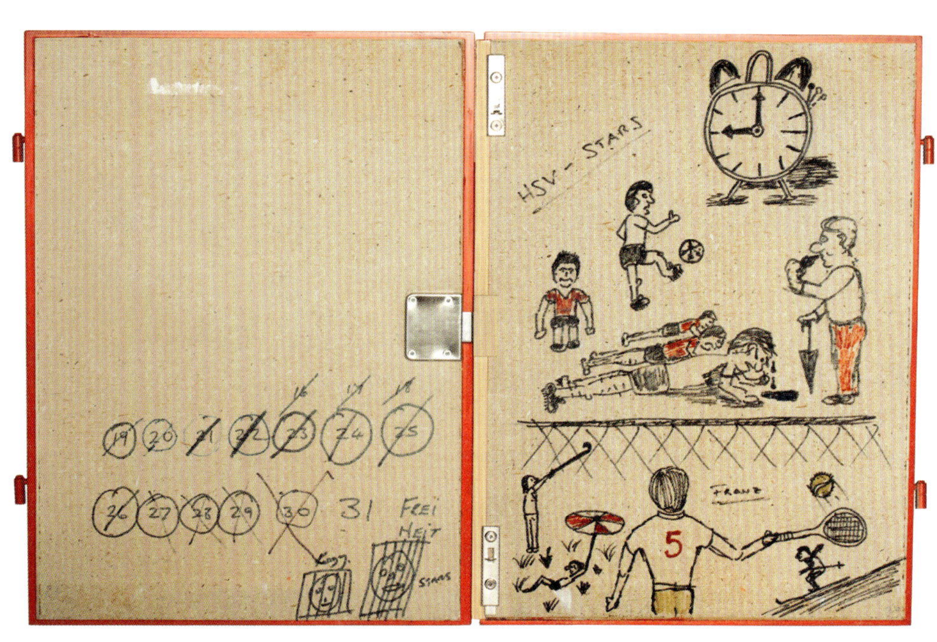

Die Kabinenspindtür von Kevin Keegan und Franz Beckenbauer verewigt zwei kreative Fußball-Persönlichkeiten der Bundesligageschichte.

(Holz, je: 52,3 x 40 x 4,5 cm)

30 ABSCHIEDSGRÜSSE AUS HAMBURG

Kabinenspindtür von Kevin Keegan und Franz Beckenbauer 1980

Als der neue Manager Günter Netzer 1978 Branko Zebec als Trainer für den schwächelnden Hamburger SV verpflichtete, begann für die Mannschaft um Ivan Buljan, Manfred Kaltz und Horst Hrubesch eine neue Zeitrechnung: Zebec führte die Raumdeckung ein – und die harte Trainerschule. Bei den Laufeinheiten griff der studierte Mathematiker gerne auch mal in die Kiesgrube, nahm eine Hand voll Steinchen auf, um dann jedes einzelne wieder fallen zu lassen. Erst als auch wirklich das letzte Steinchen zu Boden gefallen war, wussten die Spieler, dass ihr Laufpensum beendet war. Das Starensemble des FC Bayern hatte gegen den »harten Hund« Ende der 1960er-Jahre bereits rebelliert – die HSV-Profis sollten es 1980 ebenfalls tun, als sie angeblich wegen zu harten Trainings in vier Tagen ausgelaugt die Meisterschaft und den Europacup verspielten. Auch der 1,69 m großen »Mighty Mouse« Kevin Keegan war es zu viel geworden. Der erste Bundesliga-Engländer, der die Fans mit seinem leichten Spiel begeisterte, flüchtete mit schweren Beinen zurück auf die Insel. Seine letzten 16 Tage in Hamburg hakte er auf der linken Tür seines Kabinenspinds mit einem schwarzen Filzstift ab. Am Ende stand in Großbuchstaben: »FREIHEIT«.

Dabei hatte die harte Hand des unerbittlichen Branko Zebec eine entscheidende Rolle gespielt, dass Keegan nach seinem Wechsel von der Liverpooler

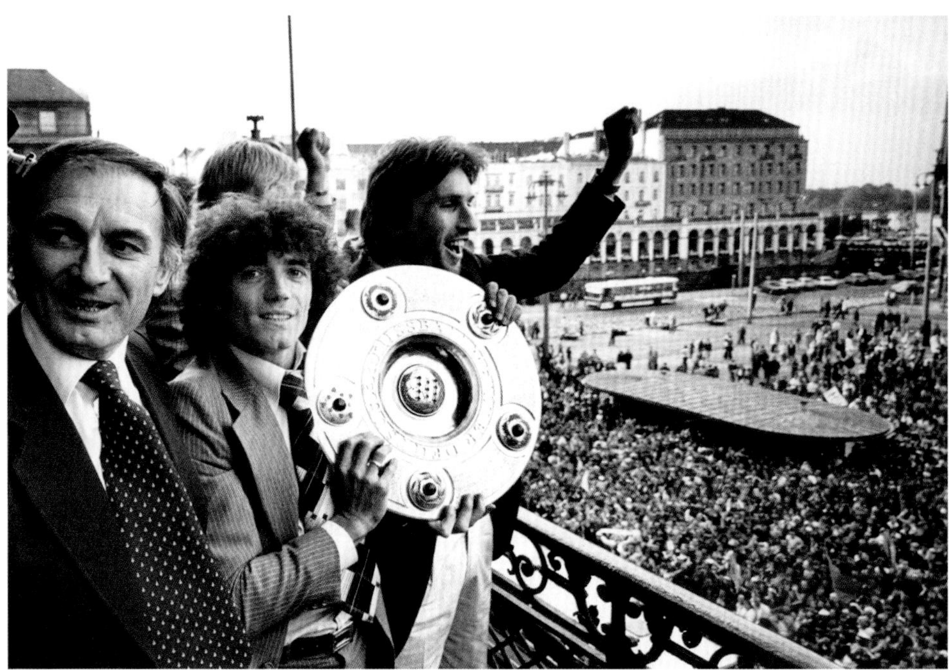

Branko Zebec (links) und Kevin Keegan (Mitte) präsentieren am 9. Juni 1979 auf dem Balkon des Hamburger Rathauses die Meisterschale (rechts: HSV-Verteidiger Manfred Kaltz).

Anfield Road in Hamburg doch noch glücklich wurde. Als populärster Spieler in der Geschichte des englischen Fußballs war er gekommen. HSV-Präsident Peter Krohn hatte für den frischgebackenen Europacupsieger vom FC Liverpool und Kapitän der englischen Nationalmannschaft mit 2,3 Millionen Mark die bisher höchste Ablösesumme in der Geschichte der Bundesliga gezahlt. Nach der enttäuschenden ersten Spielzeit in Hamburg stand der frustrierte Keegan vor dem Schreibtisch von Günter Netzer: »Ich fühle mich beim HSV wie ein Transplantat, das vom Körper nicht angenommen wird.« Netzer glaubte weiter an ihn, daher war es keine Frage, als Keegan ihn vor die Wahl stellte: »Use me or sell me!« Branko Zebec kam die Aufgabe zu, Keegan zur Seele des HSV-Spiels zu machen. Und Zebec erfüllte diesen Auftrag. Unter ihm entwickelte sich Keegan vom klassischen Rechtsaußen zum offensiven Mittelfeldspieler, war schnell, ungemein wendig, trickreich und sprühte vor kreativen Ideen wie niemals zuvor. 1978 und 1979 wurde er zu

»Europas Fußballer des Jahres« gewählt. Keegan mobilisierte bei den Hanseaten die Massen wie einst nur Uwe Seeler. Das sonst eher reservierte Ostkurvenpublikum im Volksparkstadion feierte ihn mit Sprechchören. Seine 17 Tore verhalfen dem HSV 1979 zur ersten Meisterschaft in der Bundesliga. Mit Zebec und Keegan schien der HSV vor einer großen Ära zu stehen. Und doch kam es anders.

Branko Zebec erreichte die Mannschaft mit seinem verzehrenden und autoritärem Stil nicht mehr. Sein Trainerengagement beim HSV endete als menschliche Tragödie. Nach einer schweren Operation an der Bauchspeicheldrüse 1970 ist er nie vollständig gesund geworden. Er verbarg seinen Lebensschmerz mehr und mehr hinter einer harten Fassade (»Ich bin nicht der Stein, als den mich viele sehen. Ich empfinde tief und stark.«), wirkte abweisend, verschlossen und unnahbar. Die sensible Seite Zebecs, dessen Liebe zur Musik und zur Malerei nur den engsten Freunden bekannt war, blieb für die Öffentlichkeit verschlossen. Seine verzweifelte Flucht in den Alkohol führte im Dezember 1980 zur Trennung vom HSV. Auch bei Borussia Dortmund (1981/82), Eintracht Frankfurt (September 1982 bis Oktober 1983) und Dinamo Zagreb (April bis Oktober 1984) scheiterte Branko Zebec an seinen Alkoholproblemen. Zebec, dem die Fachwelt bis zum Schluss allerhöchsten Respekt für seinen außergewöhnlichen fußballerischen Sachverstand entgegenbrachte, starb 1988 in seiner Heimat Zagreb mit 59 Jahren. Beide, Branko Zebec und Kevin Keegan, hatten großen Anteil am sportlichen Höhenflug des Hamburger SV. Zumindest Keegan hinterließ eine treue Fangemeinde und viele deutsche Jungen, die nach ihrer Geburt auf den Vornamen Kevin hörten.

Die Geschichte von Keegans Abschied aus Hamburg ist aber noch nicht zu Ende erzählt. Für Kevin Keegan lotste Manager Netzer einen anderen Superstar nach Hamburg: Franz Beckenbauer. Drei Jahre hatte er zuvor bei Cosmos New York gespielt, im Herbst seiner Karriere wollte er noch einmal zurück in die Bundesliga. Ein Stilist ersetzte den anderen, beide Pop-Ikonen ihrer Zeit, die Mode vorführten, sich als Schauspieler versuchten oder in der Hitparade sangen. Auf dem Platz bestimmten beide auf ihre Art den Rhythmus des Spiels, der eine als freier Mittelfeldspieler hinter der Abwehr, der andere als kombinationssicherer Tempomacher im Mittelfeld und Angriff. Tag für Tag hatte Beckenbauer, wenn er auf dem Trainingsgelände des HSV am Ochsenzoll in Norderstedt seinen Kabinenspind öffnete, Kevin Keegan vor sich. »FREIHEIT« las er dann immer wieder in großen Buchstaben, denn Beckenbauer hatte den Schrank des abgewanderten Sympathieträgers übernommen. Keegans Filzstift-Illustration auf der linken Spindtür infiltrierte Beckenbauer, der immer Distanz bewahrte, um nicht vereinnahmt zu werden, der für sich als Spieler die Libero-Position erfand, damit er auf dem Platz frei war von eng geknüpften Aufgaben. »FREIHEIT!«, »FREIHEIT!« – Keegans Botschaft verhieß dem besten deutschen Fußballer aller Zeiten jetzt auch abseits des Rasens Selbstbestimmung und Unabhängigkeit. Irgendwann, berichtete Mannschaftsmasseur Hermann Rieger, habe auch Beckenbauer zu den Filzstiften gegriffen. Als die Spieler sahen, was Beckenbauer auf die rechte Schranktür zeichnete, wussten sie, dass ihre gemeinsamen Tage mit Beckenbauer gezählt waren. – Die Wandmalerei zeigte »Kaiser« Franz beim Tennisspielen, Golfen und Skifahren, während die Mannschaftskollegen unter Trainer Ernst Happel bei Liegestützen und Krafttraining schwitzten und keuchten. Nach zwei Jahren HSV und nur 28 Spielen hatte der inzwischen verletzungsanfällige Ausnahmekönner genug. Der 36-Jährige trat 1982 mit der Schale ab. Die persönliche Handschrift zurückgelassen im Kabinenspind, die Meisterschaft mitgenommen im Gepäck: So sah der Bundesligaabschied von Kevin Keegan und Franz Beckenbauer aus.

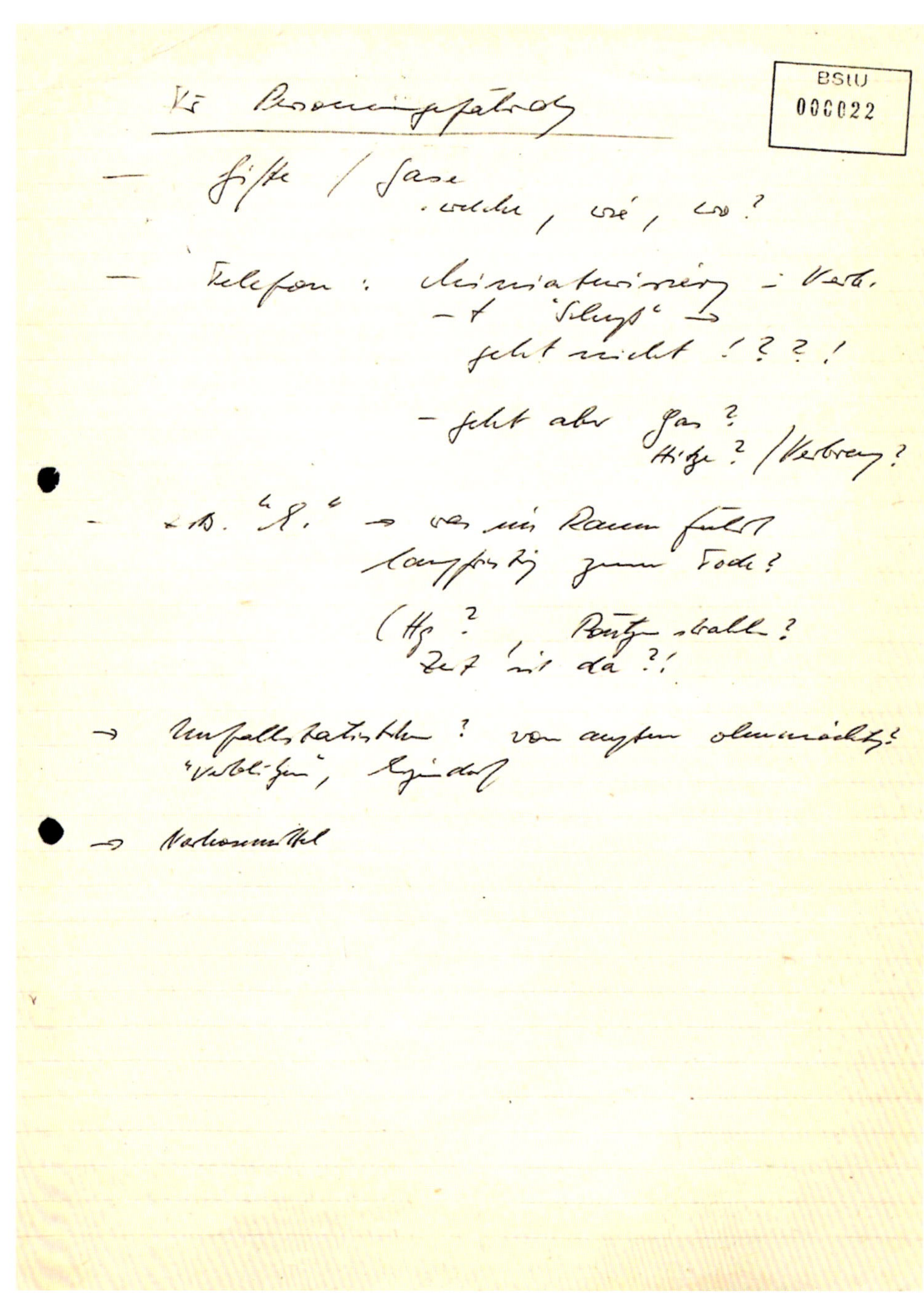

BStU
000022

– Gifte / Gase
welche, wie, wo?

– Telefon: Miniaturisierung – Verb.
– + "Schuss" →
geht nicht !???!

– geht aber Gas?
Hitze? / Verbrennung?

– z.B. "X." → wer im Raum fährt
langfristig zum Tode?

(Hg?, Röntgenstrahlen?
Zeit ist da?!

→ Unfallstatistiken? von außen ohnmächtig?
"verblitzen", Eigendorf

→ Narkosemittel

Das Stasidokument enthält Überlegungen zum Mordanschlag auf Lutz Eigendorf.
(Papier, DIN A4)

31 TOD EINES REPUBLIKFLÜCHTLINGS

Stasidokument über Lutz Eigendorf 1983

In der Nacht des 5. März 1983 prallt der Braunschweiger Fußballprofi Lutz Eigendorf mit seinem schwarzen Alfa Romeo gegen einen Baum. Zwei Tage später erliegt der 26-Jährige, der vier Jahre zuvor aus der DDR geflohen war, seinen schweren Kopf- und Brustverletzungen. Für Polizei und Staatsanwaltschaft scheint der Fall klar zu sein: tödlicher Verkehrsunfall unter Alkoholeinfluss. Die Sache wird schnell zu den Akten gelegt. Zu voreilig, wie sich später herausstellt. Stasiunterlagen, die nach der Wiedervereinigung auftauchen, lassen darauf schließen, dass DDR-Agenten den prominenten Staatsfeind in der Bundesrepublik ermordet haben. In dem Dossier werden Möglichkeiten der »physischen Vernichtung von Einzelpersonen oder Personengruppen« aufgeführt. Ein perfides, praktisches Handbuch für das kaltblütige Töten im Namen der DDR-Diktatur. Das Blatt 22 des handschriftlich verfassten Konvoluts trägt die Überschrift »Personengefährdung«. Der Verfasser lässt sich aus über »Gifte/Gase – welche, wie, wo?«. In der vorletzten Zeile wird eine ganz neue Tötungsmethode aufgeführt: »Verblitzen«. Und dahinter steht der Name: »Eigendorf«.

Eigendorfs Lebenslauf liest sich wie eine Biografie aus dem DDR-Handbuch: Geboren 1956 als Einzelkind in Brandenburg, durchläuft er alle Stationen der kommunistischen Kaderschmiede. Mit sieben Jahren Eintritt in die Pionierorganisation Ernst Thälmann, später Mitgliedschaft in der Freien

Deutschen Jugend (FDJ) und in der Gesellschaft für Deutsch-Sowjetische Freundschaft. Mit acht Jahren wird er zum Fußball geschickt, kommt zur BSG Motor Süd Brandenburg. Die Verantwortlichen sehen schnell: Lutz ist sehr talentiert. Wechsel nach Berlin auf die Kinder- und Jugendsportschule sowie Ausbildung in der Nachwuchsabteilung des SED-Klubs BFC Dynamo. Mit 18 Jahren erster Einsatz in der Oberliga, es folgen hundert Spiele für die Berliner, außerdem Einsätze im UEFA-Cup und in der DDR-Nationalmannschaft. Seinen Job als Zivilbeschäftigter bei der Volkspolizei erfüllt er nur auf dem Papier. Eigendorf soll sich ganz auf den Fußball konzentrieren. 1978, folgerichtig, trägt er stolz das Parteibuch der SED. Der Mittelfeldmann ist Mielkes ganzer Stolz. Dann aber der Schock: Der politisch als so verlässlich geltende Vorzeigespieler flüchtet nach einem Freundschaftsspiel beim 1. FC Kaiserslautern am 20. März 1979. Erich Mielke, hauptverantwortlich für flächendeckende Kontrolle, Überwachung und Unterdrückung im DDR-Regime, kann nicht verwinden, dass sich ausgerechnet ein Spieler seines geliebten und von ihm protegierten BFC Dynamo in den Westen absetzt. Die

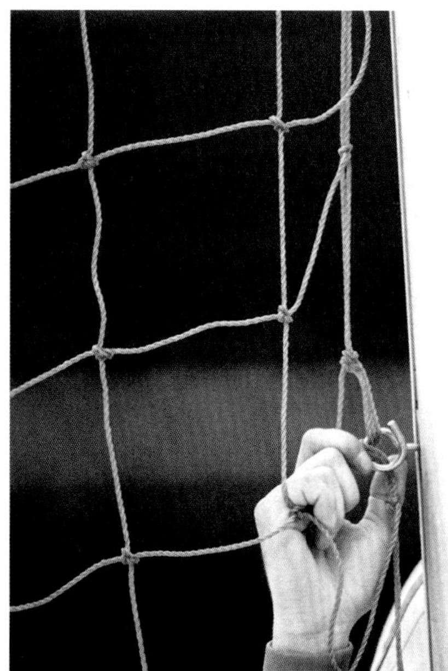

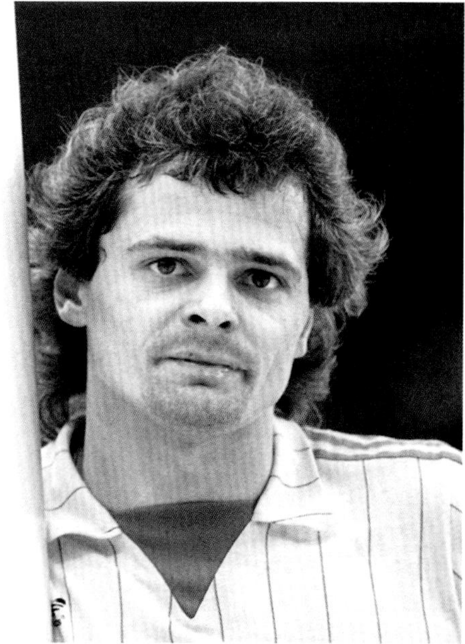

Lutz Eigendorf im Trikot von Eintracht Braunschweig, ein Opfer des DDR-Regimes.

Befürchtungen, Eigendorf könnte ein Vorbild für Nachahmer werden, sind in der Zentrale des berüchtigten Staatssicherheitsdienstes groß. Und dann noch bei den Auswärtsspielen hinter vorgehaltener Hand die Schmähgesänge für den ungeliebten Stasi-Klub: »Willst du in den Westen türmen, musst du bei Dynamo stürmen.« Die Verfolgung des Republikflüchtlings, der in den Stasiakten nur als »Verräter« bezeichnet wird, erklärt der Minister für Staatssicherheit zur Chefsache.

Mehr als 50 inoffizielle Mitarbeiter und Agenten werden auf den spielstarken Mittelfeldspieler und seine Familie angesetzt. Sie agieren in Ost- und Westdeutschland. Wo stellt Eigendorf gewöhnlich sein Auto ab? Wie viel Alkohol trinkt er? In Straßenkarten werden exakte Wegstrecken verzeichnet, die Eigendorf mit seinem Auto zurücklegt. Seine Frau in Ostberlin wird unter Druck gesetzt. Die Stasi droht ihr, das Kind wegzunehmen, wenn sie ihren Mann nicht zur Rückkehr überredet. Ein neuer Mann schleicht sich in ihr Leben, die Stasi drängt auf eine schnelle Scheidung, die vier Monate nach der Flucht vollzogen wird. Völlig verunsichert heiratet Gabriele Eigendorf den neuen Vertrauten, der in der Krise an ihrer Seite ist – später stellt sich heraus, dass sie auf einen »Romeo-Agenten« der Staatssicherheit hereingefallen war, der den Auftrag hatte, sie aus nächster Nähe zu bespitzeln. Eigendorf indes bekommt nach seiner Flucht einen Lizenzspielervertrag beim 1. FC Kaiserslautern, wechselt 1982 für eine Ablösesummer von 400.000 Mark in der Bundesliga zu Eintracht Braunschweig. In der Unfallnacht verabschiedet sich Eigendorf gegen 22 Uhr von seinem Fluglehrer. Von der Kneipe »Cockpit« aus will er nach Hause fahren. Um 23.08 Uhr geht ein Notruf bei der Braunschweiger Polizei ein: schwerer Verkehrsunfall auf der Forststraße nur wenige Kilometer von der Kneipe entfernt. Ein schwarzer Sportwagen ist von der Fahrbahn abgekommen und gegen einen Baum geprallt. Die Blutprobe am Unfallort weist bei Eigendorf einen Alkoholgehalt von 2,2 Promille auf. Augenzeugen berichten, dass er in der Kneipe aber nur zwei kleine Bier getrunken hat. Dennoch gibt es keine Obduktion und keine kriminaltechnische Untersuchung des Unfallautos. Für die Polizei ist klar: Eigendorf hat sich betrunken in den Tod gefahren.

Nach Auswertungen der Stasiunterlagen und Gesprächen mit ehemaligen Stasimitarbeitern kommen Historiker wie Herbert Schwan im ARD-Film *Tod dem Verräter* fast 20 Jahre später zu einer anderen Schlussfolgerung: Eigendorf wird von DDR-Agenten gekidnappt. Unter Todesangst werden ihm Alkohol und giftige Substanzen zugeführt. Seine Atmung wird unregelmäßig, sein Bewusstsein beginnt zu schwinden. Dann setzen sie ihn ans Steuer seines Sportwagens und lassen ihn davonfahren. Auf der regennassen Verbindungsstraße zwischen Querum und Bienrode flüchtet Eigendorf mit hoher Geschwindigkeit. In einer gefährlichen Rechtskurve, in der seine mörderischen Widersacher warten, wird er »verblitzt« – durch das plötzliche Aufblenden eines in Position gebrachten Autos auf der Gegenseite. Eigendorfs Wagen beginnt zu schlingern und prallt auf Höhe der Fahrertür gegen eine Ulme. Nach der Wende hat die Staatsanwaltschaft den Fall neu aufgerollt. Der für die Observation von Lutz Eigendorf in den Westen eingeschleuste »IM« Klaus Schlosser sagt vor dem Düsseldorfer Landgericht aus, er habe von seinem Führungsoffizier Heinz Hess aus der Stasizentrale in Ostberlin einen konkreten Mordauftrag für Eigendorf erhalten, diesen aber nicht ausgeführt. Oberstleutnant Hess, der am Todestag von Eigendorf eine Sonderprämie von 1.000 DDR-Mark bekommt, wird von der Berliner Staatsanwaltschaft vorgeladen. In den Akten steht vermerkt: »Der Beschuldigte ist nicht erschienen und hat sich daher nicht auf den Tatvorwurf eingelassen.« 2011 wird der Fall endgültig zu den Akten gelegt: »Es gibt keine objektiven Hinweise auf ein Fremdverschulden«, heißt es nur. So bleibt der Fall von Lutz Eigendorf offiziell ungelöst und wird es weiter bleiben. In der Forststraße in Braunschweig erinnert nichts mehr an das traurige Geschehen. Die Ulme, gegen die Eigendorf mit seinem Auto geprallt ist, wird ein Jahr nach dem mysteriösen Unfalltod gefällt. Und auch die längst verschwundenen Kerzen, Kränze und Blumen der Anwohner, die anfangs noch die mörderische Rechtskurve gesäumt haben, erzählen von der Vergänglichkeit der Zeit.

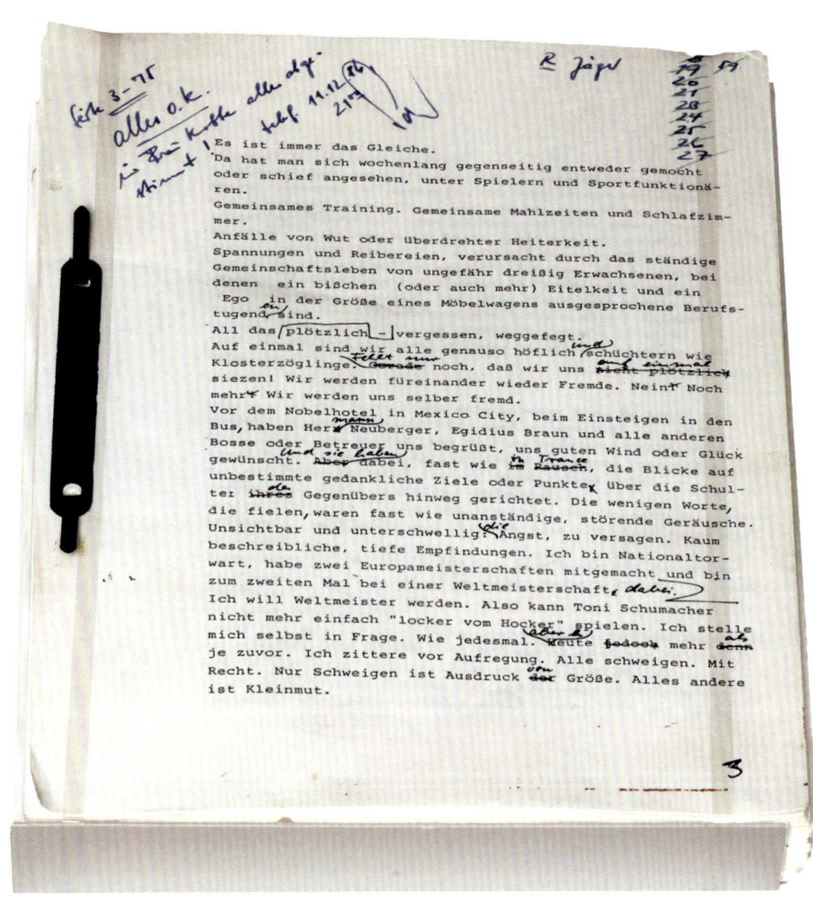

Es ist immer das Gleiche.
Da hat man sich wochenlang gegenseitig entweder gemocht oder schief angesehen, unter Spielern und Sportfunktionären.
Gemeinsames Training. Gemeinsame Mahlzeiten und Schlafzimmer.
Anfälle von Wut oder überdrehter Heiterkeit.
Spannungen und Reibereien, verursacht durch das ständige Gemeinschaftsleben von ungefähr dreißig Erwachsenen, bei denen ein bißchen (oder auch mehr) Eitelkeit und ein Ego in der Größe eines Möbelwagens ausgesprochene Berufstugend sind.
All das plötzlich - vergessen, weggefegt.
Auf einmal sind wir alle genauso höflich schüchtern wie Klosterzöglinge. ~~Gerade~~ noch, daß wir uns ~~nicht plötzlich~~ siezen! Wir werden füreinander wieder Fremde. Nein! Noch mehr! Wir werden uns selber fremd.
Vor dem Nobelhotel in Mexico City, beim Einsteigen in den Bus, haben Herr Neuberger, Egidius Braun und alle anderen Bosse oder Betreuer uns begrüßt, uns guten Wind oder Glück gewünscht. ~~Aber~~ dabei, fast wie ~~im Rausch~~, die Blicke auf unbestimmte gedankliche Ziele oder Punkte über die Schulter ~~ihres~~ Gegenübers hinweg gerichtet. Die wenigen Worte, die fielen, waren fast wie unanständige, störende Geräusche.
Unsichtbar und unterschwellig: Angst, zu versagen. Kaum beschreibliche, tiefe Empfindungen. Ich bin Nationaltorwart, habe zwei Europameisterschaften mitgemacht und bin zum zweiten Mal bei einer Weltmeisterschaft.
Ich will Weltmeister werden. Also kann Toni Schumacher nicht mehr einfach "locker vom Hocker" spielen. Ich stelle mich selbst in Frage. Wie jedesmal. ~~Heute~~ ~~jedoch~~ mehr ~~denn~~ je zuvor. Ich zittere vor Aufregung. Alle schweigen. Mit Recht. Nur Schweigen ist Ausdruck ~~der~~ Größe. Alles andere ist Kleinmut.

3

Die Manuskriptseiten von *Anpfiff* zeigen die akribische Bearbeitung durch Harald »Toni« Schumacher.
(Papier, DIN A4)

32 KANONADEN AUF UND NEBEN DEM PLATZ

Manuskriptseiten von Harald Schumachers Bestseller *Anpfiff* 1987

Dauerbeschuss war Harald Schumacher gewohnt. »Der Mensch hat den natürlichen Reflex, sich zu ducken, wenn ein Ball mit mehr als hundert Stundenkilometern auf ihn zugeschossen kommt. Nur wir Torhüter sind so bekloppt, unsere Birne immer wieder ins Kreuzfeuer zu halten.« Wie Geschosse flogen Schumacher nicht nur Bälle um die Ohren. Missgunst, Anfeindungen und Schlagzeilen entfachten für ihn in seiner Karriere oft eine stärkere Wucht als die Kanonaden auf dem Platz. Während der Fußballweltmeisterschaft 1982 in Spanien flimmerte auf allen Erdteilen keine Szene so oft in Zeitlupe über die Mattscheibe wie die 57. Spielminute der Halbfinalbegegnung zwischen Deutschland und Frankreich. Ohne Rücksicht auf Verluste stürzte und sprang der deutsche Nationaltorhüter dem gerade eingewechselten Franzosen Patrick Battiston entgegen, erwischte ihn aus vollem Lauf mit angezogenen Knien und der rechten Hüfte im Gesicht. Battiston blieb mit einer Gehirnerschütterung, drei ausgeschlagenen Zähnen und einer klaffenden Platzwunde regungslos liegen. Später stellten sie fest, dass auch ein Halswirbel angebrochen war. »Ich habe gedacht, er ist tot«, sagte Mannschaftsarzt Maurice Vrillac nach der Partie. »Ich habe zwei Minuten lang keinen Puls gespürt.« Als Sanitäter den bewusstlosen Battiston vom Platz trugen und Frankreichs Kapitän Michel Platini auf der Bahre seine Hand hielt, jonglierte Schumacher scheinbar ungerührt den Ball, kaute aufreizend Kaugummi und lehnte sich entspannt an den Torpfosten. – Harald »Toni« Schumacher, der harte Hund, wollte sich seine Erschrockenheit nicht anmerken lassen. »Es war definitiv nicht meine Absicht, ihn zu verletzen«. Hinterher hat sich Schumacher bei Battiston entschuldigt, auch für seine unbedachte und unpassende Aussage: »Seine Jacketkronen bezahle ich ihm gern.« Wie es in seinem Inneren aussah, wusste niemand. Die Fernsehbilder zeigten nur den äußeren Schein. »Toni Schumacher, Beruf Unmensch«, zürnte die französische Sportzeitung *L'Équipe*. Es war noch eine der harmlosen Titulierungen. »Mörder« oder »Das Monster von Sevilla«, lauteten andere, und auch von »Panzer«, »Gestapo«, »SS« und »Nazi« war zu lesen. Eine französische Umfrage nach dem unbeliebtesten Deutschen führte Schumacher noch vor Adolf Hitler an. Aus dem lebenslustigen Kölner Jung war der hässliche Deutsche, der »boche« geworden, der Morddrohungen erhielt. Die Nacht von Sevilla hatte das deutsch-französische Verhältnis auf den Stand von vor Adenauer und de Gaulle zurückgeworfen. Bundeskanzler Helmut Schmidt schrieb noch in der Nacht an den französischen Staatspräsidenten François Mitterrand. Nach dem dramatischen Halbfinale, das Deutschland dann auch noch nach glänzenden Paraden des ungeliebten Schumacher im Elfmeterschießen gewonnen hatte, war politische Diplomatie auf höchster Ebene gefragt.

Der französische Journalist Michel Meyer, Bonn-Korrespondent des Fernsehsenders *Antenne 2* und später Nachrichtenchef bei *Radio France* in Paris, wollte hinter die raue Schale des Deutschen gucken und einen Film über ihn drehen. Aus dem Film wurde ein Buch in Millionenauflage, das erneut einen öffentlichen Tsunami auslöste. Wochenlang haben sie zusammengesessen und in schonungsloser Offenheit geredet. Kassetten zeichneten auf, was Schumacher erzählte und Meyer dann niederschrieb. Drei Jahre nach Sevilla erschien ihr Buch *Anpfiff* fast zeitgleich im deutschen Buchhandel mit einem Meisterwerk von Gabriel García Márquez. *Die Liebe in den Zeiten der Cholera* des kolumbianischen Literaturnobelpreisträgers, einer der bedeutendsten Romane des ausgehenden 20. Jahrhunderts, stürmte die Buchcharts. Zum beherrschenden Thema in den Medien aber wurde das Buch des deutschen Nationaltorhüters. Schumachers *Anpfiff* mit dem Untertitel »Enthüllungen über den deutschen Fußball« trotzte der Weltliteratur und stand acht Wochen lang auf Platz eins der Bestsellerlisten für Sachbücher. Das 254 Seiten umfassende Werk, für die *taz* »der katholische Vorläufer der *Satanischen Verse*«, das im März 1987 erschien, wurde in 15 Sprachen übersetzt und 1,5 Millionen Mal verkauft, 300.000 Exemplare davon in Deutschland. Bis heute ist es das aufsehenerregendste deutsche Fußballbuch. Eine autobiografische Zwischenbilanz sollte es werden, tatsächlich wurde *Anpfiff* zum Abpfiff seiner großen internationalen Karriere. »Ich wollte wachrütteln und Dinge in Bewegung setzen, die mir wichtig waren. Das Buch war mein Instrument, Druck zu erzeugen, ich wollte alles loswerden.« Doch seine Schilderungen über Doping- und Alkoholmissbrauch im deutschen Fußball oder seine Auslassungen über die unprofessionelle Berufsauffassung von Bundesligakollegen verstörten die heile Fußballwelt. Und wieder schossen die Kanonen scharf: »Nestbeschmutzer«, »Verleumder«, »Verräter«, »Denunziant«, prasselte es auf ihn ein. Zeitungen, Spieler und Funktionäre schlugen verbal auf ihn ein – nur Lügner nannte ihn keiner. Die Folgen des Enthüllungsbuches waren für den

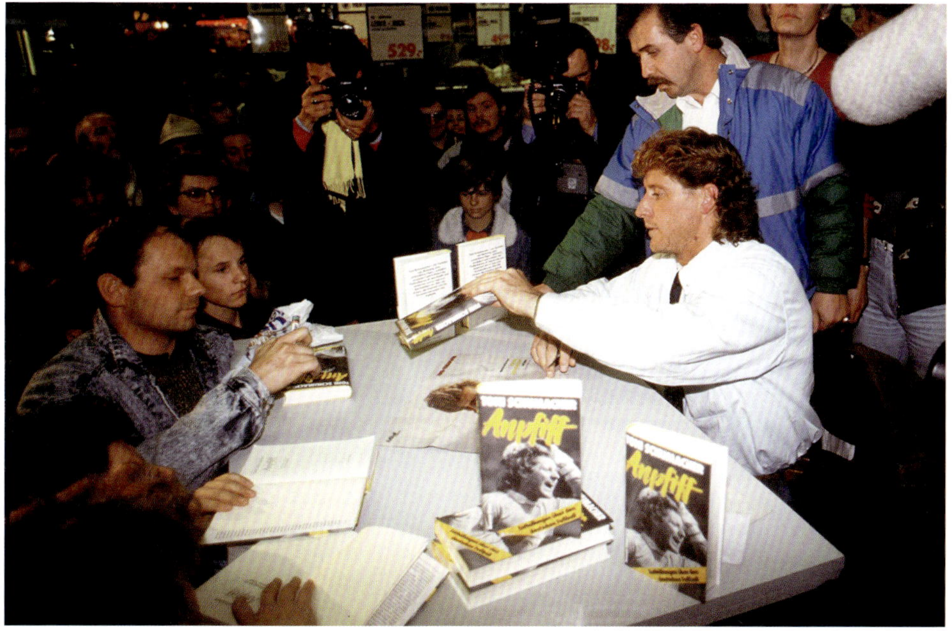

Der Bestseller *Anpfiff* wurde weltweit 1,5 Millionen Mal verkauft, 300 000 Exemplare allein in Deutschland.

Deutschen Meister, dreimaligen Pokalsieger, Europameister und zweifachen Vizeweltmeister fatal: Rausschmiss beim Herzensklub 1. FC Köln am Aschermittwoch, Ausbootung bei der Nationalmannschaft zwei Tage später an seinem 33. Geburtstag. »Man liebt den Verrat, aber hasst den Verräter«, lautete die sarkastische Erkenntnis von Schumacher, der in den 1980er-Jahren zu den weltbesten Torhütern zählte, der seinen Strafraum ebenso perfekt beherrschte wie das Spiel auf der Linie und zweimal Deutschlands Fußballer des Jahres wurde.

Akribisch hat Schumacher das Buchmanuskript bearbeitet. Seine handschriftlichen Notizen auf den Druckfahnen verraten, wie genau er es mit jedem Wort, mit jedem Satz genommen hat: »Ich habe die Wahrheit gesagt. Was ich dort aufgeschrieben habe, war mein Alltag.« Hart zu den anderen, noch härter zu sich selbst: Sechs Kreuzband- und Meniskusoperationen, Nierenquetschungen und Rippenbrüche, Kapsel- und Sehnenrisse erzählen Schumachers persönliche Leidensgeschichte. Wer sich davon überzeugen will, muss einen Blick auf seine Hände werfen: Alle Finger waren mehrfach gebrochen, wie krumme Äste baumeln sie an seinen Händen, den kleinen Finger wollten sie ihm sogar einmal amputieren. Das EM-Finale 1980 in Rom, das Deutschland gegen Belgien durch zwei Tore von Horst Hrubesch mit 2:1 gewann, bestritt er mit gebrochener Mittelhand. Schumacher ertrug die Schmerzen nur mit Tabletten und versuchte sie durch autogenes Training zu verdrängen. »Im Spaß sage ich immer: Wenn ich mal sterbe, könnt ihr auf meinem Grab keine Blumen pflanzen, denn die wachsen nicht. Da müsst ihr Plastikblumen nehmen.« Drei Monate nach Erscheinen seines Buches führte der DFB die Dopingkontrollen ein. Seine damals unpopulären Forderungen, einen vierten Offiziellen einzusetzen, mit Videoanalysen zu arbeiten oder in der Nachwuchsförderung umzudenken, sind inzwischen längst umgesetzt. Auch wenn ihn sein Buch um die Teilnahme an der Weltmeisterschaft 1990 gebracht hat, bereut Toni Schumacher nichts: »Lieber ein Knick in der Laufbahn als im Rückgrat.«

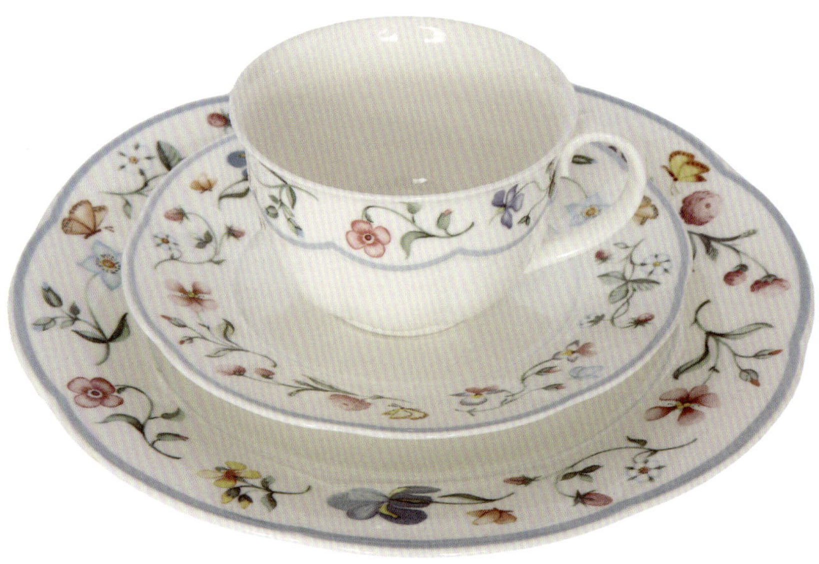

Das Kaffeeservice »Mariposa« von Villeroy & Boch spendierte der DFB den Nationalspielerinnen für den ersten Europameistertitel 1989.
(Porzellan, Tasse 6 x 10,5 x 8,7 cm, Unterteller 2 x 15 x 15 cm, Kuchenteller 2 x 21,5 x 21,5 cm)

33 DER LANGE WEG AUS DEM ABSEITS

Kaffeeservice für die Frauenfußballnationalmannschaft 1989

Die Europameisterschaft 1989 im eigenen Land brachte den ersehnten Durchbruch. 19 Jahre nach der Wiederzulassung des Frauenfußballs in Deutschland nach dem Verbot von 1955 nahm die Frauennationalmannschaft zum ersten Mal an einem großen internationalen Turnier teil. Den spektakulären Auftritt von Torfrau Marion Isbert, die im Halbfinale gegen Italien im Elfmeterschießen zunächst dreimal parierte und dann noch den entscheidenden Elfmeter selbst verwandelte, verfolgten in Deutschland mehr Zuschauer an den Bildschirmen als das gleichzeitig im Parallelprogramm übertragene Tennismatch von Publikumsliebling Steffi Graf in Wimbledon. Fünf Tage später sollte die Euphorie ihren Höhepunkt erreichen, als die deutschen Frauen die hochfavorisierten Norwegerinnen vor der Rekordkulisse von 23.000 Zuschauern in Osnabrück überraschend deutlich mit 4:1 bezwangen. Die Frauennationalmannschaft hatte im deutschen und europäischen Fußball für einen Paukenschlag gesorgt. Und doch – in die Erinnerung haben sich weder die Endspieltore von Ursula Lohn, Heidi Mohr oder Angelika Fehrmann eingebrannt. In den Köpfen geblieben ist die wohl skurrilste Prämie, die es im deutschen Fußball je gegeben hat: das Kaffeeservice von Villeroy & Boch, 40-teilig, bestehend aus Tassen, Untertellern und Kuchentellern als Anerkennung des Deutschen Fußball-Bundes für seine Spielerinnen, die den ersten Europameistertitel in der Geschichte des deutschen Frauenfußballs errungen hatten. Kostenpunkt: Nicht 2.000 Mark pro Set wie im Handel, sondern 950 Mark – weil der DFB das Service als 1b-Ware erwerben konnte. Als die Männer ein Jahr später in Italien Weltmeister wurden, zeigte sich der Verband spendabler: Lothar Matthäus, Rudi Völler & Co. erhielten für den Titelgewinn umgerechnet 125.000 Mark pro Spieler. Das legendär gewordene Service aus der Produktlinie »Mariposa« mit zart roten, gelben und blauen Blüten auf weißem Porzellan steht für den beschwerlichen Weg des Frauenfußballs in Deutschland seit dem Ende des 19. Jahrhunderts.

Die 18-jährige Metzgerstochter Lotte Specht hätte von einem Kaffeeservice als Anerkennung für ihren Einsatz für den Fußball nur träumen können. 1930 suchte sie per Zeitungsannonce nach Vorbild der englischen Frauenfußball-Pionierin Nettie Honeyball Spielerinnen für den ersten deutschen Damenfußballclub. Lotte Specht stieß mit ihrer Anzeige auf so große Resonanz,

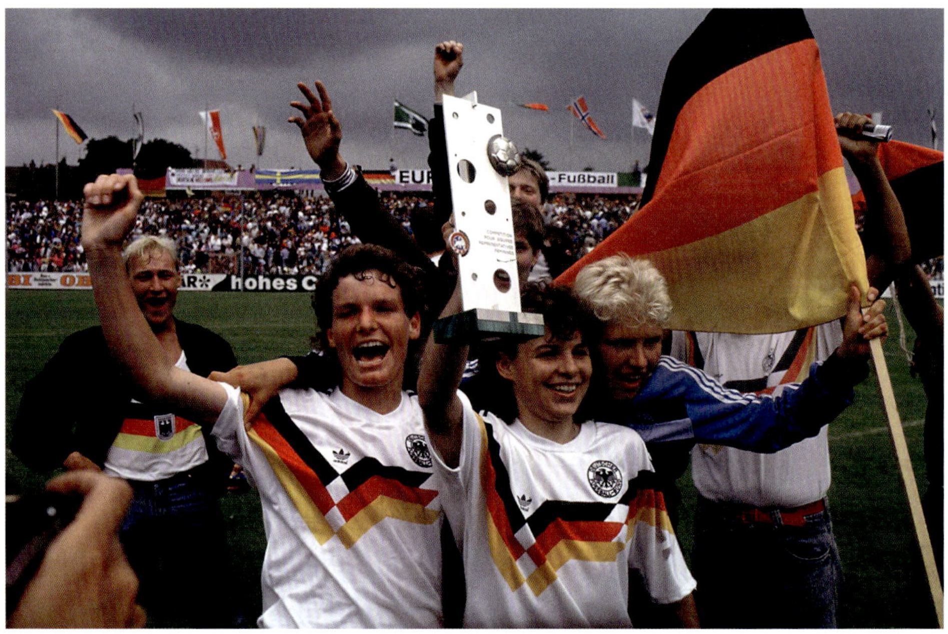

Jubel über den ersten Titel für die Frauenfußballnationalmannschaft nach einem Überraschungssieg gegen Norwegen in Osnabrück im EM-Finale 1989.

dass der 1. DDFC Frankfurt 35 Spielerinnen zählte und sogar einen Trainer engagierte. Dennoch lösten die Frauen, in der Öffentlichkeit als »Mannsweiber« verspottet und verunglimpft, ihre Mannschaft 1931 schon wieder auf. Fußball für Frauen war gesellschaftlich verpönt. »Die männlichen Zuschauer haben sogar mit Steinen nach uns geworfen«, berichtete Lotte Specht. Ab 1933 verschärfte sich die Weigerungshaltung. In der NS-Diktatur wurde Frauenfußball moralisch geächtet. Über seinen Pressedienst ließ der DFB verlauten, dass »der Frauenfußball mit der Würde und dem Wesen der Frau unvereinbar« sei. Auch in der Nachkriegszeit wurde der Frauenfußball ausgegrenzt. Der DFB untersagte auf seinem Bundestag 1955 seinen Vereinen unter Androhung von Strafen, »Damenfußballabteilungen zu gründen oder aufzunehmen«. Der Spielfreude der Frauen tat dies aber keinen Abbruch. Besonders im Ruhrgebiet und in Teilen Süddeutschlands gründeten begeisterte Fußballspielerinnen eigene Vereine, nationale und internationale Privatspiele wurden organisiert. 1956 fand im Essener Mathias-Stinnes-Stadion vor mehr als 18.000 Zuschauern das erste einer Reihe inoffizieller Länderspiele statt. Ende der 1960er-Jahre spielten in der Bundesrepublik geschätzte 40.000 bis 60.000 Mädchen und Frauen Fußball – einige davon sogar in Abteilungen von Vereinen, die dem DFB angeschlossen waren. Die Ablehnung in den Verbänden weichte allmählich auf, der Frauen- und Mädchenfußball konnte nicht gestoppt werden. Doch erst am 31. Oktober 1970 beschloss der DFB-Bundestag in Travemünde offiziell die Zulassung von Damenfußballspielen – und kam damit der Gründung eines eigenen Frauenfußballverbandes zuvor. Aber dennoch: Eine tatsächliche Gleichberechtigung gab es nicht. Die Spielzeit bei den Frauen wurde zunächst auf zweimal 30 Minuten begrenzt, Stollenschuhe waren tabu. Sollte der Ball mit der Brust gestoppt werden, war »Schutzhand« zwingend vorgeschrieben. Und gespielt wurde mit einem kleineren Jugendball, den der Sportartikelhersteller Adidas »Anja« taufte. Bereits 1972 verzeichnete der DFB 111.579 weibliche Mitglieder und 1.788 Frauenmannschaften. 1974 wurde der TuS Wörrstadt erster Deutscher Meister, 1981 gewann die SSG 09 Bergisch Gladbach das Endspiel um den neu eingeführten DFB-Pokal der Frauen, 1982 gründete der DFB die Frauennationalmannschaft. Die Einführung der Bundesliga folgte in der Saison 1990/91. Am 10. November 1982 bestritt die Frauennationalmannschaft gegen die Schweiz ihr erstes offizielles Länderspiel, das sie 5:1 gewann.

Innerhalb weniger Jahre stieß die Mannschaft in die Weltspitze vor. Acht Europameisterschaften zwischen 1989 und 2013, zwei Weltmeisterschaften (2003 und 2007) und ein Olympiasieg (2016) lautet die beeindruckende vorläufige Bilanz. Die Grundlage hatte eine gezielte Förderung des Mädchenfußballs im DFB gelegt, die sich in zahlreichen EM- und WM-Erfolgen auch im Juniorinnenbereich widerspiegelt.

Fünf Jahre nach dem »Sommermärchen«, der Männer-WM 2006, fand mit der FIFA Frauen-Weltmeisterschaft 2011 erneut ein Fußball-Großereignis in Deutschland statt. Unter dem Motto »20Elf von seiner schönsten Seite« spielten in der Zeit vom 26. Juni bis zum 17. Juli die 16 besten Mannschaften um den WM-Titel. Deutschland, als Favorit ins Turnier gestartet, schied gegen den späteren Weltmeister Japan bereits im Viertelfinale aus. Dennoch bescherte das Ereignis dem Frauenfußball eine bis dahin nicht gekannte Wahrnehmung. Die 32 Begegnungen wurden von mehr als 844.000 Zuschauern in den Stadien verfolgt. Die Begegnung Deutschland gegen Japan lockte mehr als 17 Millionen Menschen vor den Fernsehapparat, das Endspiel verfolgten mehr als 15 Millionen. Beim Titelgewinn hätten sich die deutschen Spielerinnen jeweils über eine Gage von 60.000 Euro freuen können. Doch ohne Titel keine Prämie. Aber wieder ein Kaffeeservice. Villeroy & Boch spendierte 22 Jahre nach »Mariposa« die Kreation »New Wave«. Wie dieser PR-Gag bei den Spielerinnen wohl angekommen ist?

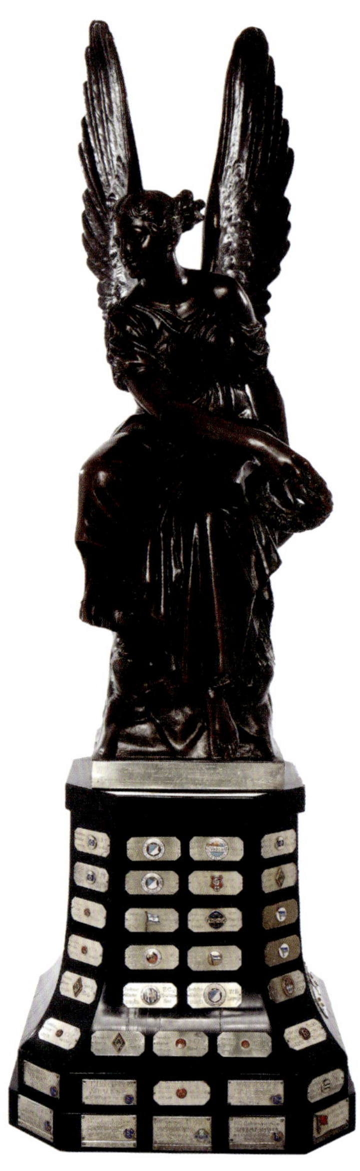

Die *Viktoria* nach einem Entwurf von Christian Daniel Rauch kürte von 1903 bis 1944 den Deutschen Fußballmeister.
(Metall, Holz, 108 x 33 x 33 cm, Gewicht 24,6 kg)

34 RÜCKKEHR DER SIEGESGÖTTIN

Wandertrophäe *Viktoria* 1990

Das erste Mal ist die *Viktoria* dem VfB Leipzig überreicht worden. Im Endspiel um die erste deutsche Fußballmeisterschaft hatte der DFC Prag im Mai 1903 in Altona beim 2:7 keine Chance. Ein historisches Spiel, das Günter Grass zur Jahrtausendwende in seinem Buch *Mein Jahrhundert* in Text und Aquarell verewigte. Der Literaturnobelpreisträger tauchte tief in die Fußballgeschichte ein und verblüffte mit detaillierten Fakten. Bei Grass »scoren« die Spieler »Goals« vor der »Halftime«, weil deutsche Begriffe für das Importspiel aus England noch unüblich waren. Nicht minder historisch war auch das letzte Spiel um die 24,6 Kilogramm schwere und 108 cm hohe Bronzefigur, die nach dem Vorbild der Marmorstatue *Kranzwerfende Viktoria* von Christian Daniel Rauch zu den Olympischen Spielen 1900 in Paris gefertigt worden war. Der 4:0-Sieg des Dresdner SC über den Luftwaffen-Sportverein Hamburg im letzten Meisterschaftsendspiel vor dem Ende des Zweiten Weltkrieges am 18. Juni 1944 wurde zur Farce, als das Land in Trümmer fiel, Millionen hungerten und starben. Dresden bekam die kunstvolle Trophäe nach diesem irrwitzigen Wettstreit als letzter Verein überreicht. – Die Odyssee der *Viktoria*, der Personifikation des Sieges, sollte beginnen. Als der Dresdner SC von Berlin die Heimreise antrat, übergaben die Vereinsfunktionäre den wertvollen Wanderpreis dem Gärtner August Stark in Cossebaude zur Verwahrung. Stark hatte den Auftrag, in den Kriegswirren auf die *Viktoria* aufzupassen. Das gelang dem tapferen Dresdner Fußballfan bis 1948. Nach dem

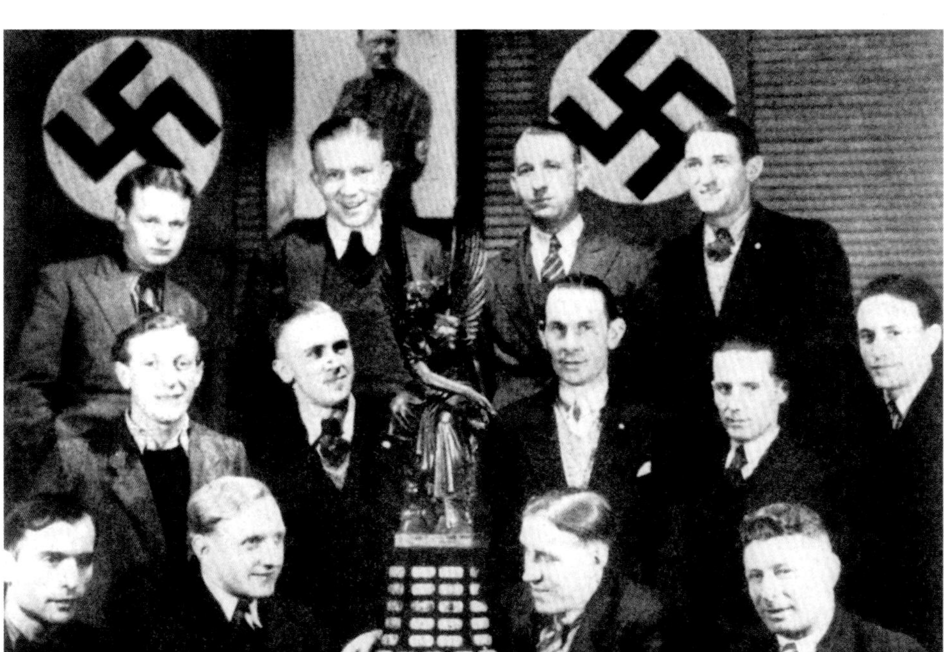

Der FC Schalke wurde zwischen 1933 und 1945 zum Titelsammler.

Krieg erschien ein mysteriöser Unbekannter, der für den wiederaufgenommenen Spielbetrieb in der Westzone die Trophäe dorthin überführen wollte. Dresdner Fußballfunktionäre bekamen Wind von der Verschwörung und kassierten die *Viktoria* in allerletzter Sekunde am Hauptbahnhof ein. Von Dresden wanderte die *Viktoria* nach Ostberlin und wurde dort später im Staatssekretariat für Körperkultur und Sport der DDR unter staatliche Kontrolle gestellt, wo sie als Relikt des bürgerlichen Sports in die Asservatenkammer verbannt wurde. Die schlechte Materialgüte des bronzepatinierten Zinkgusses und unsachgemäße Lagerung führten im Laufe der Zeit zu erheblichen Beschädigungen, bis hin zum Bruch eines Flügels der Figur. In der Bundesrepublik galt die Trophäe lange als verschollen.

Der 1. FC Nürnberg musste 1948 als erster Deutscher Meister nach dem Krieg noch auf einen Pokal verzichten, ein Jahr später gab es für den VfR

Mannheim die bis heute vergebene Meisterschale als Ersatz für die *Viktoria*. Im Februar 1990, beim Übergang zur deutschen Wiedervereinigung, holte Günter Erbach, ehemaliger DDR-Staatssekretär und Präsident des Fußballverbandes der DDR, die kunstvolle Wandertrophäe der Deutschen Meister zwischen 1903 und 1944 aus der Versenkung und führte sie dem Zentralen Sportmuseum der DDR zu. Nach der Wiedervereinigung brach dann der Streit los, wem die *Viktoria* gehöre. Im Oktober 1990 hatte der noch bestehende DDR-Fußballverband im Auftrag des DFB um Herausgabe der Trophäe gebeten. Das Tauziehen zwischen dem Land Berlin, dem DFB und der Stiftung Preußischer Kulturbesitz begann. In einer Nacht-und-Nebel-Aktion wurde die *Viktoria* in eine Holzkiste verpackt, aus dem Sammlungszentrum des damaligen DDR-Sportmuseums herausgeschafft und im Jugendaufbauwerk Berlin-Spandau versteckt. Ostberliner Kunstinteressierte hatten sie in Sicherheit bringen wollen, hieß es, als die Polizei das Kunstobjekt nach drei Wochen sicherstellte. Im Januar 1992 beschloss der Berliner Senat nach monatelangem Hin und Her, die *Viktoria* zurück in den Bestand des DFB zu überführen. Die Besitzurkunde von 1925 hatte den DFB als rechtmäßigen Besitzer ausgewiesen. Auf dem Verleihungsdiplom heißt es: »Zum Andenken an die gelegentlich der Weltausstellung in Paris 1900 abgehaltenen Olympischen Spiele wird hiermit dem Deutschen Fußballbunde ein Wander-Ehrenpreis in Gestalt der *Viktoria* von Prof. Rauch gewidmet.« Die feierliche Rückgabe erfolgte im Rahmen des DFB-Pokalendspiels 1992.

Im Deutschen Fußballmuseum in Dortmund hat die Siegesgöttin ihren finalen Standort gefunden. Dort zählt die in Bronze gegossene Hüterin des römischen Reiches, die in den Befreiungskriegen gegen die napoleonischen Truppen auch zum preußischen Siegessymbol stilisiert wurde, zu den wertvollsten Objekten in der Dauerausstellung seit Eröffnung des Museums 2015. Die Schutzgöttin des römischen Kaisers thront auf einem Quader. Sie blickt nach rechts. Ihre Flügel reichen ihr bis über den Kopf, ihr Gewand fällt lang herab. Ihre linke Hand ist auf den Felsen gestützt abgelegt, mit der rechten hält sie einen Lorbeerkranz als Insigne für den Erfolg. Christian Daniel Rauchs Vorbild, die Marmorstatue *Kranzwerfende Viktoria*, entstanden zwischen 1838 und 1845, befand sich lange im Berliner Schloss und ist jetzt in der Alten Nationalgalerie in Berlin zu sehen. Eine weitere Statue ist in der Walhalla in Donaustauf unterhalb der Büste von Kaiser Maximilian I. ausgestellt.

In der Walhalla des Fußballs haben sich mit dem FC Schalke 04 und dem 1. FC Nürnberg zwei Traditionsklubs als Rekordhalter sechsmal mit der *Viktoria* verewigt. Der SK Rapid Wien ist der einzige Titelträger, der nicht auf dem Territorium der heutigen Bundesrepublik beheimatet ist. Nach der Annexion Österreichs durch die Nationalsozialisten besiegten die Wiener 1938 im Endspiel um die Deutsche Meisterschaft den FC Schalke nach einem 0:3-Rückstand mit 4:3. Auf dem Sockel werden noch heute die Namen und Embleme aller Deutschen Meister mit einer kleinen Metallplakette aufgebracht. Nicht mehr zu sehen ist dagegen die ursprüngliche Inschrift auf der Frontseite: »Weltausstellungspreis, Wanderpreis für den Deutschen Fußballsport, gestiftet aus Reichsmitteln zur Erinnerung an die Beteiligung deutscher Mannschaften an den Olympischen Spielen Paris 1900.« Die bronzene *Viktoria* nach Christian Daniel Rauch trägt sichtbare Zeichen deutscher Nationalgeschichte und ist für den Fußball zum Meisterwerk geworden – zur ästhetischen Versinnbildlichung des sportlichen Erfolgs.

Der in Acryl eingelassene Elfmeterpunkt konserviert den spielentscheidenden Augenblick des WM-Finales 1990.
(Gras, Kreide, Acryl, 5,2 x 53,7 x 47,5 cm)

35 ES ROCH NACH GRAS UND KREIDE

Der Elfmeterpunkt aus dem Olympiastadion Rom 1990

Die Spur führte zunächst nach Polen. In Warschau wurde dem Deutschen Fußballmuseum der originale Elfmeterpunkt von Rom angeboten. Ein Kreidepunkt auf sattem Grün, in Acryl eingelassen. Ein Stück ausgegrabene Erinnerungsgeschichte für die Ewigkeit. Doch schon bald wurde offensichtlich: Das konnte nicht der Elfmeterpunkt aus dem Olympiastadion sein, von dem Andreas Brehme am 8. Juli 1990 um 21.40 Uhr in der 85. Minute im WM-Endspiel zwischen Deutschland und Argentinien die Entscheidung herbeigeführt hatte. Die Kreidemarkierung war zu klein und wirkte wie frisch aufgetragen. Das Fußballmuseum recherchierte weiter, kontaktierte die Stadiongesellschaft in Rom und erfuhr: Der Elfmeterpunkt war tatsächlich kurz nach dem Spiel ausgestochen und konserviert worden. Im Fernsehen sollte er für einen guten Zweck versteigert werden. Die letzte Spur führte ins hessische Rosbach auf das Anwesen des Musikproduzenten, Komponisten und Sängers Frank Farian. Seine damalige Lebensgefährtin Ingrid »Milli« Segieth hatte das Relikt deutscher Fußballgeschichte für ihn ersteigert. Frank Farian und Milli Segieth stimmten zu, ihren Schatz mit der breiten Öffentlichkeit zu teilen und den Elfmeterpunkt als Dauerleihgabe im Deutschen Fußballmuseum auszustellen. Der WM-Titelgewinn von 1990 könnte mit keinem Exponat authentischer erzählt werden als mit diesem kreidemarkierten Grasboden in Acrylglas. Das Objekt erinnert mit seinem gewöhnlichen Material an ein Kunstwerk der Arte Povera. Die norditalienische Kunstbewegung aus der zweiten Hälfte der 1960er-Jahre wurde bezeichnenderweise in Rom begründet.

Völler fiel, Brehme verwandelte, Maradona weinte – die Geschichte des Endspiels um die 14. Fußballweltmeisterschaft ist schnell erzählt, die Begleitumstände von Brehmes Elfmetersiegtor oft geschildert. Brehme schoss, weil Matthäus mit neuen, nicht eingelaufenen Fußballschuhen sich diesen kapitalen Strafstoß nicht zutraute. Was aber nur wenige wissen: Die Geschichte um Matthäus' ominöse Fußballschuhe begann schon zwei Jahre vor dem Finale. 1988 reiste Matthäus mit zwei Fußballschuhpaaren im Gepäck zum Abschiedsspiel von Michel Platini nach Nancy. Die Schuhe von seinem Sponsor Puma trug er auf dem Platz – das Paar von adidas für offizielle Länderspiele lieh er seinem Freund Diego Maradona, der sein Schuhwerk vergessen hatte. Der argentinische Ausnahmefußballer zog die Senkel heraus und veränderte die Schnürung – über Kreuz, gerade hoch, über Kreuz, gerade hoch – und band den Schuh lockerer. Matthäus behielt diese Schnürung bei, die Fußballschuhe trugen ihn in rund 20 Länderspielen bis zum WM-Turnier in Italien, sie beflügelten ihn und ließen ihn auf dem Zenit seiner Karriere überragend

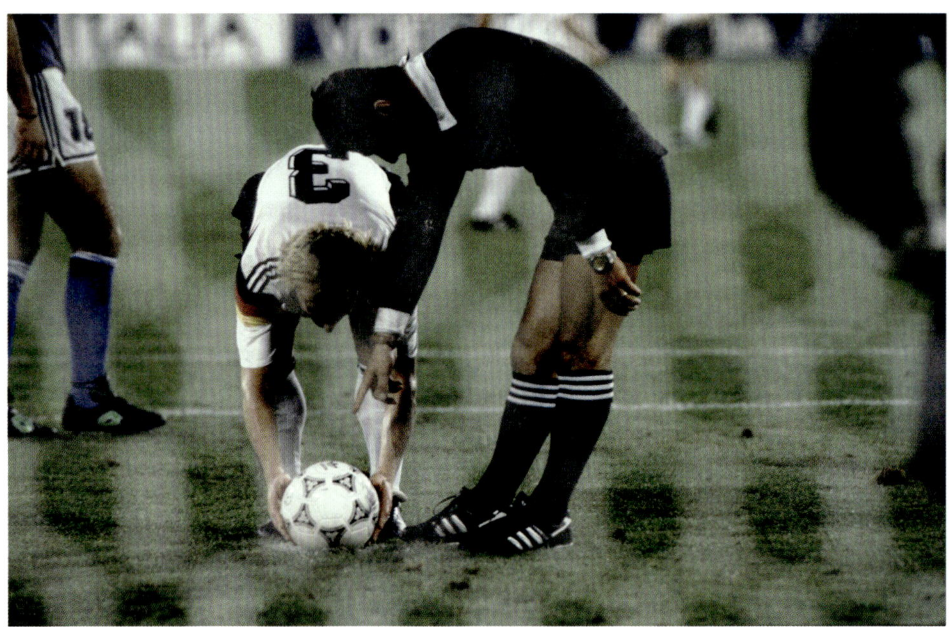

Mit seinem verwandelten Strafstoß bescherte Andreas Brehme Deutschland nach 1954 und 1974 den dritten WM-Titel.

aufspielen. Doch die Schuhe wurden brüchig. Dennoch wollte Matthäus mit ihnen das WM-Turnier in seiner damaligen Wahlheimat spielen. Dann brachen im Endspiel, ausgerechnet gegen Maradonas Argentinien, beide Sohlen – als ob Diegos Geist die Fußballschuhe verlassen hätte, als ob ein Sieg über Argentinien mit allen Mitteln verhindert werden sollte. Matthäus musste seine magischen Schuhe in der Halbzeit wechseln – mit gemischten Gefühlen betrat er mit neuem Schuhwerk wieder den Rasen. »Den Elfmeter nicht zu schießen und ihn Andy zu überlassen, war die beste Entscheidung, die ich in meiner Karriere getroffen habe«, sollte der Rekordnationalspieler später sagen.

Vier Elfmeter hatte der argentinische Schlussmann Sergio Goycochea in diesem Turnier bereits gehalten. Fünf Minuten vor dem Ende des Endspiels hätte er in Argentinien zum Volkshelden werden können. Rudi Völler und José Serrizuela gingen im argentinischen Strafraum zum Ball, Schiedsrichter Codesal Méndez aus Uruguay pfiff Strafstoß. Die Welt blickte auf Goycochea und Brehme. »Bleib ganz ruhig«, dachte Brehme, wie er später erzählte. »Nur auf den Schuss konzentrieren.« Die Argentinier diskutierten mit dem Schiedsrichter, kickten den Ball immer wieder vom Elfmeterpunkt. Und dann kam auch noch Rudi Völler zum Elfmeterschützen gelaufen, um ihn daran zu erinnern: »Du, Andy, wenn du den jetzt machst, sind wir Weltmeister …« Sieben bis acht Minuten dauerte es, bis der Schiedsrichter den Elfmeter endlich freigab. Würde der beidfüßige Spezialist für ruhende Bälle mit rechts oder links schießen? Brehme schoss mit rechts in die linke untere Ecke, Goycochea ahnte das, sprang richtig ab, doch Brehmes Schuss war perfekt. Zwischen Innenpfosten und Ball hätte gerade mal eine Briefmarke gepasst, der Argentinier war chancenlos. »Im Halbfinale gegen England hatte ich im Elfmeterschießen auch mit rechts ins linke Eck getroffen.« Mit Intuition und Abgeklärtheit hatte Andy Brehme die härteste Prüfung seiner Karriere bestanden. Das Finale selbst geht als eines der schwächeren in die Fußballgeschichte ein. Deutschland versuchte sich in Offensivfußball, hätte nach 20 Minuten schon gut und gerne 4:0 führen können, Argentinien wollte sich von Beginn an mit Mauerfußball ins Elfmeterschießen retten, wie schon zuvor im Viertel- und Halbfinale gegen Jugoslawien und Italien. Argentiniens Endspielbilanz: kein eigener Eckball in 90 Minuten, Tormöglichkeiten

Fehlanzeige. Zwei Platzverweise für Gustavo Dezotti und Pedro Monzón. Aber Goycochea im Tor. Wenn da nur Andreas Brehme nicht gewesen wäre. Nach dem Schlusspfiff: ein einziger Rausch im deutschen Lager. Ein anderer, Diego Maradona, das Genie, weinte hemmungslos. Die Übergabezeremonie des Pokals zog sich hin, die Spieler mussten lange warten. Dann aber der besondere Moment, den Weltpokal für das zusammenwachsende Deutschland im Jahr der Wiedervereinigung entgegennehmen zu dürfen, stellvertretend für eine fußballverrückte Nation, die während der WM-Wochen die Nationalmannschaft und mehr noch sich selbst gefeiert hatte. Nach dem Titelgewinn ließen es die Spieler so richtig krachen. »Hai fatto bene, Andy«, hatte Matthäus mit dem WM-Pokal im Arm irgendwann in den frühen Morgenstunden im Hotelpark zu Brehme gesagt. »Hai fatto bene, Lothar«, hatte sein Freund und Mannschaftskamerad von Inter Mailand geantwortet. – Hast du gut gemacht! Wie Helmut Rahn, Gerd Müller und Mario Götze ist Andreas Brehme als weltmeisterlicher Siegestorschütze unvergessen. Die Menschen werden ihn immer mit diesem einen unhaltbar geschossenen Elfmeter in Verbindung bringen. »Es roch nach Gras und Kreide«, hatte Brehme die Sekunden des Torabschlusses in jener 85. Minute in nüchterner Klarheit einmal beschrieben. Der konservierte weiße Kreidepunkt auf mattem Grün lässt die raue Poesie dieses Augenblicks erwachen.

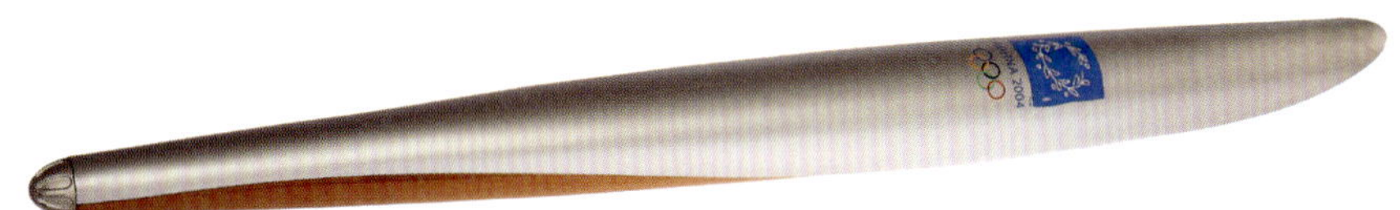

Mit der olympischen Fackel verkündete Griechenlands Nationaltrainer Otto Rehhagel die Sommerspiele 2004 im Land des Fußballeuropameisters.
(Metall, Holz, 66 x 6 cm)

36 IM HELLENISCHEN GÖTTERHIMMEL

Olympia-Fackel von Otto Rehhagel 2004

Bei jedem Schritt war sich Otto Rehhagel der besonderen Bedeutung seiner Mission bewusst. Im Laufschritt trug er fünf Tage vor Eröffnung der Sommerspiele 2004 um 18.48 Uhr das Olympische Feuer über die mächtige Charilaos-Trikoupis-Brücke, die das griechische Festland mit der Halbinsel Peloponnes verbindet. Als Fackelläufer kündigte er den Beginn der 28. Spiele der Neuzeit an und erinnerte gleichsam an die Geschichte Olympias. Eine größere Ehre konnten die Griechen ihrem deutschen Fußballnationaltrainer nicht erweisen. Herakles musste mit unverwundbaren Löwen und neunköpfigen Schlangen kämpfen, bevor ihn die Götter zu sich in den Olymp aufnahmen. Otto Rehhagel musste ähnliche Wunderdinge vollbringen: Er wurde mit der griechischen Nationalmannschaft Fußballeuropameister. Als Rehhagel in der Nacht des 4. Juli 2004 den silbernen Henri-Delaunay-Pokal in den Lissaboner Himmel reckte, konnte er neben dem berühmten Heros der griechischen Mythologie im hellenischen Götterhimmel Platz nehmen. Aus dem deutschen Trainer Rehhagel war der griechische Held »Rehakles« geworden.

»Herr Rehhagel, wir sind die Erfinder der Demokratie, wir haben zu jedem Thema etwas zu sagen.« Mit augenzwinkernder Herzlichkeit hatten die griechischen Verbandsfunktionäre ihren neuen Nationaltrainer im August 2001 empfangen. Otto Rehhagel überhörte den Willkommensgruß diskret. – »Jeder darf sagen, was ich will«, hatte er schon zu seinen Bundesligazeiten klargestellt. Auch in Griechenland fuhr er gut mit der Ottokratie, formte mit seiner Erfahrung, kluger Menschenführung und der berühmten »kontrollierten Offensive« aus einem hoffnungslos zerstrittenen Team die Sensationsmannschaft der Europameisterschaft 2004. Noch nie hatte Griechenland bei einer EM oder WM auch nur ein Spiel gewinnen können – 2004 ließen sie Gastgeber Portugal, Titelverteidiger Frankreich und Turniermitfavorit Tschechien keine Chance. In der Dürrezeit des deutschen Fußballs, als die Nationalmannschaft unter Teamchef Rudi Völler schon nach der Vorrunde dieser Europameisterschaft die Heimreise antreten musste, perfektionierte Rehhagel das Defensivspiel seiner Mannschaft und stürzte im Finale Gastgeber Portugal in ein Tränenmeer. Die mediale Kritik an seiner angeblich antiquierten Spielweise konterte er nonchalant mit dem berühmt gewordenen Satz: »Modern spielt, wer gewinnt!«

Rehhagels Weg in die weite Fußballwelt erinnert an eine Traumkarriere amerikanischen Zuschnitts. Als drittes Kind einer Bergarbeiterfamilie wuchs er in Essen-Altenessen unter Fördertürmen auf, unweit der Zeche Helene, in die er als Sechsjähriger mit seiner Familie im Krieg während der schrecklichen Bombardements schutzsuchend einfahren musste. »Meine Eltern sind vielleicht einmal aus Essen herausgekommen. Was hätten sie wohl gesagt, wenn sie gewusst hätten, welche Möglichkeiten ihr Sohn einmal haben würde?« Ihr Otto machte Karriere. Als Verteidiger kam er mehr durch Fleiß und Zähigkeit nach vorn als durch die Gnade des Talents. Zunächst bei Rot-Weiss Essen in der Oberliga West, dann bei Hertha BSC und dem 1. FC Kaiserslautern in der Bundesliga. Der Wechsel nach Berlin gab die Initialzündung für ein neues Leben. »Ich sah die Siegessäule und das Brandenburger Tor und sagte zu mir: Otto, jetzt geht's los! Und ich rannte los. Mit großen Augen, gutgläubig, restlos begeistert und scheunentoroffen.« Als Trainer kam er zunächst als »Feuerwehrmann« bei den abstiegsbedrohten Klubs Kickers Offenbach, Borussia Dortmund, Arminia Bielefeld und Fortuna Düsseldorf zum Zuge. Als Rehhagel Werder Bremen aus der 2. Liga zurück in das Fußball-Oberhaus geführt hatte, wurde aus »Otto Notnagel« oder »Otto Torhagel« (nach der 0:12-Niederlage 1978 seiner Dortmunder gegen Borussia Mönchengladbach) zunächst »Otto II.« – in Anspielung auf

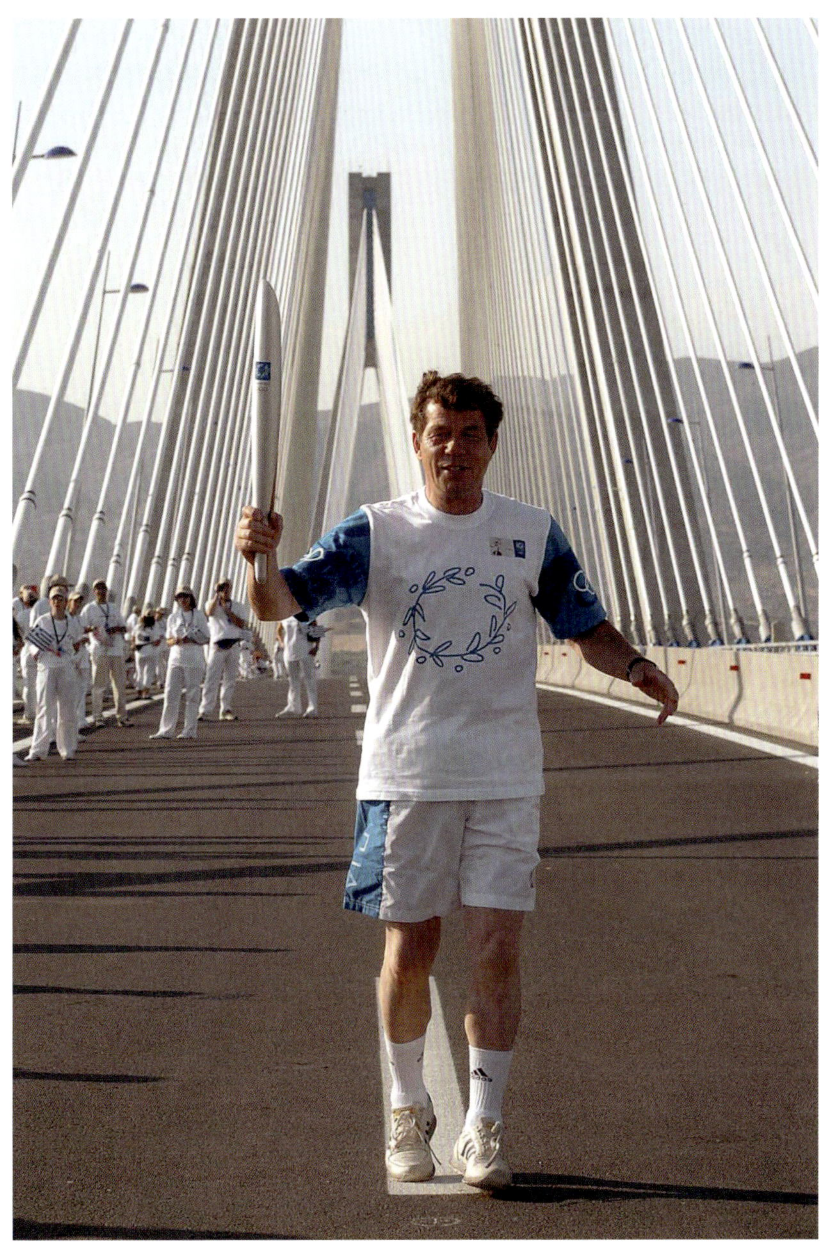

Einen Monat nach dem Gewinn der Fußballeuropameisterschaft 2004 trug Otto Rehhagel als griechischer Nationaltrainer das olympische Feuer als Fackelläufer über die Charilaos-Trikoupis-Brücke.

sein angebliches Verlierersyndrom. Gefeiert, gefeuert, niedergemacht, hochgejubelt, dann auf lichter Höhe, unumstritten. – Nach zwei Meisterschaften, zwei Pokalsiegen und einem Europapokalsieg mit Werder Bremen schien die letzte Titulierung in den Medien gefunden zu sein: »Otto der Große«. Wer hätte da geahnt, dass ihn die Griechen viele Jahre später noch zu Otto »Rehakles« ausrufen sollten.

Mit 15 Jahren hatte Otto Rehhagel am Volksempfänger in Essen-Altenessen den großartigen Erfolg der deutschen Nationalmannschaft im Weltmeisterschafts-Endspiel von 1954 in der Schweiz erlebt. Und ausgerechnet sein großes Jugendidol von Rot-Weiss Essen, Helmut Rahn, den er im Stadion an der berüchtigten Hafenstraße aus nächster Nähe bewundern konnte, hatte dem gebeutelten Nachkriegsdeutschland mit zwei Toren und einer Torvorlage beim 3:2 gegen die Übermannschaft Ungarn Zuversicht im Neuanfang geschenkt. Auf den Tag genau 50 Jahre nach dem »Wunder von Bern« vollbrachte Otto Rehhagel mit der griechischen Nationalmannschaft das »Wunder von Lissabon«. Für die größte Sensation in der Geschichte der Europameisterschaften hätte es kein symbolträchtigeres Datum geben können. 4. Juli 1954 und 4. Juli 2004. – Zwei Außenseiter gewannen mehr als nur einen Titel für ihr Land. Eineinhalb Millionen Menschen empfingen die Europameister von 2004 in Athen. Fünf Stunden benötigte der Mannschaftsbus beim Triumphzug durch die Hauptstadt zum 30 Minuten entfernt liegenden Olympiastadion. Überall Menschen, die lachten, tanzten und weinten vor Glück. Hupende Autokonvois, mit den Nationalfarben Blau und Weiß geschmückt, fuhren ausgelassen durch die Straßen. Otto Rehhagel und die bis dahin international unbekannten griechischen Nationalspieler hatten ihnen nicht nur Freude, sondern auch Stolz geschenkt. Feuerwerksraketen stiegen in den Nachthimmel über der Akropolis, bengalische Fackeln tauchten die Straßen in rotes Licht. Gefeiert wurde überall, nicht nur in Griechenland, auch in der Diaspora in London, Berlin oder Australien, und der Kommentator des übertragenden Fernsehsenders wagte den Ausruf: »Gott ist Grieche!« Eine Nation war im Herzen vereint wie noch niemals zuvor und danach. Einen Monat nach diesen Bildern verkündete Otto Rehhagel als Fackelläufer das nächste Großereignis für Griechenland, der Wiege der westlichen Zivilisation und der olympischen Idee: die Sommerspiele 2004. Kein Bild hätte stärker sein können für dieses sagenhafte hellenische Jahr, in dem sich »der Junge aus dem Ruhrgebiet« (Rehhagel über Rehhagel) zwischen Ägäischem und Ionischem Meer unsterblich gemacht hatte und zur Symbolfigur für die deutsch-griechische Freundschaft wurde. Schlusssatz Otto Rehhagel: »Was die Politik versucht, schafft der Fußball: Alle Menschen werden Brüder.«

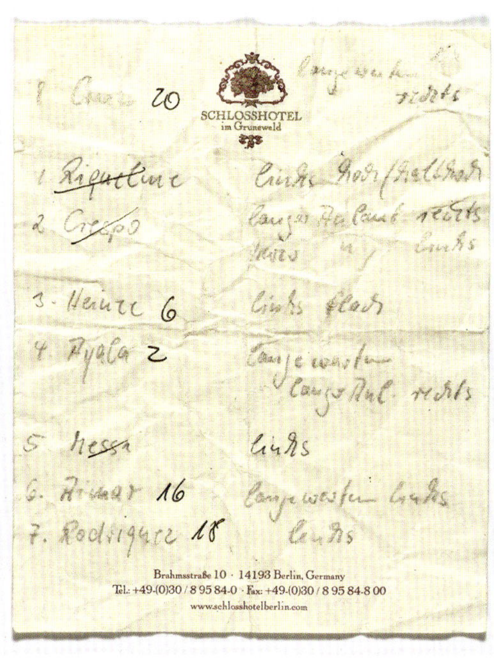

SCHLOSSHOTEL
im Grunewald

8 Cruz 20 lange warten rechts

1 Riquelme links hoch/halbhoch

2 Crespo lange Anlauf rechts
kurz u links

3. Heinze 6 links flach

4. Ayala 2 lange warten
lange Anl. rechts

5. Messi links

6. Aimar 16 lange warten links

7. Rodriguez 18 links

Brahmsstraße 10 · 14193 Berlin, Germany
Tel.: +49-(0)30 / 8 95 84-0 · Fax: +49-(0)30 / 8 95 84-8 00
www.schlosshotelberlin.com

Dieser Zettel mit blasser Bleistiftschrift ging in die deutsche Fußballgeschichte ein.
(Papier, 13,7 x 10,7 cm)

37 DER GROSSE BLUFF

Zettel mit argentinischen Elfmeterschützen für Jens Lehmann 2006

Vielleicht weiß Jens Lehmann bis heute nicht, dass er den spektakulärsten Moment seiner Karriere einem Friseur aus Penzberg in Oberbayern zu verdanken hat. Karl Wald wollte sich nicht damit abfinden, dass Italien im EM-Halbfinale 1968 gegen die UdSSR nach einem torlosen Remis nach Verlängerung per Losentscheid ins Finale eingezogen war. »Das war kein Sieg, das war nichts«, ereiferte sich der engagierte Schiedsrichter, der vor Gründung der Bundesliga zahlreiche Partien in der Oberliga Süd geleitet hatte. Wurde im K.-o.-System gespielt, war es üblich, den Gewinner bei einem Unentschieden nach Verlängerung ohne ein sportliches Entscheidungskriterium durch Los oder Münzwurf zu ermitteln, sofern es kein weiteres Spiel gab. Das widersprach Walds Sinn für Gerechtigkeit. Bald schon erfand er das Elfmeterschießen als sportlich faire Lösung – den »Krimi vom Punkt«, wie er seine Errungenschaft selbst bezeichnete, in elf Metern Torentfernung. Zunächst erprobte er seine Erfindung bei Oster- und Schulturnieren. »Schüsse von der Strafstoßmarke zur Siegerermittlung«, lautete später die Verschriftlichung seiner revolutionären Neuerung im Regelwerk der FIFA. Bis dahin war es ein langer Weg. Zunächst musste Wald den Schiedsrichter-Ausschuss des Bayerischen Fußball-Verbandes von seiner Idee überzeugen. Danach den Deutschen Fußball-Bund. Erst dann landete der Vorschlag beim Fußballweltverband FIFA, der 47 Sondersitzungen der Regelkommission benötigte, damit Walds Elfmeterschießen 1976 endlich weltweit eingeführt werden konnte.

Die Europameisterschaft in Jugoslawien war das erste große Turnier, das durch die neue Regelung entschieden wurde. Der Bayern-Profi und spätere Manager Uli Hoeneß trat am 20. Juni 1976 im Finale als vierter deutscher Schütze gegen den tschechoslowakischen Schlussmann Ivo Viktor an. Nach 120 Minuten hatte es gegen den Überraschungsfinalisten ČSSR 2:2 gestanden. Hoeneß nimmt vier Schritte Anlauf, holt mit seinem rechten Bein weit aus. Er trifft mit Vollspann, sein Oberkörper ist aber nicht weit genug über den Ball gebeugt. Mit hoher Geschwindigkeit rauscht das Leder knapp über die Torlatte hinweg in den Belgrader Nachthimmel, der Ball steigt und steigt, böse Zungen behaupten, er befände sich noch immer in himmlischer Flugbahn in galaktischen Sphären Richtung Unendlichkeit. »Kaiser« Franz Beckenbauer munterte seinen Freund nach dem folgenschweren Fauxpas auf: »Gut, dass du verschossen hast. Ich wäre nach dir dran gewesen.« Antonín Panenka machte es besser. Er vollendete vom Punkt aus formgerecht,

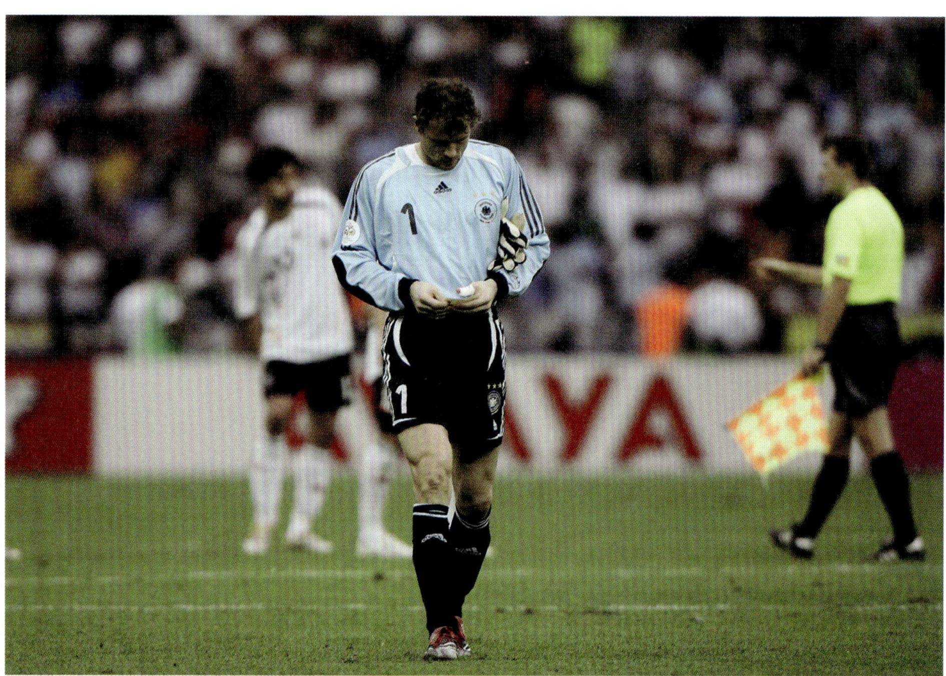

Jens Lehmann verunsicherte die argentinischen Spieler mit dem »Spickzettel« von Torwarttrainer Andreas Köpke.

lupfte den Ball in die Mitte, Sepp Maier sprang vergeblich in die linke Ecke, der Titelverteidiger war entthront. In der Geschichte des deutschen Fußballs folgten legendäre Elfmeterschießen wie in der »Nacht von Sevilla« mit Horst Hrubesch, der mit seinem entscheidenden Elfmeter gegen Frankreich Deutschland 1982 die WM-Finalteilnahme sicherte. Die glückloseste Nationalmannschaft im Elfmeterschießen ist übrigens England. Neunmal musste sie zwischen 1990 und 2021 bei Welt- und Europameisterschaften vom Punkt aus antreten und verlor siebenmal, im WM-Halbfinale 1990 und EM-Halbfinale 1996 jeweils gegen die deutsche Mannschaft.

Karl Wald war 90 Jahre alt, als er in einem Altenheim in Oberbayern am Fernseher gebannt und ziemlich stolz verfolgte, wie Jens Lehmann Deutschland im Viertelfinale der WM 2006 im eigenen Land im Turnier hielt. Die Argentinier Roberto Ayala und Esteban Cambiasso scheiterten im Elfmeterschießen am deutschen Schlussmann, der mit seinen Paraden für kollektive Erinnerungsmomente und den Einzug ins Halbfinale sorgte. Kreativ wie die Erfindung von Karl Wald war auch der Psychotrick, mit dem Jens Lehmann im Elfmeterschießen die Argentinier verunsicherte. Sein Spickzettel, den er zwischen den Elfmeterschüssen immer wieder wie ein Ass aus seinem rechten Stutzen zog, führte zur allgemeinen Verunsicherung der Argentinier. Torwarttrainer Andy Köpke hatte Stunden vor dem Spiel auf einem Schreibblock des Schlosshotels im Grunewald die möglichen argentinischen Elfmeterschützen mit den bevorzugten Ecken und manchmal mit den Trikotnummern notiert. »Riquelme – links hoch«, »Crespo langer Anlauf / rechts, kurzer Anlauf / links« oder »Heinze 6 links flach«. Als Oliver Kahn nach 120 intensiven Minuten gegen Argentinien mit großer Geste seinem internen Rivalen Jens Lehmann Glück und Erfolg für das Elfmeterschießen wünschte, hatte Köpke auf seinem Zettel eilig die Namen Messi, Heinze und Aimar mit schwarzem Stift wieder durchgestrichen. Messi und Aimar waren gar nicht zum Einsatz gekommen, Heinze trat nicht an. Lehmann suchte vergeblich die Angaben zum argentinischen Auftaktschützen Julio Cruz, als Schiedsrichter Ľuboš Micheľ aus der Slowakei mit schrillem Pfiff zum großen Spektakel bat. Oliver Neuville legte vor, Julio Cruz zog nach. Danach traf Michael Ballack. Beim zweiten argentinischen Schützen zahlten sich die Informationen von Andy Köpke aus. Roberto Ayala nahm wirklich einen langen Anlauf, der damalige Torwart von Arsenal London blieb den Anweisungen folgend lange stehen und parierte den Schuss ins rechte Eck. »Leider waren die Informationen nicht wirklich hilfreich«, verriet Jens Lehmann später. »Die Ecken waren aus meiner Sicht notiert, und die Schützten haben dann entgegengesetzt geschossen«. Doch darauf kam es letztlich gar nicht an, »Lehmann hätte genauso gut die letzte Minibar-Rechnung aus dem Mannschaftshotel studieren können«, befand der Direktor des Berliner Max-Planck-Instituts für Bildungsforschung, Professor Gerd Gigerenzer. Entscheidend war die Verunsicherung, die der Spickzettel bei den Argentiniern auslöste, die Ungewissheit, was Lehmann wirklich über das Schussverhalten der Schützen wusste. Lehmann hatte es perfekt verstanden, vor jedem Elfmeter aus dem rechten Stutzen seinen Zettel zu ziehen, ihn eindringlich zu studieren und seinem Gegenüber zu suggerieren: Ich weiß, wohin du schießen wirst! Die Ironie des Schicksals wollte es, dass Esteban Cambiasso mit seinem Elfmeter beim Spielstand von 5:3 für Deutschland an Lehmann scheiterte, obwohl sein Name gar nicht auf dem Zettel stand.

Auch im Halbfinale gegen den späteren Weltmeister Italien hatte schon alles nach einem »Krimi vom Punkt« ausgesehen. Natürlich saß Karl Wald vor dem Fernseher, als Fabio Grosso und Alessandro Del Piero der Begegnung beim Stand von 0:0 in der vorletzten und letzten Spielminute der Verlängerung eine grausame Wendung gaben. Ob Andreas Köpke gegen die Squadra Azzurra einen Spickzettel für Jens Lehmann schon vorbereitet hatte? Bisher hatte die Nationalmannschaft bei WM- oder EM-Turnieren fünf von sechs Elfmeterschießen für sich entscheiden können. Der Spickzettel von Jens Lehmann ist ein Teil dieser Historie. Heute ist für Lehmann das zerknitterte Stück Papier mit blasser Bleistiftschrift, das nur deshalb erhalten blieb, weil der Elfmeterheld von Berlin in der Kabine des Olympiastadions nach dem Abpfiff keinen Abfalleimer gefunden hatte, der »greifbare symbolische Gegenstand dieser Weltmeisterschaft«.

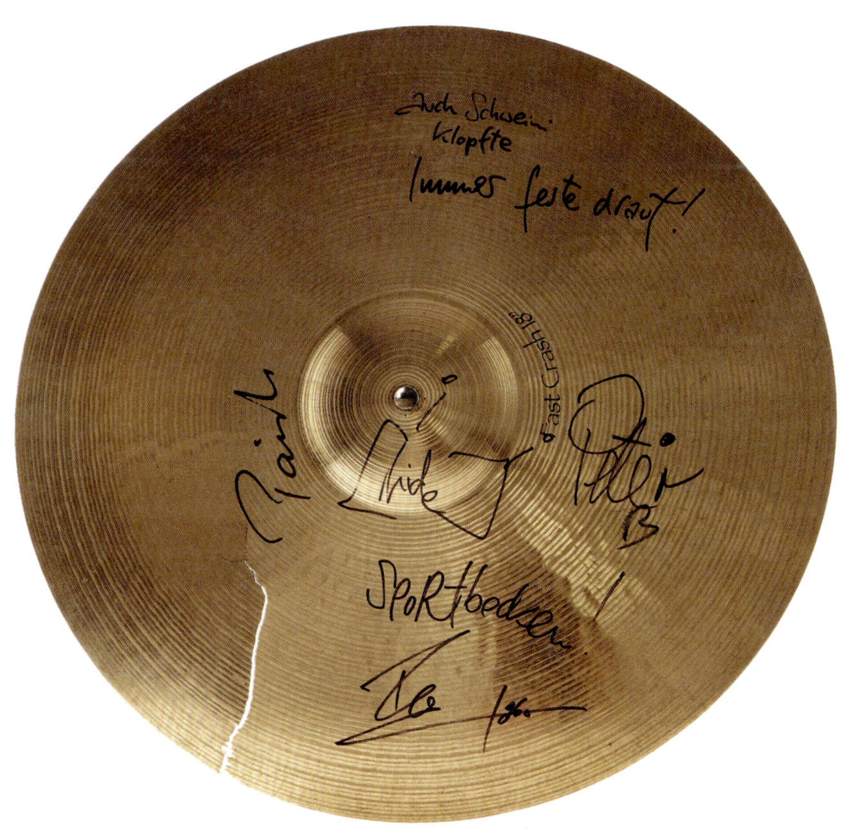

Das Schlagzeugbecken der Sportfreunde Stiller erinnert an das rauschende Abschiedsfest der WM 2006 auf der Fanmeile am Brandenburger Tor.
(Metall, Durchmesser 45,5 cm)

38 EIN SOMMER, EIN RAUSCH

Schlagzeugbecken der Sportfreunde Stiller 2006

Um 11.45 Uhr war der DFB-Tross aus Stuttgart auf dem Flughafen in Berlin-Tempelhof gelandet. Aus dem Cockpit der Maschine wehte eine schwarz-rot-goldene Fahne. Mit dem Mannschaftsbus ging es für den WM-Dritten zum Brandenburger Tor. Schon Stunden vor dem Start des Fanfestes hatte es einen Riesenandrang gegeben. Die Polizei musste die Eingangstore frühzeitig schließen. Mehr als eine halbe Million Fußballanhänger bereiteten der deutschen Nationalelf auf der Fanmeile einen enthusiastischen Empfang. Um 12.34 Uhr betraten dann endlich die Torhüter Jens Lehmann, Oliver Kahn und Timo Hildebrand als erste Spieler die Bühne. Die Straße des 17. Juni versank in einem schwarz-rot-goldenen Fahnenmeer. Spieler, Trainer und Betreuer trugen T-Shirts mit der Aufschrift »Danke Deutschland« auf der Brust, auf dem Rücken prangte unter dem Schriftzug »Teamgeist« die Nummer »82«, stellvertretend für 82 Millionen begeisterte deutsche Bundesbürger. Kollektiver Fußballtaumel 2006. Zur Einstimmung der riesigen Fete spielten die Sportfreunde Stiller ihren Hit *54, 74, 90, 2006*. Das Lied war die Hymne dieses Sommers, es passte einfach zur Stimmung im Land. Vier Jahreszahlen standen für Aufbruch, für den Wunsch, endlich wieder einen großen, positiv besetzten Moment für die Ewigkeit zu feiern. Bastian Schweinsteiger und Lukas Podolski heizten auf der Bühne den Fans ein, setzten sich an das Schlagzeug der Sportfreunde Stiller und ließen es krachen. Immer wieder »54, 74, 90, 2006«, und am Ende wurde der Song kurzerhand umgetextet – »54, 74, 90, 2010«. Beim Abschied der WM 2006 spielte die Zukunft schon mit.

In jenem Sommer 2006 präsentierte sich Deutschland der Weltöffentlichkeit von seiner besten Seite, als die friedliche, ausgelassene Stimmung eines ganzen Landes, als 20 Millionen Menschen auf den Fanmeilen und drei Millionen Zuschauer in den Stadien die 18. Fußballweltmeisterschaft zum viel zitierten »Sommermärchen« werden ließen. Die Menschen in aller Welt lernten ein fröhliches Deutschland kennen, ein friedliebendes Land, ein weltoffenes Land. Deutschland zeigte sich vieler Vorurteile zum Trotz unbeschwert und leicht, und vielleicht war es so bunt und glücklich wie nie zuvor. Der WM-Slogan »Die Welt zu Gast bei Freunden« hätte vom nationalen Organisationskomitee unter seinem Chef Franz Beckenbauer nicht treffender gewählt werden können. Das Motto wurde zum grandiosen Gemeinschaftswerk der Fans aus allen Erdteilen, die auf den Fanmeilen Partys feierten, die mit dem Abpfiff der Spiele auf den Großbildleinwänden noch lange nicht zu Ende waren. Die Menschen entdeckten für sich den Fußball neu, dazu trug auch das Kunst- und Kulturprogramm bei, das auf das weltumspannende Fußballturnier eingestimmt hatte. Dichter, bildende Künstler, Filmschaffende, Philosophen, Musiker und Theatermacher setzten sich an 48 Orten in Deutschland und 78 Orten weltweit unter der künstlerischen Gesamtleitung von André Heller mit dem Phänomen Fußball kreativ auseinander. Allein Hellers 15 Meter hoher Fußball-Globus, ein kunstvoller mobiler Themenpavillon und begehbarer, interaktiver Ausstellungsraum, zog auf seiner Tournee durch die nationalen Ausrichterstädte und die WM-Teilnehmer-Länder mehr als eine Million Menschen an. Insgesamt zählte das Festival 3,5 Millionen Menschen.

Mit der WM 2006 erfuhr der Fußball in Deutschland eine neue gesellschaftliche Wahrnehmung. Die Begeisterung und das Zusammengehörigkeitsgefühl der Menschen auf den vielen Plätzen, in den Straßen und in den Stadien trug Schwarz-Rot-Gold, die Nationalfarben bildeten die nie aufdringlich wirkende Farbkulisse eines freundlichen Deutschlandbildes. Der deutsche Einigungsprozess vollzog sich nach dem Fall der Mauer am 9. November 1989 im Fußball wie in allen Lebensbereichen nach 41 Jahren deutscher Teilung nur allmählich. Mit der WM 2006 in Deutschland gelang die große emotionale Annäherung des zusammenwachsenden Deutschlands – auch ohne Titel. Vielleicht gehörten gerade das Scheitern der Nationalmannschaft im Halbfinale gegen den späteren Weltmeister Italien, das tragische Verlieren dieser beherzt aufspielenden Mannschaft in der Verlängerung, ihre großartige Haltung nach dem Turnier-Aus im eigenen Land und die vorbildlichen Reaktionen der Fans zur wirkungsvollen Dramaturgie des Sommermärchens. 2006 führte der gebürtige Chemnitzer Michael Ballack die Nationalmannschaft als »Capitano« auf den Platz, der in Jena geborene Bernd Schneider gestaltete das Spiel und Oliver Neuville, der bei Hansa Rostock seine Bundesliga-Karriere begann, erzielte im Vorrundenspiel gegen Polen das spielentscheidende 1:0. Die deutsche Wiedervereinigung hatte jetzt auch auf dem Platz stattgefunden. Auf den Straßen der Republik feierten die Menschen aus Ost und West ein in dieser Dimension kaum für möglich gehaltenes begeisterndes, identitätsstiftendes Fest der Kulturen, das einen Wandel in der Republik anstieß. Nach der Wiedervereinigung hat kein anderes Großereignis die Menschen in den alten und neuen Bundesländern so einträchtig zusammenrücken lassen wie diese Weltmeisterschaft in Deutschland. Bis heute. Die Vision des damaligen DFB-Präsidenten Egidius Braun hatte sich erfüllt. Braun, der auch den

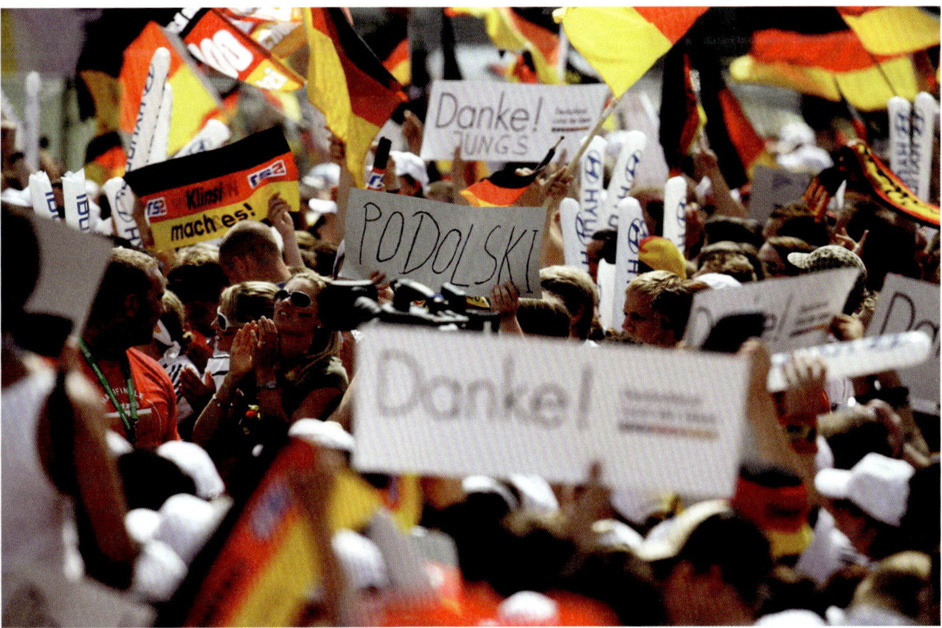

Auf der Fanmeile auf der Straße des 17. Juni in Berlin feierten eine halbe Million begeisterter Anhänger die Fußballweltmeisterschaft 2006.

Exekutivkomitees der UEFA und FIFA angehörte, hatte 1992 die deutsche Bewerbung um die WM 2006 mit der Wiedervereinigung begründet. Deutschland im »Herzen Europas« wollte die Welt friedlich und herzlich empfangen und mit dem Turnier den innerdeutschen und europäischen Prozess des Zusammenwachsens fördern. Brauns Weitsicht wurde zu einem Meilenstein in der Geschichte des DFB. Die durch und durch positive Wirkungsgeschichte der WM 2006, 16 Jahre nach der deutschen Wiedervereinigung und 14 Jahre nach der Ankündigung der Bewerbung, ist in Stein gemeißelt.

Es mag sein, dass manche Bedeutungszusammenhänge, die zwischen dem Fußball und deutscher Geschichte hergestellt werden, überhöht erscheinen. Es mag sein, dass Historiker beispielsweise die These von Joachim Fest oder des Politologen Arthur Heinrich skeptisch anzweifeln, am Weltmeisterschaftserfolg von 1954 ließe sich der konstituierende emotionale Gründungsakt der Bundesrepublik festmachen. Äußerst gewagt erscheint die These im Leitartikel der Tageszeitung *Die Welt* zum WM-Titelgewinn 2014, die Nationalmannschaft in Brasilien habe für die Fremd- und Selbstwahrnehmung Deutschlands ähnlich viel geleistet wie Willy Brandt mit seinem Kniefall in Warschau oder Helmut Kohl mit seiner großen Versöhnungsgeste auf dem Soldatenfriedhof von Verdun. Mögen einzelne Thesen die tatsächliche Bedeutung des Fußballs überbewerten, bleibt doch unbestritten, dass der Fußball Teile der deutschen Nationalgeschichte widerspiegelt; unbestritten ist auch, dass Gesellschafts- und Kulturentwicklungen des 20. und 21. Jahrhunderts in Deutschland gerade am Phänomen Fußball abzulesen sind. Die WM 2006 hat für die Bundesrepublik eine Relevanz erlangt wie vorher nur das »Wunder von Bern«, wie der unvergessene Weltmeistererfolg von 1954 in der Nachkriegszeit. Das »Sommermärchen« setzte ein Ausrufungszeichen im Prozess der mühevollen Wiedervereinigung. Und alles vor den Augen der Weltöffentlichkeit. Inspiriert durch die kulturelle Vielfalt, beflügelt von der überwältigenden Stimmung im Land, beeinflusst vom südeuropäischen Kaiserwetter und getragen von mitreißenden Spielen in den zwölf Ausrichterstädten hat sich Deutschland im Sommer 2006 wie noch nie zuvor präsentiert: als Land des Lächelns und der Leichtigkeit. Doch 2006 ist lange her.

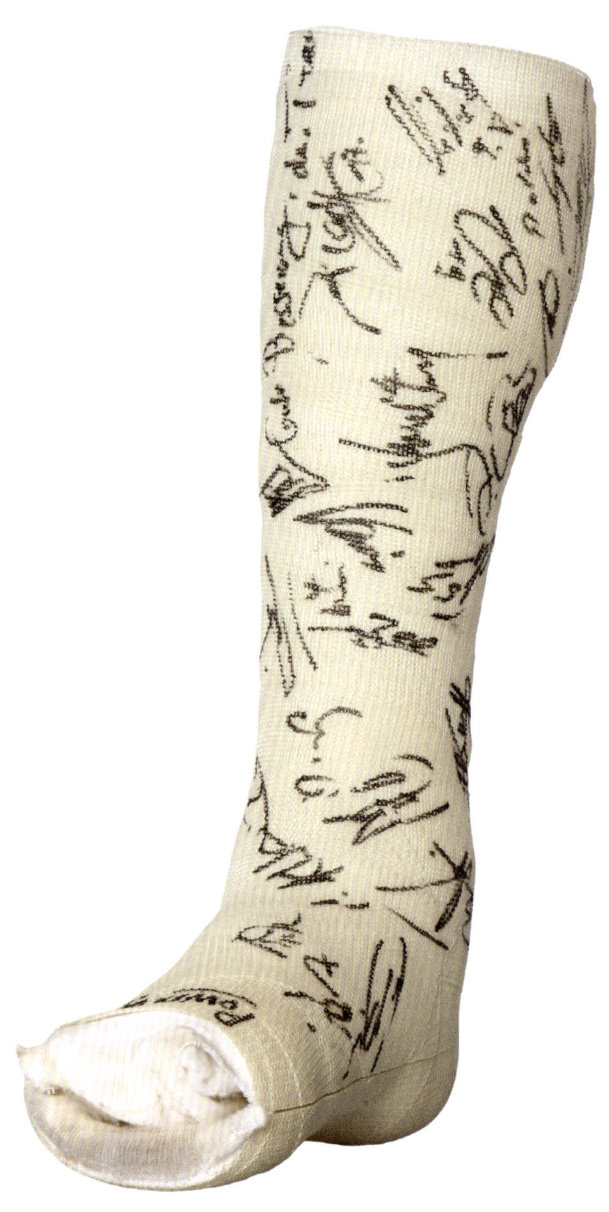

Die Unterschriften der Nationalspieler zieren den Gipsverband von Michael Ballack.
Die Verletzung am Sprunggelenk beendete seine Karriere in der Nationalmannschaft.
(Kunststoff, Gips, 46 x 28 x 13 cm)

39 GEPLATZTE TRÄUME

Gipsverband von Michael Ballack 2010

Das Double mit dem FC Chelsea vor Augen und die WM im Hinterkopf – das 129. FA-Cup-Finale am 15. Mai 2010 im Londoner Wembley-Stadion sollte für Michael Ballack zum großen Festtag werden und ihm Rückenwind für die bevorstehende Weltmeisterschaft in Südafrika geben. Das WM-Turnier war für den Weltstar im Wartestand mit 33 Jahren die letzte Chance auf den großen Coup, der ihm bei den Weltmeisterschafts-Endrunden 2002 und 2006 verwehrt geblieben war. Doch es kam, wie so oft, anders: Kevin-Prince Boateng, der bundesligaerfahrene Deutsch-Ghanaer im Trikot des Absteigers Portsmouth, trat dem Kapitän der deutschen Nationalmannschaft in der 35. Minute brutal auf den rechten Fuß. Der spätere 1:0-Sieg seiner »Blues« von der Stamford Bridge war nach dem bösartigen Foul für Ballack nur ein schwacher Trost. Die niederschmetternde Diagnose lautete: Riss des Innenbandes und Teilabriss der Syndesmose des Sprunggelenks. Keiner ahnte, dass für Michael Ballack nicht nur die WM in Südafrika gelaufen war. Auf Sizilien, im Trainingslager wenige Tage vor der WM, verabschiedeten die Nationalspieler ihren verletzten Kapitän nach einem Kurzbesuch mit Unterschriften auf seinem Gipsverband – es sollte ein Abschied für immer sein. Michael Ballack kehrte nicht mehr in die Nationalelf zurück. Der Gips mit den Autogrammen der Mitspieler hätte sinnbildlich für den schmerzhaften und tiefen Einschnitt vor der WM 2010 in Südafrika stehen können. Die junge Nationalelf musste sich ohne ihren erfahrenen, vorangehenden Kapitän bewähren. Doch die Fußballgeschichte gab dem knochenhart getrockneten weißen Calciumsulfat im Nachhinein einen ganz anderen Symbolgehalt. – Die Mannschaft kam ohne ihren

Leitwolf sehr gut zurecht, und nicht wenige meinten: Gerade, weil ihr Leitwolf nicht mehr im Rudel lief, kam die Mannschaft sehr gut zurecht. – Die Gips-Pein von Michael Ballack war ein schmerzhafter Befreiungsschlag.

Laut, provokant, direkt und bisweilen schroff hatte Michael Ballack seine Rolle als »Capitano« in der Nationalelf seit 2004 interpretiert. Michael Ballacks Führungsanspruch im Stile eines Oliver Kahn passte nicht mehr in die Zeit, die Spieler der aufstrebenden jungen Generation begegneten sich gleichberechtigt und auf Augenhöhe. Philipp Lahm löste Ballack als neuer Anführer ab. Lahm sollte der jüngste deutsche WM-Spielführer aller Zeiten werden. Mit 26 Jahren war er der Sechstälteste der Mannschaft. Er verstand die Spieler, die Spieler vertrauten ihm. Kommunikation unter Gleichgesinnten. Bei der WM 2010 in Südafrika konnte die Mannschaft auch ohne Lautsprecher alter Schule erfolgreich sein. Philipp Lahm, Bastian Schweinsteiger oder Mesut Özil übernahmen aus der Not heraus eine stärkere Verantwortung für das Kollektiv und blühten im neuen Mannschaftsgefüge auf. Ballacks Verletzung wurde für die junge Mannschaft ungeahnt zum Impuls für eine Entwicklung, die der DFB nach den enttäuschenden Europameisterschaften 2000 und 2004 mit neuen Nachwuchsförderstrukturen eingeleitet hatte. In Südafrika gewann Deutschland zwar noch nicht den Titel, dafür aber Sympathien und Anerkennung für einen beherzten Fußball, der bis ins Halbfinale führte. Am Ende stand der Durchbruch für eine

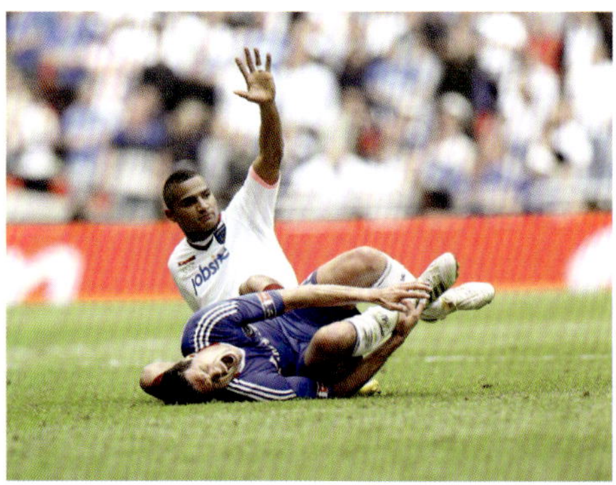

Das böse Foul von Prince Boateng brachte Michael Ballack um die Fußballweltmeisterschaft 2010.

neue Spielergeneration, die vier Jahre später in Brasilien Weltmeister wurde. Das Fundament für die Fußballmoderne aus Deutschland war gelegt.

Ohne Michael Ballack spielte sich die Nationalmannschaft mit dem »Jogi-Fußball« unbekümmert in die Herzen der Fans, während der herausragende Star des deutschen Fußballs nach der Jahrtausendwende ohne internationalen Titel blieb. Michael Ballacks Karriere haftet ein Stigma an: das Trauma des Scheiterns, trotz seiner individuellen Klasse, die ihn in die Reihe der ganz Großen im deutschen Fußball stellt, trotz seiner zahlreichen nationalen Titel, die er mit dem 1. FC Kaiserslautern, Bayern München und dem FC Chelsea gewann. Vizeweltmeister 2002, Vizeeuropameister 2008, »Vize« auch in den Champions-League-Endspielen 2002 und 2008. Das verdammte »Vize« stand ihm immer im Weg, oder er sich selbst, als er 2002 mit seinem Eigentor am letzten Bundesligaspieltag in Unterhaching den sicher geglaubten Meister Leverkusen zum vielzitierten »Vizekusen« machte. Auf der großen internationalen Bühne ging Michael Ballack im entscheidenden Moment leer aus, das unterscheidet ihn von einem wie Franz Beckenbauer, der einmal über Michael Ballack gesagt hatte: »Von allen Spielern, die mit mir verglichen wurden, kommt er mir am nächsten. Er hat seinen Kopf oben, er braucht keinen Blickkontakt zum Ball, der gehorcht ihm auch so.« Michael Ballack verkörperte den Prototyp des modernen Fußballers, galt als begnadeter Techniker mit Torgarantie, war bärenstrak in der Offensive wie in der Defensive, brillierte beim Kopfball und in der Spielübersicht, es gibt eigentlich kein Attribut in der hohen Kunst der Fußballschule, das er nicht auf sein Spiel vereinte. Michael Ballack – auf dem Spielfeld die Nummer sechs, acht, zehn in einer Person. Und doch blieb er der Unvollendete. Seinen Platz in den Annalen hat er trotzdem sicher: als ein Hauptprotagonist des »Sommermärchens«. Die neu formierte und von Michael Ballack angeführte Mannschaft von Bundestrainer Jürgen Klinsmann begeisterte die Nation auch ohne Titel. Sportlich ist der lange Weg zurück an die Spitze des Weltfußballs untrennbar mit der WM 2006 im eigenen Land verbunden. Dafür steht vor allem der »Capitano«, der erste ostdeutsche Mannschaftskapitän der Nationalmannschaft. »Wenn wir Weltmeister geworden wären, hätte man etwas, was bleibt«, hatte Michael Ballack nach dem dritten Platz konstatiert und gleichsam sein persönliches Dilemma beschrieben. »Aber Zeit heilt Wunden«, sagte er später noch, und eher wie zu sich selbst: »Titel werden manchmal auch überschätzt.«

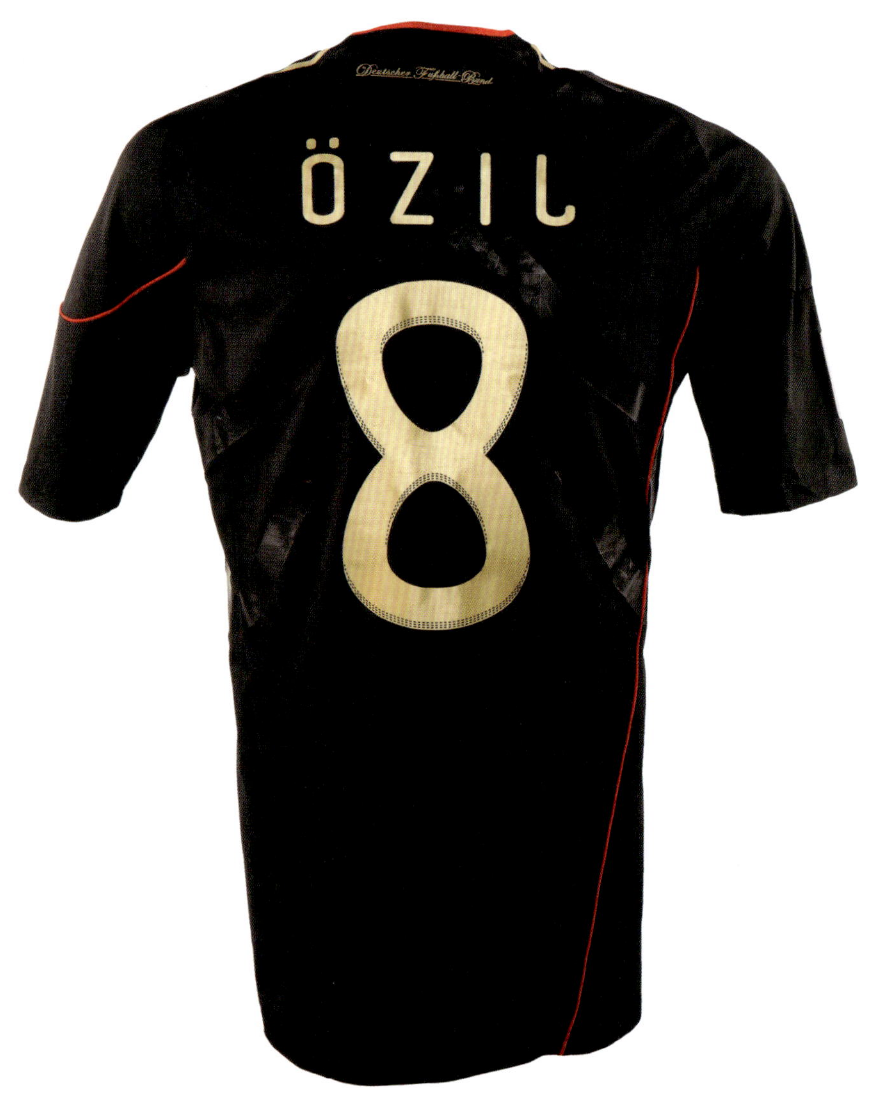

Schwarzes Trikot, goldene Rückennummer und goldener Schriftzug: Mesut Özil spielte als erster türkischstämmiger Nationalspieler bei einer Weltmeisterschaft für Deutschland.
(Polyester, Elasthanzusatz, Konfektionsgröße L)

40 IM ZWIESPALT DER HERZEN

Trikot von Mesut Özil von der Weltmeisterschaft 2010

Als Deutschland bei der Weltmeisterschaft 2010 mit einem 4:0-Sieg über Argentinien ins Halbfinale stürmte, schwärmte die Fußballwelt von dieser neuen deutschen Multikulti-Truppe. Allen voran spielte sich der 21 Jahre junge Mesut Özil in die Herzen der Fans. Als stiller Anführer im Mittelfeld ordnete und orchestrierte er das deutsche Spiel, seine Spieleröffnungen waren frech wie genial, intuitiv fand er den perfekten Rhythmus für sein Umschaltspiel. Seine Ballbehandlung: überragend. Als Vorbereiter: hoch effizient. Sein Dribbling: mit Tempo gespickt. Seine Torabschlüsse, wie beim wichtigen 1:0-Sieg gegen Ghana in der Vorrunde: spielentscheidend. Mesut Özil war das Unvorhersehbare des Spiels, sein späterer Trainer bei Arsenal London, Arsène Wenger, formulierte es so: »Wer das Spiel von Özil nicht liebt, liebt den Fußball nicht.«

Auf dem anmutig wirkenden schwarzen Deutschlandtrikot mit der Rückennummer acht aus jenem berauschenden Viertelfinalspiel gegen Argentinien am 3. Juli 2010 im Green Point Stadium von Kapstadt steht auf der Rückseite in goldenen Großbuchstaben: ÖZIL. Ein türkischer Name als Synonym für hohe Fußballkunst in diesen WM-Wochen, aber ebenso eine Metapher für deutsche Migrations- und Integrationsgeschichte: Fast 50 Jahre nachdem Mesuts Großväter im Zuge des Anwerbeabkommens zwischen der Bundesrepublik und der Türkei 1961 als Zechenarbeiter aus Zonguldak an der Schwarzmeerküste ins Ruhrgebiet gekommen waren, trug er als erster türkischstämmiger Nationalspieler bei einer Fußballweltmeisterschaft das

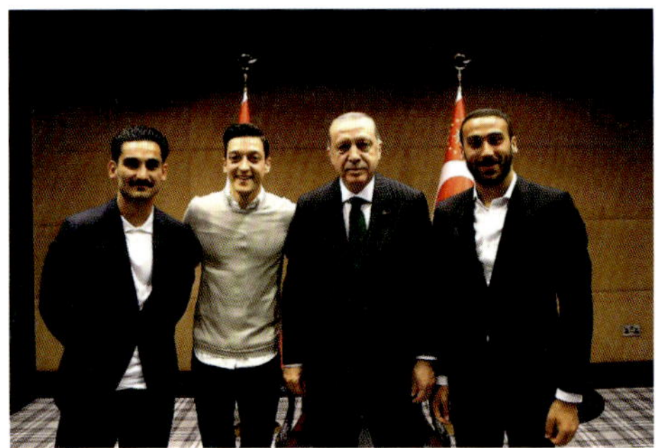

Die gemeinsame Fotoaufnahme mit dem autokratischen türkischen Staatschef Recep Tayyip Erdoğan (Dritter von links) stellte die deutschen Nationalspieler Mesut Özil (Zweiter von links) und İlkay Gündoğan (Erster von links) ins Abseits. Rechts im Bild: der türkische Nationalstürmer Cenk Tosun.

deutsche Nationaltrikot und den Bundesadler auf der Brust. Eine Zäsur. Die Großväter wollten Geld für ein besseres Leben in der Türkei verdienen. Dann holten sie ihre Frauen und Familien und blieben in Gelsenkirchen-Bismarck. Mit Mesut Özil bekam die dritte Einwanderergeneration in Deutschland ein Erfolgsgesicht. Zusammen mit Jérôme Boateng, Sami Khedira, Miroslav Klose und Lukas Podolski wurde er zum Vorbild erfolgreicher Integration. Kinder von türkischen, ghanaischen, tunesischen und polnischen Eltern und Großeltern verkörperten in der Nationalmannschaft bei der Weltmeisterschaft 2010 die gesellschaftliche Realität und hauchten dem deutschen Spiel neue kulturelle Einflüsse ein. Die goldenen Buchstaben und Rückennummern wurden zum Programm. Vier Jahre nach Südafrika wurde Deutschland in Brasilien Weltmeister, und Özil, Boateng, Khedira, Klose und Podolski wurden Teil der »Goldenen Generation«. Eine Geschichte wie ein Märchen, das am Ende dann doch keines war.

In seiner Autobiografie *Die Magie des Spiels* hat Özil offenherzig über seine schweren Kindheitsjahre geschrieben, als er sich im verwahrlosten Mehrfamilienhaus in Gelsenkirchen nicht in den Keller traute, in dem es nach Urin stank und sich die Ratten eingenistet hatten. Bis zur Einschulung sprach er kein Deutsch in der türkisch-libanesischen Kolonie, seine Eltern arbeiteten bis zum Umfallen im Zweischichtentakt, Mesut, sein älterer Bruder Mutlu und seine Schwestern Nese und Duygu waren sich selbst überlassen. Mesut spielte Fußball, Fußball und noch mal Fußball, zunächst bei Teutonia Schalke, dann bei DJK Falke Gelsenkirchen und immer im »Affenkäfig«, wie sie ihren Bolzplatz nahe der Bornstraße nannten. Viermal durfte Mesut beim FC Schalke vorspielen, viermal schickten sie ihn nach Hause. »Was muss ich besser machen?«, fragte er seinen Vater. »Du kannst nichts dafür, dass du Mesut heißt«, antwortete der seinem 12-jährigen Sohn. Mit Rot-Weiss Essen kam die Wende, der Traditionsverein wurde auf ihn aufmerksam und holte ihn in seine Jugendabteilung. Werner Kik, in den 1960er-Jahren Bundesligaspieler der Essener, kümmerte sich um Mesut, kaufte ihm seine ersten hochwertigen Fußballschuhe. Otto Rehhagel, der bei einem Jugendspiel an der Seite zuguckte, prophezeite seinem alten Kumpel Kik: »Der wird einer.« Wenn der Fahrdienst der Jugendabteilung die Kinder in einem Kleinbus nach den Trainingseinheiten heimbrachte, ließ Mesut sich immer schon drei Häuserblöcke vor seinem Wohnhaus absetzen. Er schämte sich für das heruntergekommene Mietshaus, in dem er und seine Familie lebten. Mit 15 Jahren bekam er von Rot-Weiss Essen einen Profivertrag für die 2. Liga angeboten, da meldete sich Schalke. Dann doch Königsblau, erst in der Jugendabteilung, mit 17 Profidebüt. Es folgten die Berufungen in die U 19 und U 21 des DFB, der Wechsel zu Werder Bremen und die schwere Entscheidung, künftig für Deutschland und nicht für die Türkei zu spielen. Länderspielpremiere mit 20. Nach der starken WM 2010 in Südafrika ging es richtig los: Wechsel zu Real Madrid für eine Ablösesumme von 17 Millionen Euro. Wahl in die »Mannschaft des Turniers« durch die Technische Kommission der UEFA bei der Europameisterschaft 2012. Ein Jahr später der Wechsel nach London zu Arsenal, 2014 der Gipfel: Weltmeister.

Das gemeinsame Foto mit dem türkischen Präsidenten Recep Tayyip Erdoğan Mitte Mai 2018 im Londoner *Four Seasons* änderte alles. Kurz vor der Weltmeisterschaft in Russland ließen sich Mesut Özil und İlkay Gündoğan mit dem autokratischen Staatschef abbilden. Was Erdoğan in Deutschland versagt geblieben war, bereiteten ihm die beiden Deutsch-Türken im Dress der Nationalmannschaft via Social Media auf dem Silbertablett: eine Bühne für den Wahlkampf. Die Aufregung war groß. Wie können sich Spieler der deutschen Nationalmannschaft, die für Vielfalt, Toleranz,

Gleichberechtigung und Demokratie eintritt, in die Dienste eines Despoten stellen, der per Notstandsgesetz regiert, sich über Recht und Gesetz stellt, Oppositionelle verhaften lässt, Minderheiten verfolgt und demokratische Grundrechte mit Füßen tritt? Ganz Deutschland diskutierte, und nicht nur Politikerinnen und Politiker aller Parteien forderten eine Erklärung. Während Gündoğan öffentlich beteuerte, nicht in einer politischen Absicht gehandelt zu haben, schwieg Özil, der 2010 einen Bambi in der Kategorie »Integration« erhalten hatte und 2010 mit dem Laureus-Ehrenpreis ausgezeichnet worden war. Kein Wort darüber, warum er mit Erdoğan in die Kamera lächelte und ein Trikot für ihn mit den Worten signierte: »Meinem Präsidenten«. Ein Satz aus seiner 2017 erschienen Autobiografie erklärt so vieles und spiegelt die ganze Zerrissenheit seiner persönlichen Migrationsgeschichte: »Ich denke deutsch, aber ich fühle türkisch.« Das Abrücken von Erdoğan hätte den Bruch mit der Türkei bedeutet und einen Keil in seine Familie getrieben. Özil schwieg, und in Deutschland wandte man sich von ihm ab, redete nicht mehr von Integration, sondern von Assimilation: Mesut Özil, der einstige Liebling der Nation, der seine deutsche Identität aufgegeben hatte. Nach dem blamablen Vorrundenaus der deutschen Mannschaft als Gruppenletzter bei der WM 2018 in Russland verkündete Özil in einer dreiteiligen Erklärung über seine sozialen Netzwerke in Englisch seinen Rücktritt aus der Nationalmannschaft. Eine Generalabrechnung mit dem DFB, den Medien und den Sponsoren, die mit ihm nicht mehr werben wollten. »Ich bin Deutscher, wenn wir gewinnen, aber Immigrant, wenn wir verlieren.« Statt Blumen und Beifall hatte es nach Abpfiff seines 92. und letzten Länderspiels gegen Südkorea schlimme Beschimpfungen deutscher Fans gegeben. Die Türkei, die ihn 2010 noch gnadenlos verschmäht hatte, als er für Deutschland gegen das Land seiner Eltern angetreten war, feierte den verlorenen Sohn. Justizminister Abdülhamit Gül twitterte: »Ich gratuliere Mesut Özil zum schönsten Tor, das er mit dem Verlassen des deutschen Teams gegen das Virus des Faschismus erzielt hat.« Bei Arsenal London spielte er sich mehr und mehr ins Abseits, stand am Ende nicht mehr im Kader. 2021 flüchtete er in die Türkei zu Fenerbahce Istanbul und heiratete Amine Gülse. Zur Prunkhochzeit am Bosporus kam auch Erdoğan. Der türkische Präsident war Trauzeuge. Mesut Özil hatte sich da endgültig aus Deutschland verabschiedet.

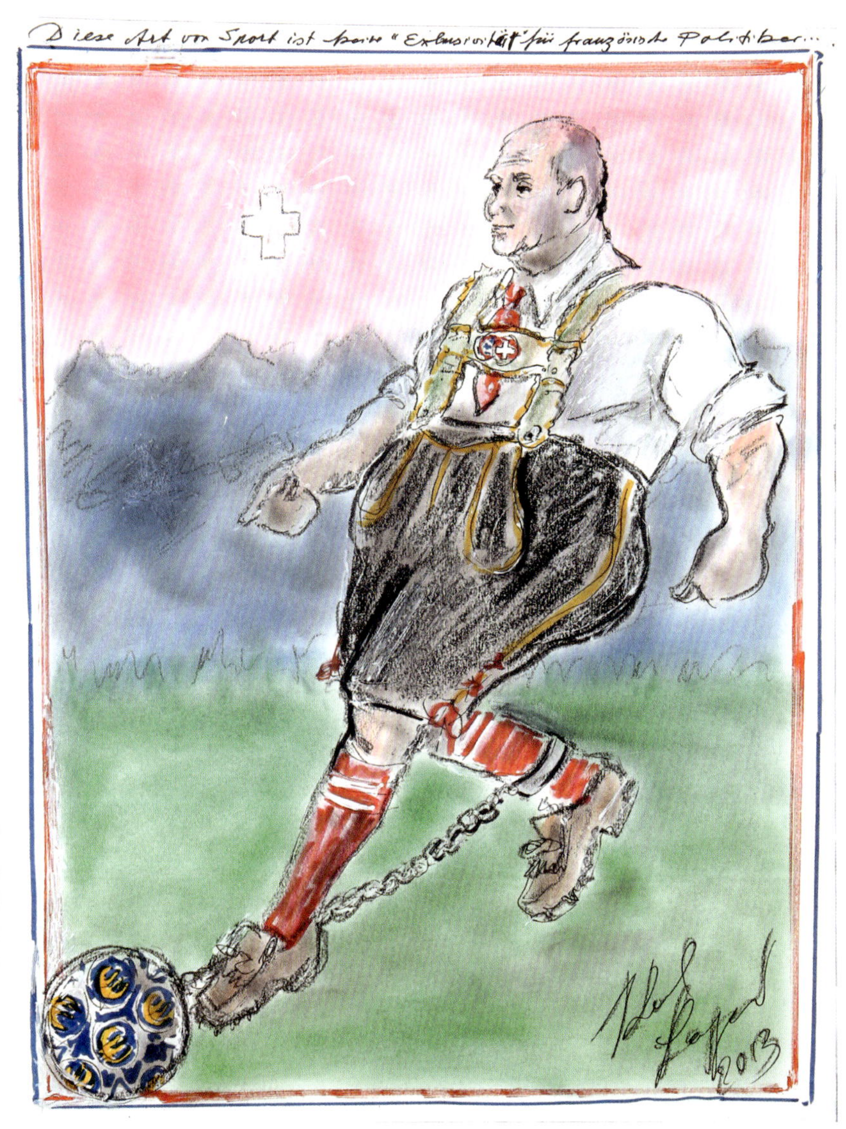

Die Zeichnung von Karl Lagerfeld karikiert den Steuersünder Uli Hoeneß, veröffentlicht im F.A.Z.-Magazin am 18. Mai 2013.

(Zeichenpapier, Zeichenkreide, Tinte, 41x31 cm)

41 ZWEI NETTE MÄNNER

Karikatur Uli Hoeneß von Karl Lagerfeld 2013

Für Fußball hatte Modezar Karl Lagerfeld nie etwas übriggehabt. Wenn die Nachbarskinder sich zum Balgen vor der Volks- und Realschule trafen und das runde Leder bis zum Einbruch der Dunkelheit vor sich hertrieben, entfloh der feinsinnige Knabe auf den Dachboden des Elternhauses auf dem hochherrschaftlichen Gut Bissenmoor in Bad Bramstedt. Aufgescheuerte Knie und blutverkrustete Wunden am Ellenbogen waren nichts für ihn. Lieber versank er unter der Dachschräge, mit sich und der Welt allein, in den satirischen Wochenzeitschriften des *Simplicissimus*. Karls Vater, ein Dosenmilchfabrikant, der froh war, wenn ihn sein Sohn nicht weiter störte, hatte die gesammelten Werke von 1896 bis 1933 in der Dachstube deponiert. Karl konnte in eine Welt von Karikaturen und pointierten Worten eintauchen, er verschlang die scharfsinnigen Texte eines Hermann Hesse, Erich Kästner oder Kurt Tucholsky, er studierte die sicheren Linienführungen von Thomas Theodor Heine und bewunderte die zeichnerische Brillanz von Karl Arnold, dem Wegbegleiter für die moderne Zweckarchitektur, der den großen Ludwig Mies van der Rohe oder Maler wie George Grosz maßgeblich beeinflusst hat. Auch der junge Karl Lagerfeld war beeindruckt. Die künstlerische und literarische Avantgarde im *Simplicissimus*, die auf die wilhelminische Obrigkeitspolitik abzielte und die bürgerliche Moral, die Kirche, die Justiz und das Militär aufs Korn nahm, entrückte ihn von der Enge des dörflichen Schleswig-Holstein. Er lernte, mit einem Lachen die Wahrheit zu sagen und den öden Alltag zu ertragen. Als ihm sein Mallehrer sagte, er hätte durchaus Talent für das

Zeichnen von Personen, aber ein guter Landschaftsmaler werde nie aus ihm, antwortete Karl wie eine der keck gezeichneten Figuren aus dem *Simplicissimus*: »Wenn man als Landschaftsmaler solche Bilder malt wie Sie, möchte ich das auch gar nicht.«

Karl perfektionierte sein Zeichentalent und entwarf erste Kostüme für Theaterstücke, die er vor seinem inneren Auge zur Aufführung brachte. In jenen Jahren wollte Karl Karikaturist und Porträtist werden, »denn ich wusste ja nicht, dass man Mode zum Beruf machen kann, das gab es ja früher nicht.« Später wurde er tatsächlich Karikaturist und so vieles mehr: vor allem der einflussreichste Modeschöpfer seiner Zeit, eine Ikone der Modewelt, mit Meisterkollektionen der Haute Couture für Chanel, Chloé und Fendi. Er entwarf Kleider, Schuhe, Hüte, Schmuck auch für ein breites Publikum, etablierte Trends wie kaum ein anderer. Daneben war er Zeichner, Fotograf,

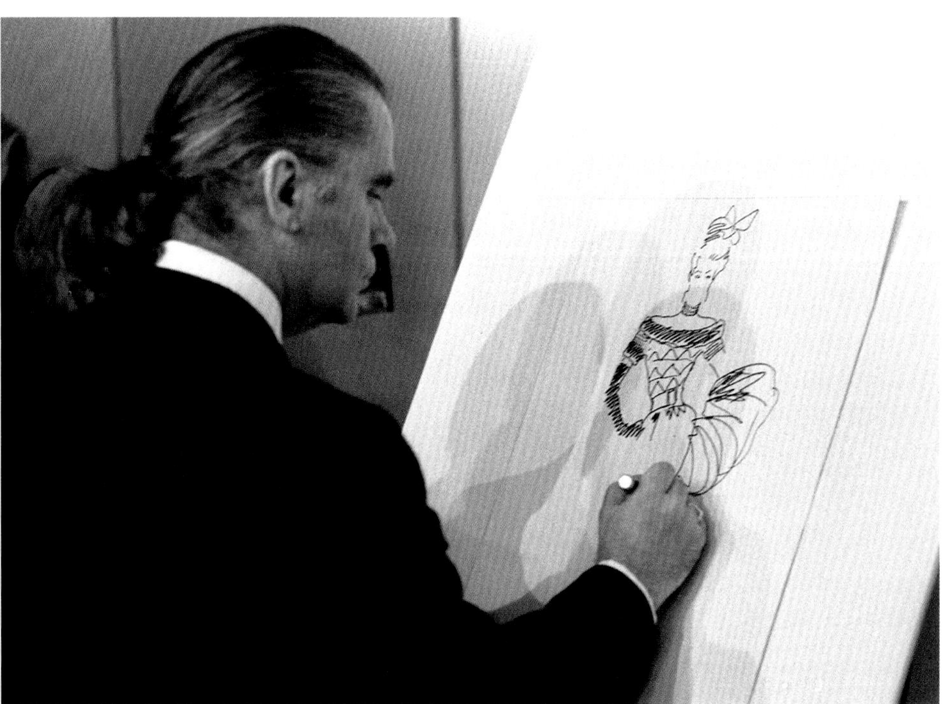

Mit klarer Linienführung schuf Karl Lagerfeld nicht nur als Modeschöpfer kleine Kunstwerke.

Designer, Verleger, Kunst- und Büchersammler. König Karl auf allen Feldern, der es verstand, ästhetische Welten miteinander zu verbinden. In seinem Pariser Stadtpalais im Quartier St. Germain, in seinen Domizilen in Monte Carlo, Rom, New York oder Vermont hatte er die kleinbürgerliche Kindheit in Schleswig-Holstein hinter sich gelassen. Nur auf seinen *Simplicissimus* besann er sich in den letzten Jahren seines Lebens: In der *Frankfurter Allgemeinen Zeitung* und im *F.A.Z.-Magazin* etablierte er die Rubrik »Karikaturen« – als Reminiszenz an seine Anfänge in Bad Bramstedt. Jetzt war er es selbst, der seine Zeit zwischen 2012 und 2019 in 75 Persiflagen kosmopolitisch und ironisch auf die Schippe nahm. Ob Bischof Franz-Peter Tebartz-van Elst als Bettler oder Bundeskanzlerin Angela Merkel in breitbeiniger Machopose, schwarzem Anzug, schwarz-rot-goldener Krawatte vor dem Brandenburger Tor mit der Kommentierung: »Hier habe ich die Hosen an.« – Karl Lagerfeld sagte in seiner spöttischen Art: »Provozieren ist mir wurscht. Ich will mich amüsieren. Aber man muss ja manchmal den Finger in die Wunde legen.« Und so schreckte das Universalgenie mit dem feinen Humor auch vor dem Fußball nicht zurück, den er in seinen Kindheitsjahren noch so gefürchtet hatte.

Ende 2012 wurden dem Magazin *stern* Informationen zugespielt, nach denen ein namentlich nicht genannter deutscher Fußballmanager auf einem schweizerischen Depotkonto mehrere hundert Millionen Euro gebunkert und Steuern in Millionenhöhe hinterzogen haben sollte. Die Recherche kam ins Rollen und Uli Hoeneß, der Manager, Aufsichtsratsvorsitzende sowie einstige Welt- und Europameister, der mit der Vormachtstellung des FC Bayern München untrennbar verbunden ist wie Lagerfeld mit der Haute Couture in Paris, in Bedrängnis. Lagerfeld zeichnete den früheren Klassespieler, ohne ihn persönlich zu verletzen oder zu verunglimpfen – aber mit Weitsicht: stilecht in bajuwarischer Lederhose, wie er einen Euro-Fußball als Sträflingskugel vor sich hertreibt. Im Hintergrund schwebt über den Berggipfeln das schweizerische Wappen als Symbol für das eidgenössische Steuerparadies. Dazu der Kommentar als Seitenhieb auf seine französische Wahlheimat: »Diese Art von Sport ist keine Exklusivität für französische Politiker.«

Am 15. Mai 2013 wurde die Karikatur im *F.A.Z.-Magazin* veröffentlicht, kurze Zeit später erreichten das Deutsche Fußballmuseum in Dortmund folgende Zeilen von Lagerfelds Vertrauten und PR-Agenten Jonathan Zlatics aus Paris: »Please find enclosed the original sketch from Karl Lagerfeld for the german football museum. Mr. Karl Lagerfeld is very happy to gift it to the museum.« Neun Monate nach der Veröffentlichung in der *F.A.Z.* wurde Uli Hoeneß vom Landgericht München der Steuerhinterziehung von 28,5 Millionen Euro für schuldig gesprochen. Er erhielt eine Haftstrafe von dreieinhalb Jahren. Lagerfeld empfand keine Häme, als sich seine frühe Vorahnung bestätigt hatte. In einem Interview sagte er: »Warum sind solche Leute aber auch immer so unvorsichtig – haben die denn keine guten Berater?« Mit einem ehrlichen Bedauern sagte er noch: »Schade, dass diesem netten Mann so etwas passiert.«

Im Januar 2016 gab das Landgericht Augsburg bekannt, dass die Strafvollzugskammer dem Antrag von Hoeneß auf vorzeitige Haftentlassung stattgegeben habe. Der Vordenker des deutschen Fußballs, eine der umstrittensten Reizfiguren der Branche, kam nach Verbüßung der Hälfte seiner Haftzeit frei. Ebenfalls im Januar 2016, fast genau auf den Tag der Verkündigung der vorzeitigen Haftentlassung, erschütterte das Nachrichtenmagazin *L'Express* ganz Frankreich mit dieser Nachricht: Modestar Karl Lagerfeld habe 20 Millionen Euro am französischen Fiskus vorbeigeschleust. Steuerhinterziehung im besonders schweren Fall. Steuerfahnder durchsuchten die Privat- und Geschäftsräume des Modezaren. Noch kurz vor seinem Tod im Februar 2019 reagierte Lagerfeld auf die anhaltenden Ermittlungen nonchalant: »Sollte es aus irgendeinem Grund etwas nachzuzahlen geben, dann wird das geschehen. Ich zahle ohnehin jedes Jahr viele Millionen Steuern.« Einige werden sich gefragt haben: »Ja, warum sind solche Leute aber auch immer so unvorsichtig – haben die denn keine guten Berater?« Und die von Lagerfeld so geliebte Satirezeitung *Simplicissimus* hätte höchstwahrscheinlich über den ganzen Schlamassel nur lakonisch konstatiert: »Schade, dass diesem netten Mann so etwas passiert.«

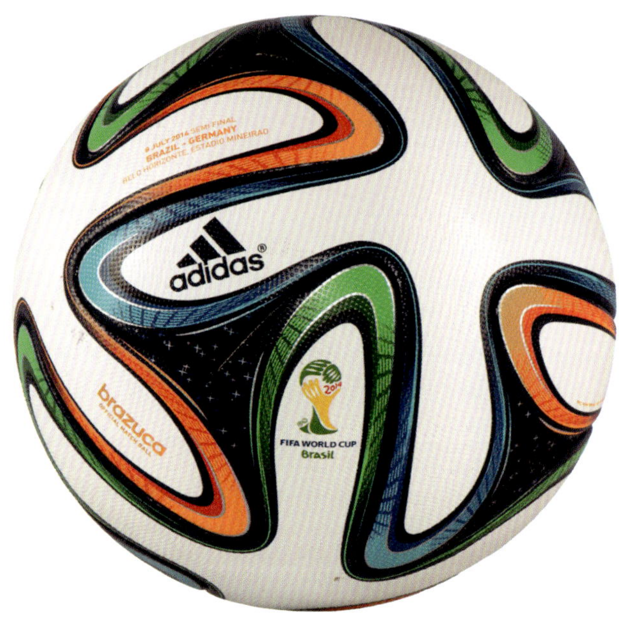

Der Spielball *Brazuca* mit dem offiziellen FIFA-Siegel »match used« aus dem Halbfinale der WM 2014, das die deutsche Nationalmannschaft gegen Gastgeber Brasilien mit 7:1 gewann.
(Kunststoff, Durchmesser 20cm, Gewicht 437 g)

42 DAS NEUE MARACANAZO

Spielball aus dem WM-Halbfinale 2014

Siebenmal musste Brasiliens Torwart Júlio César den Ball aus dem Netz holen. Jenen Spielball *Brazuca* aus dem legendär gewordenen WM-Halbfinalspiel 2014 Brasilien gegen Deutschland, der mit dem offiziellen FIFA-Siegel »match used« gekennzeichnet ist und für die brasilianische Nation zum Sinnbild von Schande und unendlicher Traurigkeit wurde. Dabei drückt die Namensgebung des Spielgeräts das genaue Gegenteil aus: »Brazuca« beschreibt pulsierendes brasilianisches Lebensgefühl und steht für positive Emotionen, Stolz und Herzlichkeit. Mehr als eine Million Brasilianer hatten vor der Weltmeisterschaft in ihrem Land über den Namen des Spielballs des Sportartikelherstellers adidas abgestimmt, 70 Prozent votierten für »Brazuca« und entschieden sich damit gegen brasilianische Institutionen wie »Bossa Nova« und »Carnavalesca«. Aber zum Glück: So blieben wenigstens der beliebte Musikstil und der brasilianische Karneval unbeschädigt. Am Spielgerät selbst hatte es jedenfalls nicht gelegen, dass Brasilien nach Toren von Thomas Müller, Miroslav Klose, zweimal Toni Kroos und Sami Khedira schon zur Halbzeit mit 0:5 zurücklag und vier Gegentreffer in sechs Minuten zwischen der 23. bis zur 29. Spielminute hinnehmen musste. Der Spielball galt als das bisherige Nonplusultra. Über 600 Profispieler und 30 Mannschaften waren weltweit an den Testreihen beteiligt. Sogar eine Waschmaschine musste herhalten und beweisen, dass der Ball bei strömendem Regen im Amazonas-Stadion von Manaus keinen Tropfen Wasser aufsaugen und 427 Gramm leicht bleiben würde. Aber die Augen der vielen Millionen Brasilianer im Stadion, vor den Fernsehgeräten und Radioapparaten blieben nicht trocken, nachdem Schiedsrichter Marco Antonio Rodríguez Moreno aus Mexiko nach dem Doppelschlag von André Schürrle sowie dem späten Treffer von Oscar im zweiten Durchgang das denkwürdige Spiel abgepfiffen hatte. Eine Nation verfiel in den Schockzustand. Nationaltrainer Luiz Felipe Scolari und der technische Direktor Carlos Alberto Parreira mussten nach der großen Tragödie ihren Hut nehmen. Hatten die Brasilianer doch gedacht, mit dem tief betrauerten »Maracanazo«, also der 1:2-Niederlage gegen Uruguay im entscheidenden Spiel der Weltmeisterschaft 1950 im eigenen Land im Estádio do Maracanã, sei der Tiefpunkt in der nationalen Fußballgeschichte bereits erreicht gewesen – nach dem Desaster im Halbfinale 2014 im Estádio Mineirão erreichte die Frustration eine ganz neue Dimension. Für den 8. Juli 2014 war schnell auch ein Beiname gefunden: »Mineirazo« – »Schock von Mineirão«.

Noch heute rätseln sie in Brasilien und ringen um Erklärungsversuche, wie die Seleção so dramatisch scheitern konnte. Lag es daran, dass Superstar Neymar nicht spielen konnte? Im Viertelfinalspiel gegen Kolumbien hatte ihm Juan Zuniga brutal das Knie in den Rücken gerammt. Der Schmerz eines ganzen Landes erschütterte dieses WM-Turnier, nachdem der große Hoffnungsträger Neymar, die personifizierte Spielfreude am Ball, sich mit schmerzverzerrtem Gesicht und Tränen in den Augen auf dem Rasen krümmte und immer wieder stammelte: »Ich fühle meine Beine nicht mehr, ich fühle meine Beine nicht mehr.« Diagnose: Bruch des dritten Lendenwirbels. Hätte Zuniga ihn auch nur zwei Zentimeter weiter seitlich getroffen, wäre Neymars Karriere beendet gewesen. Neymar hätte nie wieder laufen können. Staatspräsidentin Dilma Rousseff twitterte: »Es hat mein Herz und das aller Brasilianer gebrochen, den Schmerz auf Deinem Gesicht zu sehen.« Neymar wurde wichtiger als der Spielverlauf auf dem Platz, sein Transport ins Krankenhaus wurde live übertragen. Wie sollte die Seleção nach diesem Schicksalsschlag das Halbfinale gegen Deutschland bestreiten? Trainer Felipe Scolari ließ eine Mentaltrainerin für die Spieler kommen, und ein Voodoo-Priester sorgte dafür, dass in eine Puppe, die aussah wie Thomas Müller, ein Nagel getrieben wurde. Aber auch die deutsche Mannschaft holte sich spirituellen Beistand in die Kabine und bemühte den Geist von Bern, München und Rom. Das »Trikot der Legenden«, von allen lebenden Weltmeistern kurz vor der WM

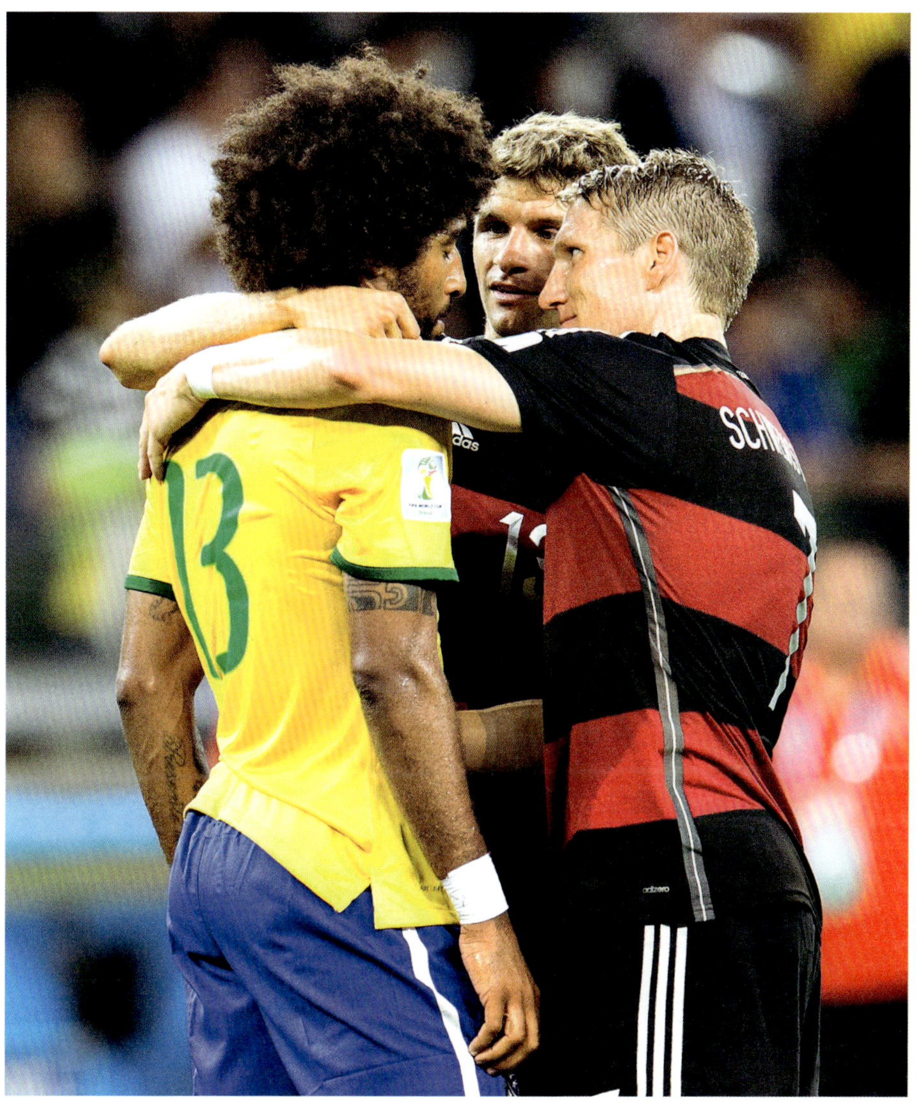

Nach Abpfiff trösten die Bayern-Spieler Thomas Müller und Bastian Schweinsteiger ihren brasilianischen Vereinskameraden Dante.

unterschrieben, von Horst Eckel, dem ältesten, an Kapitän Philipp Lahm überreicht, war ständiger Begleiter der Spieler. Die Nationalmannschaft wäre an diesem Tag aber ohnehin nicht aufzuhalten gewesen. Alles stimmte, alles gelang, und Miroslav Klose erzielte nach Müllers Zuspiel im Nachschuss sein 16. Tor bei einer Weltmeisterschaft – damit war er bester WM-Torschütze aller Zeiten. Der entthronte Brasilianer Ronaldo, Weltmeister von 2002, saß auf der Tribüne.

Dieses Jahrhundertspiel bleibt nicht nur als spektakulär, sondern ebenso als versöhnlich in Erinnerung. Bundestrainer Joachim Löw hatte in seiner kurzen Halbzeitansprache keine taktischen Anweisungen für seine Spieler parat, sondern nur die eine Botschaft: Die Brasilianer durften im zweiten Durchgang nicht vorgeführt werden. Die Mannschaft sollte das Spiel mit Respekt vor dem Gastgeberland, aber mit festem Blick auf den Einzug ins WM-Finale konzentriert zu Ende spielen. Das war die Kunst: die richtige Mischung aus Anstand und Höchstleistung zu finden. Natürlich wurden in der Halbzeitpause Erinnerungen an das turbulente Spiel gegen Schweden im Oktober 2012 wach, als die deutsche Elf im Berliner Olympiastadion schon mit 4:0 führte und es am Ende auf einmal 4:4 stand. Jetzt also 5:0 und noch 45 Minuten bis Rio, bis zum Endspiel dieser Weltmeisterschaft im Estádio do Maracanã, in dem eigentlich die Brasilianer ihr Trauma vom »Maracanazo« nach 64 Jahren besiegen wollten. Wie tragisch, dass die Sehnsüchte und der Traum vom WM-Titel im eigenen Land schon in der ersten Halbzeit des Halbfinales so niederschmetternd zerbrachen. »Und dennoch haben uns die Sympathien der Brasilianer ins Finale gegen Argentinien begleitet«, wird Mannschaftskapitän Philipp Lahm später sagen. Keine Hackentricks oder gewagten Dribblings, kein falsch zu deutendes Verhalten auf dem Platz, was das brasilianische Fußballherz hätte treffen können. Stattdessen im zweiten Durchgang planmäßiges, sachliches, konzentriertes Spiel bis zum Schluss mit versöhnlichen Gesten nach dem Abpfiff zwischen zwei großen Fußballnationen. Die Freude nach dem Spiel in der deutschen Kabine und im Flugzeug während der nächtlichen Rückreise ins Mannschaftsquartier soll gedämpft gewesen sein, wie Mitglieder aus der DFB-Delegation später berichteten. Alle wussten, was dieses Spiel für die Fußballnation Brasilien bedeutete – das Ausscheiden als Rekordweltmeister aus dem WM-Turnier im eigenen Land und viel schlimmer noch: die Schmach für die stolzen Brasilianer, vor aller Welt dermaßen deutlich geschlagen worden zu sein. Der Schmerz war groß und die Trauer herzzerreißend.

Das Empire State Building in New York leuchtete in jener Nacht schwarz-rot-gold, die französische Sportzeitung *L'Equipe* schrieb: »Am Tag des Weltuntergangs, den die Brasilianer gestern ohne Frage bereits zu erleben glaubten, wird man sich noch an dieses Halbfinale erinnern.« Die *Bild* druckte die ganze Sprachlosigkeit dieser Begegnung in sieben wortlosen Seiten ab: ein ganzseitiges Foto für jedes Tor. Der Titel der Ausgabe, die sich 330 000 Mal verkaufte und einen Journalistenpreis gewann: »Ohne Worte!« Für die brasilianische Zeitung *Folha de S. Paulo* war das 1:7 eine »historische Schande« – für die deutsche Nationalmannschaft der Vorbote zum Titelgewinn am 13. Juli 2014 im Endspiel gegen Argentinien. Und für die Menschen in Brasilien hat die historische Niederlage sogar Einzug in ihren Wortschatz gefunden: Sprechen sie von einer vernichtenden Niederlage, heißt es kurz und knapp »7 zu 1« – »sete a um«. Passiert ihnen ein übles Missgeschick, spotten sie: »Tor für Deutschland« – »Gol da Alemanha«. Als der DFB-Tross am nächsten Tag in sein Quartier in Santo André zurückkehrte, standen die Menschen aus dem Dorf für die Spieler Spalier und applaudierten der Mannschaft, die ihr Land zwar besiegt, aber zu jeder Zeit respektiert hatte. »So etwas Beeindruckendes wie diese Geste der Menschen in Santo André«, sagte Bundestrainer Jogi Löw, »habe ich noch nie erlebt.«

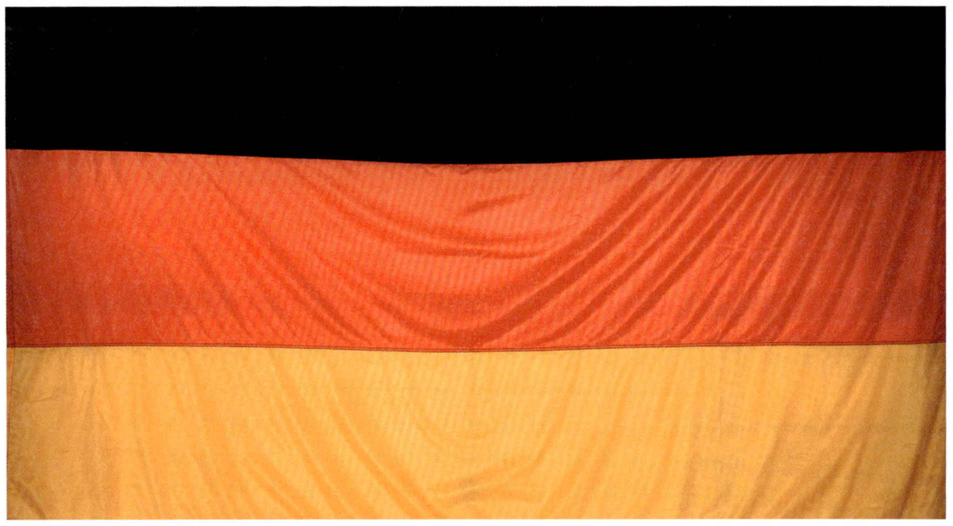

Die Deutschlandfahne, mit der die deutsche Nationalmannschaft ihren Weltmeistertitel 2014 feierte.

(Kunstfaser, 145 x 238 cm)

43 HELDENEPOS

Deutschlandfahne 2014

Die Fouls von Biglia und Mascherano hatten Bastian Schweinsteiger zugesetzt. Als ihm Agüero ins Gesicht schlug, platzte die Haut unter seinem rechten Auge auf. Nach 112 Minuten sollte er wegen ständiger Wadenkrämpfe endgültig vom Platz. Doch der Münchener rappelte sich immer wieder auf und verteidigte Götzes 1:0 in diesem packenden WM-Finale gegen Argentinien mit allerletzter Kraft. Dann der Abpfiff. Das Bild des erschöpften, aber glücklichen Bastian Schweinsteiger, mit klaffender Wunde im Gesicht und der Deutschlandfahne um die Schultern, wird als ikonografische Momentaufnahme des Titelgewinns von 2014 bleiben. Mario Götze hatte mit dem Siegtor zum 1:0 gegen Argentinien am 13. Juli 2014 im Estádio do Maracanã seiner goldenen Spielergeneration die Krone aufgesetzt, die Weltmeister 2014 führten zu Ende, was vor einem Jahrzehnt begann, als der Deutsche Fußball-Bund nach den Enttäuschungen bei den Europameisterschaften 2000 und 2004 seine Nachwuchsförderung in neue Strukturen goss. Ein neuer Typus von Spielern wuchs heran. – Bis auf Miroslav Klose durchliefen alle Spieler des Weltmeisterkaders die ab 2000 neu geschaffenen Leistungszentren, Talentförderprogramme und Eliteschulen des deutschen Fußballs. Sie alle, Manuel Neuer, Thomas Müller, Toni Kroos oder Sami Khedira, begründeten eine neue Epoche des deutschen Fußballs, der Bundestrainer Joachim Löw seinen Stempel aufgedrückt hatte wie einst Sepp Herberger oder Helmut Schön ihren Dekaden-Mannschaften in den 1950er-, 60er- und 70er-Jahren. Joachim Löw formte, unbeirrt vom Titelhunger des ewig fordernden deutschen Fußballpublikums, ein Kollektiv von Individualisten, kombinierte gelernte deutsche Fußballfertigkeiten mit taktischer Perfektion und spielerischer

Leichtigkeit. Der zehnjährige Aufstieg zurück an die Spitze des Weltfußballs markiert eine Zäsur. Joachim Löw kreierte mit der Nationalmannschaft 2014 die Fußballmoderne aus Deutschland. Der Wandel des deutschen Fußballs hatte das ganze Land weit über den Sport hinaus erfasst. Beginnend mit der Weltmeisterschaft 2006 in Deutschland und mit der jungen, spielfreudigen Nationalmannschaft, die längst die Realität einer Einwanderungsgesellschaft spiegelte und mit ihren Protagonisten wie Podolski, Khedira oder Boateng neue Rollenvorbilder im Diskurs über Integration abgab, wurde der Fußball zu einem gesellschaftlichen Orientierungszentrum – im Welt- und Europameisterschaftszyklus erzeugt Fußball in Deutschland eine zentrale Perspektive. Auf der Fanmeile in Berlin, auf der Straße des 17. Juni, entfacht die Begeisterung für die Nationalmannschaft ein nationales Gemeinschaftsgefühl, das sich durch das ganze Land zieht und Millionen von Menschen auf den Straßen und Plätzen der Republik friedlich mobilisiert. Zuerst 2006, dann wieder 2014 nach der Rückkehr der Nationalmannschaft aus Brasilien.

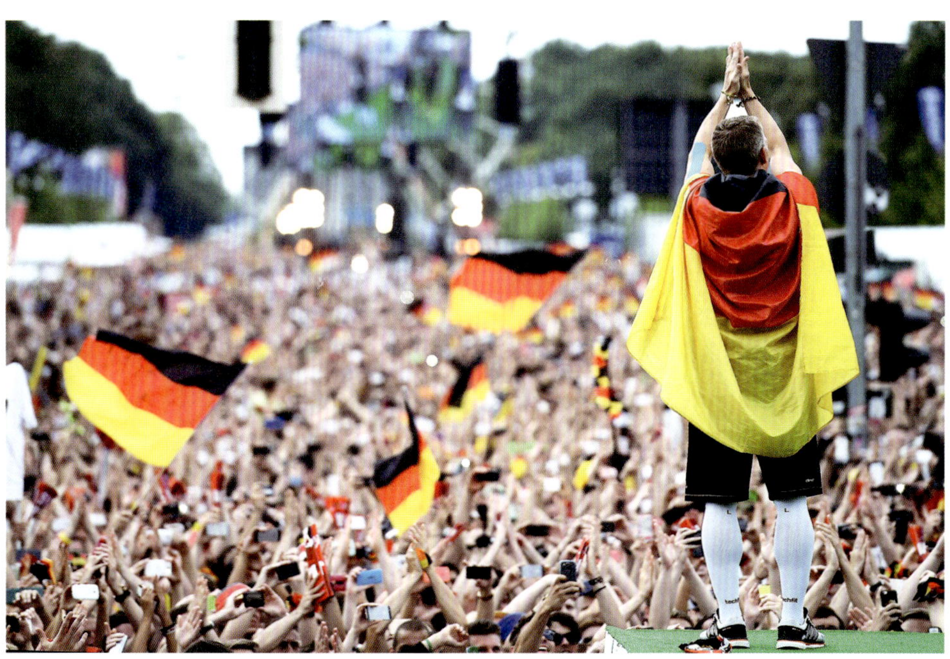

Bastian Schweinsteiger mit Tausenden Fans auf der Fanmeile in Berlin nach dem Gewinn des vierten WM-Titels.

Gerade die deutschen Weltmeisterschaftserfolge sind neben ihrer fußballhistorischen Bedeutung immer auch im gesellschaftlichen und politischen Kontext zu betrachten und zu bewerten. Zwischen dem ersten und letzten Weltmeisterschaftserfolg der Nationalmannschaft liegen 60 Jahre. Gerade der unerwartete Titelgewinn von 1954 bedeutet im Rückblick so viel mehr als nur ein Stern für die deutsche Nationalmannschaft. Das »Wunder von Bern« wurde für die junge Bundesrepublik zum Höhepunkt im Neuanfang. Anlässlich der Verleihung des Silbernen Lorbeerblatts an die Weltmeisterspieler von 2014 im Schloss Bellevue erinnerte Bundespräsident Joachim Gauck daran, dass 1954 auch viele Menschen in Ostdeutschland sagten: »Wir sind Weltmeister!« Im Fußball, so Gauck, sei während der deutschen Teilung die Erinnerung, eine Nation zu sein, immer wach geblieben: »Wir waren damals für jene, die für Deutschland Fußball spielten, und das waren Westdeutsche. Das durfte man im Osten nicht so laut sagen, obwohl es doch von 1956 an eine gesamtdeutsche Olympiamannschaft gab.« 1974, bei der ersten Fußballweltmeisterschaft auf (west)deutschem Boden, führten die Auswahlmannschaften der Bundesrepublik und der DDR der Weltöffentlichkeit die ganze Gebrochenheit deutscher Geschichte vor Augen. Der überraschende 1:0-Sieg der DDR im Vorrundenspiel mit dem Siegtor von Jürgen Sparwasser war bei Weitem mehr als der fußballerische Weckruf für den späteren Weltmeister um Kapitän Franz Beckenbauer – er wurde zum Symbol des Widerstreits politischer Systeme, das Hamburger Volksparkstadion war am 22. Juni 1974 Schauplatz deutscher Zerrissenheit. Die deutsche Teilung sollte bis 1990 andauern – und wieder fällt diese Zäsur deutscher Geschichte, der Mauerfall, mit einem Weltmeisterschaftserfolg der Nationalmannschaft zusammen. Zwischen der friedlichen Revolution im Herbst 1989 und dem Vollzug der Deutschen Einheit am 3. Oktober 1990 wurde Deutschland am 8. Juli in Rom Weltmeister, noch ohne einen ostdeutschen Spieler in der Mannschaft, aber mit der übermütigen und vom Ausland irritiert zur Kenntnis genommenen Prophezeiung von Franz Beckenbauer, die Nationalmannschaft sei mit den Spielern aus der ehemaligen DDR auf Jahre hin unschlagbar. Dann 2014. Zum ersten Mal war das wiedervereinte Deutschland Weltmeister, ein Vierteljahrhundert nach der friedlichen Revolution. Der Fußball verwandelte das Brandenburger Tor, einst Symbol des Kalten Kriegs, zum Wahrzeichen nationaler Identität. Diese Bilder gingen um die Welt, und die Freude in Deutschland wurde nicht missverstanden. Die Weltmeisterschaften 2006 und 2014 waren emotionale Impulsgeber für einen unverkrampften und nie aufdringlichen Umgang mit nationalen Symbolen im geschichtlich vorbelasteten Deutschland; die Selbst- und Fremdwahrnehmung der Deutschen ist eine andere geworden.

Die Deutschlandfahne im Maß 145 cm x 238 cm, die Schweinsteiger im Estádio do Maracanã und später auf der Fanmeile am Brandenburger Tor zelebrierte, hat nach der WM 2014 in Brasilien ihren Platz im Deutschen Fußballmuseum gefunden und wird dort unter Einsatz modernster medialer Vermittlungsformen kontextualisiert – als Symbol nationaler Identität. Der Fußball ist zur Klammer in Deutschland geworden. Er nivelliert die sozialen und gesellschaftlichen Unterschiede und lässt eine emotionale Verbundenheit der Menschen mit dem eigenen Land entstehen. Im Rhythmus der Welt- und Europameisterschaften wird die Nationalmannschaft für einen Sommer zum Fixpunkt nationaler Zugehörigkeit. Und die Nationalspieler sind dabei die Bindeglieder, die zu modernen Volkshelden taugen und sich durch ihre außergewöhnlichen Leistungen im kollektiven Gedächtnis verewigen. Viermal hatte die »Goldene Generation« Anlauf auf den Gewinn eines großen Turniers genommen – viermal war sie gescheitert. Die ganze Fußballnation hatte mitgefiebert und gemeinschaftlich getrauert. In Rio sollte endlich alles anders werden. Dafür hatte gerade Schweinsteiger nach einer Bundesligasaison mit zwei Sprunggelenkoperationen und einer Knieverletzung alles in die Waagschale geworfen. »Ich will den Titel für Deutschland, dafür ordne ich alles unter«, hatte er angekündigt und auf dem Platz Taten folgen lassen. Die Fußballnation hat ihn für seinen bedingungslosen Einsatz verehrt und ihn in die Reihe der großen deutschen Fußball-Volkshelden aufgenommen. Mit der Deutschlandfahne hat Schweinsteiger dann sich selbst, den Titel und sein Heimatland gefeiert. Die emotionale Vereinigung zwischen dem Fußball und der Nation hätte in diesem Sommer nicht ausdrucksstärker vermittelt werden können.

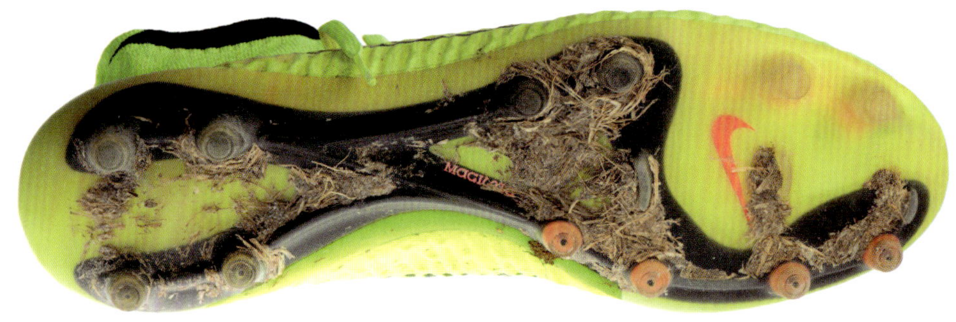

Mario Götzes rechter Fußballschuh aus dem WM-Endspiel trägt noch Rasenspuren unter der Sohle.
(Kunststoff, Schuhgröße 43)

44 EIN WIMPERNSCHLAG DER FUSSBALLGESCHICHTE

Schuh von Mario Götze aus dem WM-Finale 2014

Wir unterteilen die Zeit in Minuten, Stunden, Tage, Wochen, Monate, Jahre, Jahrhunderte und Jahrtausende. Die für den Fußball ausschlaggebende Zeiteinheit ist oft aber nur die Sekunde, ja, der Bruchteil einer Sekunde. Ein kurzer Augenblick nur, der so winzig ist, dass er für uns fast nicht existiert. Mario Götze könnte sich heute an jene Intervalle der 113. Spielminute von Rio ohne die Flut von Filmaufnahmen und Fotos gar nicht mehr konturenscharf erinnern, so blitzschnell ist alles gegangen. Er handelte am 13. Juli 2014 um 23:24 Uhr deutscher Zeit im Endspiel um die Fußballweltmeisterschaft 2014 rein intuitiv, nachdem André Schürrle über den linken Flügel gedribbelt war und den Ball kurz vor der Eckfahne mit letzten Kräften in den Strafraum geflankt hatte, ohne auch nur zu ahnen, wen er mit seinem Flankenball erreichen würde. Mario Götze war mitgelaufen. Schicksal und Fügung spielten Doppelpass mit dem damals 22-Jährigen, als er Deutschland mit einem Geniestreich zum vierten Weltmeistertitel führte. Ein Wimpernschlag als Maßeinheit für seinen unglaublichen Kunstschuss, den die Fußball-Ewigkeit längst für sich erobert hat.

Persönlichkeiten der Zeitgeschichte benötigen in der Regel Jahrzehnte, oft sogar Jahrhunderte, bis sie es in die Gedächtnisspeicher der Museen schaffen. Mario Götze war 24 Jahre alt, als er sich und seinem ureigenen Moment im Deutschen Fußballmuseum wiederbegegnete. Es sei ein komisches Gefühl gewesen, sagte er nach dem Ausstellungsbesuch, sich selbst als Meilenstein in

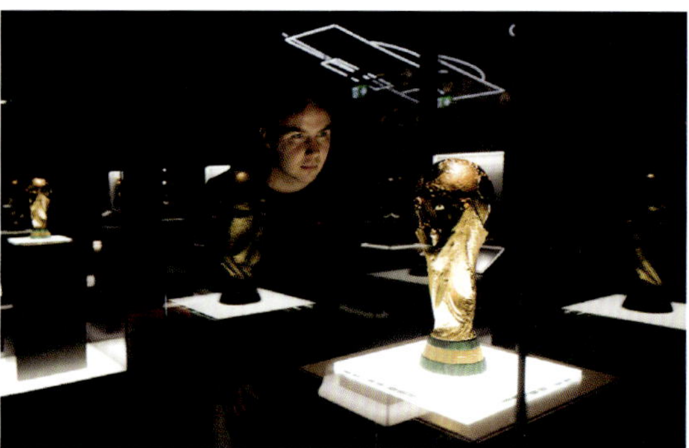

Im Deutschen Fußballmuseum wurde Mario Götze noch einmal eins mit dem größten Augenblick seiner Karriere.

der deutschen Fußballgeschichte verewigt zu sehen. Götze erblickte eine sich scheinbar drehende Ballskulptur von vier Metern Durchmesser im Design des Weltmeisterballs *Brazuca*. Umlaufend, in einer Rundvitrine, dokumentierten Exponate die Fußballmoderne aus Deutschland. Dann verdunkelte sich der Raum. Die Ballskulptur verwandelte sich zur Projektionsfläche. Mit einem Mal begann die bildgewaltige Show mit imposantem Sound. Die multimediale Erzählung über die Nationalelf auf der Ballskulptur interagierte mit filmischen Elementen auf hochhängenden Screenflächen. Für eine kurze Zeit wurde im Deutschen Fußballmuseum das Museale außer Kraft gesetzt. Alle Inszenierungselemente spielten miteinander, filmische Perspektiven, Klänge und Töne, eine Eigenkomposition für Orchester und Chor, Objekte und Lichteffekte erzählten als begehbare, wirkungsmächtige Inszenierung die Geschichte des Titelgewinns von 2014 in Brasilien in zwölf hochemotionalen Minuten.

Zum zweiten Mal brach für Mario Götze die 113. Spielminute der Verlängerung an:

Wieder fixiert Mario Götze den Flankenball von Schürrle. Noch einmal sieht Götze den Ball auf sich zukommen. Er ist bereits am Fünfmeterraum. In einem harmonisch fließenden Ablauf legt er sich den Ball mit der Brust in den freien Raum, bringt seinen Körper mit einer leichten Drehung in die ideale Schussposition. Während er mit seinem linken, durchgestreckten Bein zum Schuss ausholt, verlässt auch das rechte, ausbalancierende Standbein den Boden. Mario Götze trifft den Ball, in der Luft schwebend, im richtigen Sekundenbruchteil aus spitzem Winkel zum Tor. Argentiniens Torwart Sergio Romero ist chancenlos, der Ball schlägt aus seiner Sicht in die linke untere Ecke ein. Die Ballannahme als Vorlage und der Torabschluss in einer Bewegung – wie eine Performance, wie ein Kunstwerk des Augenblicks, kreiert durch ein perfektes, intuitives Raum- und Positionsverständnis.

Mario Götze verfolgte wie gedankenverloren die Szenerie, als plötzlich sein rechter Endspielschuh aus dem Estádio do Maracanã, der noch Rasenspuren unter der Sohle trägt, zum Teil des musealen Drehbuchs wurde. Die unvermittelte Sichtbarkeit des gelben Schuhwerks im dunklen Raum in der hell aufleuchtenden Vitrine kulminierte mit dem Höhepunkt der multimedialen Show. Jetzt war Mario Götze noch einmal eins mit sich und der 113. Spielminute von Rio geworden. Der Treffer schuf ein Idol für Millionen und einen kollektiven Augenblick für das Fußballgedächtnis. Und beides kann zentnerschwer wiegen für einen 22-Jährigen, der immer noch auf der Suche nach sich selbst ist. Plötzlich ist Mario Götze Teil unserer nationalen Mythen. Mit seinem Namen melden sich die Erinnerungen an das magische Endspiel zurück, als ginge es nur darum, an diese Legende anzuknüpfen, als Jogi Löw seine Nummer 19 in der 88. Spielminute aufs Feld schickte und ihm in der Halbzeitpause der Verlängerung ins Ohr säuselte: »Zeige der Welt, dass du besser bist als Messi.« Doch: Was soll da jetzt noch kommen? Marcel Schmelzer, langjähriger Weggefährte von Götze bei Borussia Dortmund, meinte: »Ich könnte mir vorstellen, dass Mario nach der Karriere irgendwann sagt, er hätte das Tor lieber nicht geschossen.«

Der Ausstellungsrundgang im Deutschen Fußballmuseum endete für Götze in der Schatzkammer: Die WM-Trophäe von 2014 steht frei im Raum. Keine inszenatorischen Effekte, keine Medieninhalte. Nur Vitrine, Exponat und Licht. Wieder schien für Mario Götze die Zeit stillzustehen. Seine Augen fixierten den WM-Pokal. Wieder hatte er gedankenverloren das Estádio do Maracanã vor sich, die 113. Minute der Verlängerung und die ganze Leichtigkeit dieser herrlichen Sommernacht von Rio.

REGISTER

ABBILDUNGSVERZEICHNIS

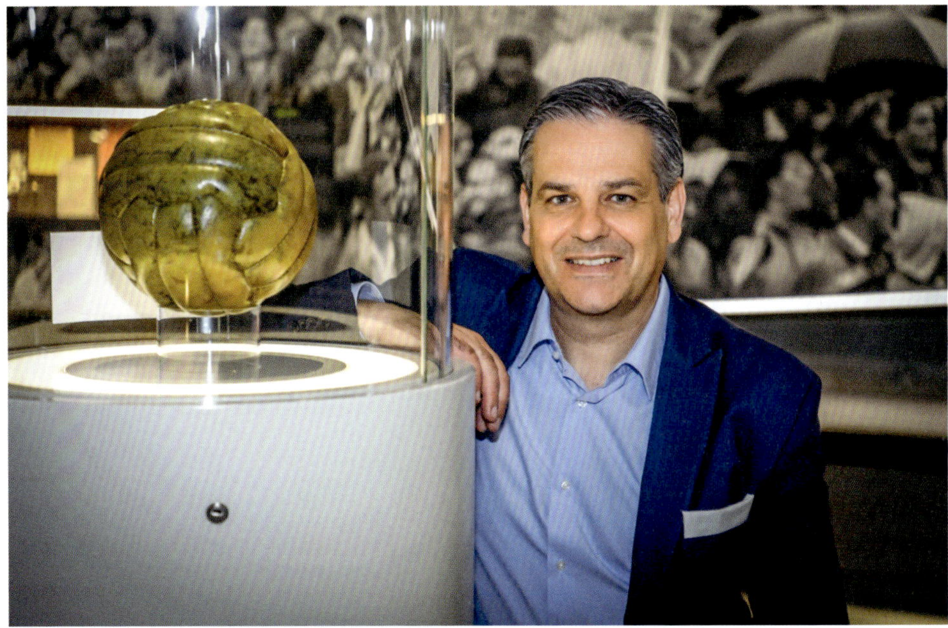

Manuel Neukirchner, geboren 1967 in Essen, ist Direktor des Deutschen Fußballmuseums in Dortmund. Mit der Dauerausstellung zur Geschichte des deutschen Fußballs schuf der Literaturwissenschaftler und Historiker eines der beliebtesten und meistbesuchten Erlebnismuseen in Deutschland. 2019 initiierte er die Hall of Fame des deutschen Fußballs. Er ist Herausgeber und Autor zahlreicher Buchveröffentlichungen.